Marokko

Autoren:
Berthold Schwarz, Anton Escher,
Walter Knappe, Frank Welte,
Ingolf und Bernadette Vereno,
Rainer Leyendecker

KARTENVERZEICHNIS

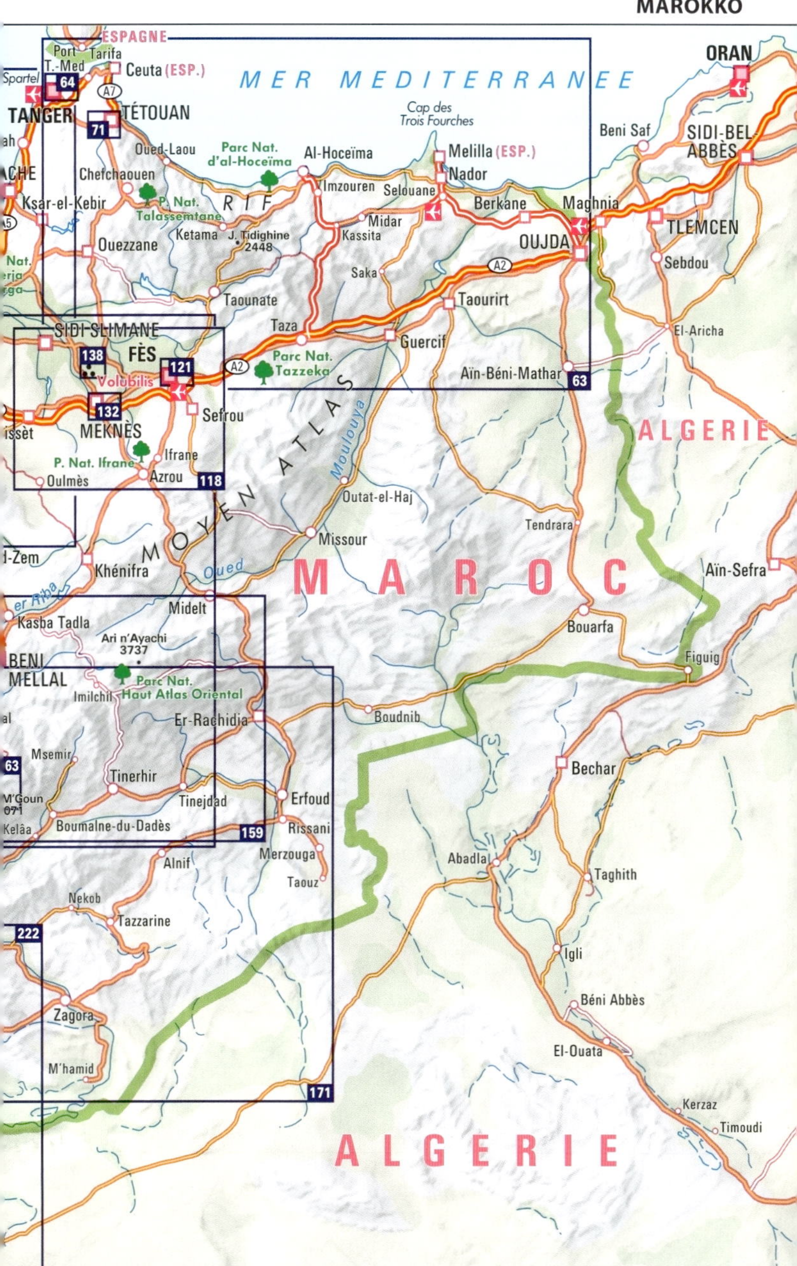

MER MEDITERRANEE
ESPAGNE
Tarifa
Ceuta (ESP.)
TANGER
TÉTOUAN
Oued-Laou
Chefchaouen
Ksar-el-Kebir
Ouezzane
Parc Nat. d'al-Hoceïma
Al-Hoceïma
Imzouren
Cap des Trois Fourches
Melilla (ESP.)
Nador
Selouane
Berkane
Midar
Kassita
RIF
Ketama
J. Tidighine 2448
Taounate
Saka
Taza
Taourirt
Guercif
Parc Nat. Tazzeka
Maghnia
OUJDA
Aïn-Béni-Mathar
ORAN
Beni Saf
SIDI-BEL-ABBÈS
TLEMCEN
Sebdou
El-Aricha
SIDI-SLIMANE
FÈS
Volubilis
MEKNÈS
Sefrou
Ifrane
P. Nat. Ifrane
Azrou
Oulmès
MOYEN ATLAS
Moulouya
Outat-el-Haj
Missour
Tendrara
ALGERIE
Khénifra
Oued
MAROC
Aïn-Sefra
Midelt
Kasba Tadla
Ari n'Ayachi 3737
BENI MELLAL
Parc Nat. Haut Atlas Oriental
Imilchil
Er-Rachidia
Bouarfa
Figuig
Boudnib
Msemir
Tinerhir
Tinejdad
Erfoud
Bechar
Boumalne-du-Dadès
Rissani
Merzouga
Taouz
Alnif
Abadla
Taghith
Nekob
Tazzarine
Igli
Zagora
Béni Abbès
El-Ouata
M'hamid
Kerzaz
Timoudi
ALGERIE

Liebe Leserin, lieber Leser,

AKTUALITÄT wird in der Nelles-Reihe groß geschrieben. Unsere Korrespondenten dokumentieren laufend die Veränderungen der weltweiten Reiseszene, und unsere Kartografen berichtigen ständig die auf den Text abgestimmten Karten.
Wir freuen uns über jeden Korrekturhinweis! Unsere Adresse: Nelles Verlag, Machtlfinger Str. 26 Rgb., D-81379 München, Tel. +49 (0)89 3571940, Fax +49 (0)89 35719430, E-Mail: Info@Nelles.com, Internet: www.Nelles.com
Haftungsbeschränkung: Trotz sorgfältiger Bearbeitung können fehlerhafte Angaben nicht ausgeschlossen werden, der Verlag lehnt jegliche Produkthaftung ab. Alle Angaben ohne Gewähr. Firmen, Produkte und Objekte sind subjektiv ausgewählt und bewertet.

LEGENDE

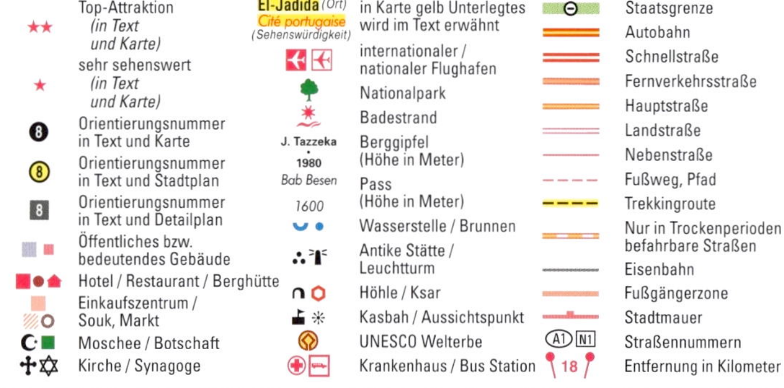

IMPRESSUM

MAROKKO
© Nelles® Verlag GmbH
81379 München

Druck: Bayerlein, Germany
Einband durch DBGM geschützt

- F2422 -

6 MITTLERER ATLAS

7 ZENTRALER HOHER ATLAS

8 ZIZ, TODHRA, DADES UND DRÂA

9 MARRAKESCH UND HOHER ATLAS

10 ANTI-ATLAS, SÜDKÜSTE, WESTSAHARA

11 REISE-INFORMATIONEN

Berthold Schwarz

Gnaoua-Musiker auf der Jemaa el Fna in Marrakesch

HÖHEPUNKTE

★★**Chefchaouen** (S. 72): An malerischen Altstadtgässchen reihen sich blau getünchte Natursteinhäuser.

★★**Rabat** (S. 88): Wahrzeichen Rabats sind der unvollendete ★**Hassanturm** und das prächtige ★★**Mausoleum Mohammed V**. Durch hohe alte Mauern abgeschirmt, spaziert man durch die begrünte ★★**Chellah** zu den Gräbern der Merinidensultane. Großartige Bronzen zeigt das ★★**Archäologische Museum**. Hinter den Mauern der ★**Oudaia-Kasbah** hausten einst Piraten.

★**Casablanca** (S. 96): Topattraktion ist die ★★**Moschee Hassan II.** Aber auch die neomaurischen Protektoratsgebäude am ★**Place Mohammed V.** sind einen Blick wert. An der sandigen ★**Plage de Sidi Abderrahman** kann man Atlantikluft schnuppern.

★**El Jadida** (S. 103): An die Zeit, als Portugal Weltmacht war, erinnert die Festungsstadt ★★**Cité Portugaise**.

★★**Essaouira** (S. 107): Die Künstlerstadt am Atlantik mit ihren kanonenbewehrten Mauern zieht Individualisten und Surfer aus aller Welt an.

★★**Fes** (S. 117): Die arabisch geprägte ★★**Medina Fes el Bali** ist eine der besterhaltenen orientalischen Altstädte der Welt. Kunsthistorische Glanzlichter sind die reich ornamentierte ★★**Medersa Bou Inania** und die Koranhochschule ★★**Medersa Attarine**, beide aus dem 14. Jh. Zu der altehrwürdigen ★★**Kairawine-Moschee** haben nur Muslime Zutritt. In Alt-Fes arbeiten Handwerker wie vor 500 Jahren in ★★**Gerbereien**, Färbereien und Webereien.

Rechts: Eine charmante Stadtführerin *(Guide local)* am Opferstock der Grabmoschee von Idriss II. in Fes.

★★**Meknes** (S. 130): Im Basar der ★★**Medina** locken Stickereien und tauschierte Schmiedearbeiten. Architektonische Höhepunkte sind die ★★**Medersa Bou Inania**, das Monumentaltor ★★**Bab Mansour** und die ★**Grabmoschee** Moulay Ismaels.

★★**Volubilis** (S. 137): In der idyllisch gelegenen Römerstadt sieht man gut erhaltene ★★**Mosaiken** aus der griechischen Sagenwelt, auch der ★**Triumphbogen** steht noch.

★★**Erg Chebbi** (S. 176): Mächtige **Saharadünen**, soweit das Auge reicht – romantisch zum Sonnenuntergang.

★★**Todhra-Schlucht** (S. 179): Atemraubende Felswände, im Flussbett ZeltRestaurants – ein idealer Mittagsstopp.

★★**Dades-Schlucht** (S. 180): Landschaftlich großartige Gebirgsflussoase fleißiger Berber im Hohen Atlas.

★★**Ait Benhaddou** (S. 182): Idealtyp eines Ksar, eines ummauerten Lehmdorfs aus bäuerlichen Wohnburgen. Beliebte Filmkulisse.

★★**Draa-Tal** (S. 183): Ein endloses Band von Dattelpalmen; Wehrdörfer mit Arabern, Berbern und Schwarzen – ein ethnischer Schmelztiegel.

★★**Marrakesch** (S. 189): Die 900 Jahre alte ★★**Medina** ist ein Gesamtkunstwerk. Den Auftakt bildet die ★★**Jemaa el Fna** mit ihren Schlangenbeschwörern. Man bummelt durch ★★**Souks** voller Lederwaren, Teppichen und Gewürzen zur ★★**Medersa Ben Youssef** – wie die ★★**Saadiergräber** ein Höhepunkt maurischer Baukunst.

★★**Anti-Atlas** (S. 224): Ammeln-Dörfer bei Tafraoute, Granitberge, Speicherburgen und Quelloasen prägen das trockene Gebirge; surreal: die ★★**Bemalten Granitblöcke** (S. 228).

Foto: Berthold Schwarz

EINSTIMMUNG

Im Maghreb, einst das Stammesgebiet der Berber, in dem Animisten, Juden und Christen lebten, blühte unter dem Einfluss weiterer Kulturen – aus Südspanien, dem muslimischen Arabien und Westafrika – ab dem 8. Jh. die maurische Kultur auf. Davon zeugen die vier „Königsstädte": das vornehme Rabat am Atlantik mit dem Hauptpalast; das arabisch geprägte Fes als religiöses Zentrum; das ummauerte Meknes und – in Sichtweite des Hohen Atlas – Marrakesch, die „nördlichste Oasenstadt". In allen sind die Judenviertel erhalten.

Die französischen Protektoratsherren ließen 1912-55 die marokkanischen Altstädte unangetastet, und so blieben die wunderbaren Medinas von Fes, Meknes und Marrakesch, einst Nabel des Orienthandels, der Nachwelt erhalten. Den Basar nennt man hier *souk*, und darin hat jeder Handwerkszweig seine eigene Gasse – Ledergerber und Wollfärber, Babuschenmacher und Posamentensticker, Holzdrechsler und Kupferschmiede. Das Warenangebot fasziniert: Glasierte Tajine-Töpfe glänzen im Dämmerlicht, Gewürze duften verführerisch, aus Vitrinen leuchtet Goldschmuck, und in Naturheilapotheken stapeln sich die merkwürdigsten Arzneien.

Hinter fensterlosen Mauern verbergen sich märchenhafte Teppichpaläste gewiefter Händler und stilvolle Restaurants mit mosaikverzierten Wänden, wo zum Dinér Bauchtänzerinnen die hohe Kunst der isolierten Bewegung zelebrieren. Diese *riad*-Innenhofhäuser haben ihr Vorbild in den kunstvoll ornamentierten Moscheen, Koranhochschulen und Palästen, die an die große Zeit erinnern, als marokkanische Sultane auch über Andalusien herrschten. Das Kunsthandwerk jener Zeit ist noch lebendig und lässt Marokkos Medinas wie lebende Orientmuseen erscheinen.

Landschaftlich ist Marokko eines der schönsten Länder Afrikas: Es locken warme mediterrane und wellenreiche atlantische Strände, Palmenoasen und Lehmburgen, Hochgebirge und Sanddünen, Kamele und Nomadenzelte.

Vor 315 000 Jahren Der Homo sapiens lebt am Jebel Ighoud, 100 km westlich von Marrakesch.
Vor rd. 10 000 Jahren Die regenreiche Zeit Nordafrikas geht zu Ende, Felsgravuren zeigen die Beute der Jäger: Elefanten, Nashörner, Panther, Mufflons, Gazellen und Büffel.
Um 3000 v. Chr. Die Vorfahren der Berber wanden aus Westägypten ein.
Ab 1200 v. Chr. Phönizische Seefahrer gründen Handelsplätze (Tanger, Larache, El Jadida), die ab 814 v. Chr. Karthago unterstehen.
146 v. Chr. Rom besiegt Karthago. Das Berberkönigreich Mauretanien zahlt Rom Tribut.
40 n. Chr. Caligula lässt den mauretanischen König Ptolemäus ermorden; Berberaufstand.
42 n. Chr. Die römische Provinz *mauretania tingitana* mit den Römerstädten Tingis, Lixus, Banasa, Sala und Volubilis entsteht.
429 n. Chr. erobern germanische Wandalen die römischen Provinzen Nordafrikas.
533 n. Chr. Byzanz besiegt die Wandalen.
632 n. Chr. stirbt der Prophet Mohammed.
683 erreicht der arabische Feldherr Okba den Atlantik und im Süden das Sous- und Ziztal, muss sich aber vor den Berbern zurückziehen.
703 bis 711 Auf einem zweiten Feldzug gelingt es dem arabischen Truppenführer Moussa, die Berberkrieger Nordmarokkos mit der Aussicht auf Beute zum Islam zu bekehren.
711 Der Berber Tarik erobert für die Araber das christlich-westgotische Spanien.
739 Berberaufstand gegen die Araber.
788 landet in Tanger der Arabienflüchtling Idriss I., ein Propheten-Nachfahr, und wird Führer der Auraba-Berber in Volubilis. Er gründet ein lokales Reich, das aber bereits nach dem Tod seines Sohnes Idriss II. 829 bröckelt.
808 Die Idrissiden-Hauptstadt Fes entwickelt sich zur Hochburg maurischer Kultur mit der größten Moschee des Landes (Kairawine).
Ab **1050** dringen 50 000 kriegerische arabische Beni-Hilal-Nomaden in Nordafrika ein und drängen die Berber ins Gebirge ab.
1070 Youssef ben Taschfin, Führer des Tuareg-Stamms der Sanhadja, der *al murabitun* (Männer des Ribat = Almoraviden), gründet mit seinen Sahara-Berbern Marrakesch und erobert **1085** die muslimischen Emirate in Spanien.
1107 Die Almoraviden herrschen von Valencia bis Lissabon, von Granada bis Timbuktu.
1146 Die Masmouda-Berber (*al muwahiddun* „Bekenner der göttlichen Einheit" = Almohaden), erobern Marrakesch und bis 1160 Algerien, Tunesien, Westlibyen und Andalusien. Ihr Feldherr Abd el Moumen lässt sich 1162 in Sevilla zum Kalif ausrufen. 1195 schlägt sein Enkel Yacoub el Mansour das christliche Heer Kastiliens bei Alarcos. In Rabat entsteht der Hassan-Turm, in Marrakesch die Koutoubia-Moschee, in Sevilla die Giralda.
1248 Die Meriniden, Zenata-Berber aus dem Osten, erobern Fes, bis 1269 dann den ganzen Maghreb. Den Meriniden-Sultanen Abu el Hassan (1331-1349) und Abu Inan (1349-1358) verdankt Marokko seine schönsten Medresen. Fes profitiert von der Vertreibung von Muslimen und Juden aus Spanien.

Foto: Berthold Schwarz

Mohammed VI.; arabischstämmiger König des ursprünglich berberischen Marokko.

15. Jh. Die neue Seemacht Portugal baut Stützpunkte an Marokkos Küste (Ceuta, Tanger, Asilah, El Jadida, Agadir).
1492 erobern die Spanier Granada und beendeten die fast 800-jährige Muslimherrschaft; **1497** besetzen sie Melilla, **1580** Ceuta.
Im 16. Jahrhundert rufen die arabischen Saadier zum Heiligen Krieg gegen die christlichen Eindring-

linge auf, die Portugiesen müssen bis auf El Jadida ihre Atlantikfestungen räumen.

1578 fällt der junge portugiesische König Sebastian bei Ksar el Kebir.

1591 Sultan Ahmed el Mansour (1578-1602) plündert die Goldhandelsstadt Timbuktu; seine Residenzstadt Marrakesch profitiert davon.

1672-1727 Moulay Ismail macht Meknes zur Sultansresidenz und festigt die Alaouitenherrschaft über Marokko, die bis heute andauert.

1777 Marokko erkennt die USA an.

Foto: Berthold Schwarz

Marokko im dritten Jahrtausend – ein Tor zum Cyberspace in der Medina von Meknes.

1873-1894 Der arabische Sultan Moulay Hassan bekämpft die aufständischen Berber.

1911 wird Sultan Abd el Hafiz in Fes von Berbern belagert. Er bittet die Franzosen um Beistand, die ihn am 30.3. 1912 durch einen Protektoratsvertrag für den größten Teil seines Landes, das Gebiet südlich des Loukos-Flusses, praktisch entmachten. Am 27. 11. 1912 wird Nordmarokko spanisches „Schutzgebiet", Tanger internationale Freihandelszone. Der französische Generalresident Lyautey macht Rabat zur neuen Hauptstadt; allen größeren Städten lässt er Neubauviertel für die Europäer angliedern und erhält so die alten Medinas.

Ab 1921 Die Rif-Kabylen leisten Widerstand unter Abd el Krim, der 1925 eine Islamische Republik ausruft, sich aber 1926 nach Giftgasangriffen Spaniern und Franzosen ergibt. Französische Siedler eignen sich die fruchtbarsten Böden an. Häfen, Straßen, Eisenbahnen und Staudämme entstehen, Bodenschätze (Erze u. Phosphate) werden ausgebeutet.

1934 Französische Fremdenlegionäre „befrieden" den Süden. Die Berberclans der Glaoua, Goundafa und M'tougga kollaborieren mit den Franzosen.

1940-43 Vichy-Regime; Repressionen gegen Juden im französischen Protektorat Marokko.

1953 Der Berber-Pascha Thami el Glaoui konspiriert mit den Franzosen, um den beliebten Sultan Mohammed V. ins Exil zu schicken – der Alaouite hatte die 1943 gegründete Unabhängigkeitspartei Istiqlal unterstützt. Massendemonstrationen folgen.

1955 sieht sich Frankreich nach Massakern an Franzosen und Juden gezwungen, Mohammed V. zurückzuholen; am 16. 11. 1955 verkündet er die Unabhängigkeit Marokkos.

1961 stirbt Mohammed V. Sein Sohn Hassan, der 1958 einen Berberaufstand im Rif niedergeschlagen hat, besteigt den Thron. Hassan II. regiert mit harter Hand, unterdrückt die Linken. Putschversuche der Armee 1971 und 1972 scheitern.

6. Nov. 1975 Grüner Marsch – 350 000 Marokkaner dringen in die Spanische Westsahara ein. Die Befreiungsbewegung Polisario führt vom algerischen Exil Tindouf einen Wüstenkrieg gegen die marokkanischen Besatzer, bis zum Waffenstillstand 1991.

1990er Jahre Hassan II. versucht eine Liberalisierung und wendet sich verstärkt dem Westen zu, lässt aber zugleich Reislamisierung zu.

1999 Nach Hassans Tod setzt sein Sohn König Mohammed VI. die relativ liberale Linie fort.

2003 Terroranschläge in Casablanca. Familienrechtsreform, Frauenrechte werden gestärkt.

2007 Terroranschläge von Islamisten in Casablanca. Die Berberpartei wird verboten.

2011 Terroranschlag in Marrakesch. Verfassungsreform; Mohammed VI. verspricht mehr Demokratie.

2016 Solarkraftwerk bei Ouarzazate eröffnet.

2017 Berber protestieren in Al Hoceima gegen die wirtschaftliche, infrastrukturelle und soziale Benachteiligung der Rif-Region; Erinnerungen an die Beberaufstände 1958 u. 1984 im Rif werden wach.

2021/22 Tausende Migranten überwinden die Grenzzäune zu den EU-Exklaven Ceuta und Melilla.

Foto: Berthold Schwarz

MAROKKANISCHE LITERATUR

Für die Mehrheit des Volkes ist das Dasein ein Überlebenskampf, der Schwäche nicht verzeiht, voller Fallgruben, die ohne Vorwarnung auftauchen. Der Existenzkampf, aber auch die Identitätssuche zwischen islamischen und westlichen Werten sind Themen der reichhaltigen Gegenwartsliteratur Marokkos. Schriftsteller thematisieren auch die Unfreiheit in der traditionellen Frauenrolle, die Lage marokkanischer Einwanderer in Frankreich oder die Gängelung Oppositioneller,. Die literarischen Formen reichen von der Satire über Entwicklungsroman und Krimi bis zur Autobiografie; die Literatursprachen vom maghrebinischen Dialekt über klassisches Hocharabisch bis zum geschliffenen Französisch.

In *Ein Leben voller Fallgruben* schildert **Larbi Layachi** (unter dem Pseudonym Driss ben Hamed Charhadi; gest. 1992) die Lebenswelt eines jungen Hirten, der im Tanger der wilden vierziger Jahre Arbeit als Brotausträger findet. Doch der wohlhabende Besitzer der Backstube bringt ihn um seinen gerechten Lohn. Um zu Geld zu kommen, sägt Ahmed mit seinem Freund im Staatsforst Weihnachtsbäume ab und versucht – ohne jegliches Unrechtsbewusstsein – sie auf dem *socco* (Marktplatz) an Spanier zu verkaufen. Polizisten verhaften und misshandeln ihn; er landet zum ersten, aber nicht zum letzten mal im Gefängnis: Immer wieder wird er betrogen oder von falschen Freunden verraten. Zur pessimistischen Kernaussage seiner autobiografischen Erzählung wird ein Sprichwort, dass seine Mutter ihm mit auf den an Rückschlägen reichen Lebensweg gibt: „Wenn du einen Muslim siehst, der Glück gehabt hat, dann weißt du, dass kein anderer Muslim mit ihm zusammen gewesen ist." Der Analphabet Larbi Layachi hatte aber doch

Links: Historisches Studierzimmer in der Medersa ben Youssef (Marrakesch). Rechts: Händler im Basar.

Foto: Ursula Ranftl

Glück: Kein geringerer als der Amerikaner **Paul Bowles** (gest. 1999), der „Titan von Tanger", übersetzte 1963 die in marokkanischem Dialekt-Arabisch auf Band gesprochenen Geschichten – wie übrigens auch die Erzählungen von **Mohammed Mrabet** (*M'Hashish*).

Das von **Mohammed Choukri** (gest. 2003) in klassischem Hocharabisch verfasste Buch *Das harte Brot* wurde von Bowles 1973 ins Englische übertragen – die bewegende Geschichte eines Knechts, der zur Protektoratszeit auf einer spanischen Farm arbeitet.

Von hohem zeitgeschichtlichem Wert ist **Paul Bowles**' Roman *Das Haus der Spinne*. 1954 fordert die Unabhängigkeits-Partei Istiqlal die Marokkaner dazu auf, das den Muslimen heilige Hammelopfer am Festtag Id el Kebir zu boykottieren, da die französischen Protektoratsherren im Jahr zuvor, an diesem Festtag, den Sultan Mohammed V. ins Exil geschickt hatten. In Fes erlebt der junge Amar die blutigen Kämpfe zwischen Oppositionellen und der französischen Polizei und die Identitätskrise traditionalistischer Muslime. In Bowles' existentialistischem Roman *Himmel über der Wüste* (1949) flieht ein amerikanisches Paar vor der Wohlstandslangeweile und der Sinnlosigkeit ihres Lebens nach Nordafrika. Auf der Suche nach ihrer verlorenen Liebe fahren die beiden in die Sahara, wo Krankheit, Tod und Wahnsinn auf sie warten.

Der Schriftsteller **Abdellatif Laabi** wurde als Leiter der Literaturzeitschrift *Souffle* 1972 verhaftet und verbrachte als politischer Gefangener acht Jahre hinter Gittern. In seinem 1982 erschienenen Buch *Kerkermeere* verarbeitet er seine Haftzeit, die geprägt ist von Folter und Entwürdigung, Kameradschaft und Hoffnung. „Wandernder Seismograf" will er sein, seine Literatur „ist Verkündigung des Am-Leben-Seins, sie wird Gewähr dafür, dass der menschliche Aufschrei nie verstummt."

Die frühen Werke von **Driss Chraibi** (1926-2007) waren lange in Marokko verboten; heute zieren sie das Schaufenster jeder Buchhandlung. Chraibi absolvierte 1947 die Eliteschule Lycée Lyautey in Casablanca und studierte anschließend Chemie in Frankreich. 1954 veröffentlichte er dort *Le passé simple* (Die einfache Vergangenheit), eine bittere Abrechnung mit seinem despotischen Vater und der traditionellen Feudalgesellschaft, die keine Menschenrechte kennt. In seiner Heimat machte er sich dadurch viele Feinde. In seinem zweiten Buch *Les boucs* (Die Scheißkerle, 1955) prangert er in scharfer Form die miserable Lage nordafrikanischer Einwanderer und Fremdarbeiter in Frankreich an. Viel versöhnlicher und erfrischend humorvoll schildert er dagegen in *Die Zivilisation, Mutter!* (1972) seine Wunschvorstellung von der Emanzipation seiner Mutter im Casablanca der unruhigen vierziger Jahre. Die nach Regeln der Tradition erzogene Araberin vermutet im gerade installierten Röhren-Radio einen Geist, den sie Monsieur Ktö nennt. „Monsieur Ktö wurde für sie der Mann, den sie nie gekannt hatte, der Ehemann, der Liebesgedichte für sie rezitierte, der Freund, der ihr Ratschläge gab und ihr von dieser Welt draußen erzählte, von der sie so gar nichts wusste." Chraibis Meisterwerk ist *Une enquête au pays* (Eine Untersuchung auf dem Lande, 1981). Polizisten tauchen in einem Berberdorf an der algerischen Grenze auf, um einen verdächtigen Intellektuellen, einen „Insektuellen", aufzuspüren, der dort angeblich regierungsfeindliche Anschläge vorbereitet. Doch der Gesuchte stellt sich als alter Mann heraus, der am algerischen Befreiungskrieg teilgenommen hatte und aus gesundheitlichen Gründen in sein Heimatdorf zurückgekehrt war. Seit den 90er Jahren schreibt Chraibi auch Krimis – *Inspektor Ali* ermittelt unkonventionell...

Der international bekannteste marokkanische Autor in französischer Sprache – Verfasser von 58 Publikationen – ist **Tahar Ben Jelloun** (geb. 1944).Er verbrachte seine Jugend in Fes, studierte in den sechziger Jahren Philosophie in Rabat und nach seiner Auswanderung 1971 Psychologie in Paris. Sein Roman *Harrouda* (1973) ist eine eigenwillige – politische und mystische – Geschichtsschreibung seiner Geburtsstadt. Die Hexe *Harrouda* ist Inbegriff weiblicher Sexualität, welche die Fantasien der Jungen von Fes beherrscht. „Also war Harrouda die *Schehersâd*, die den Zuschauern Liebesmedizin verabreicht, die Matrone, die *Scheicha*, die ihren Bauch reden lässt,...die Spinnenfrau, die in die Träume der Jugend einbricht". 1971 siedelte Tahar Ben Jelloun nach Frankreich über, studierte in Paris Sozial-Psychiatrie und veröffentlichte 1975 seine psychologische Studie *Die tiefste der Einsamkeiten*. Darin untersucht er das seelische, gesellschaftliche und sexuelle Elend nordafrikanischer Arbeitsemigranten in ihrem „Gastland". 1978 erschien *Der Gedächtnisbaum*: die Geschichte von Moha, dem Narren

Rechts: Kalligrafie – Worte des Propheten, in Stein gemeißelt (Med. Bou Inania / Fes).

Foto: Berthold Schwarz

und Weisen (einer im Maghreb wohlbekannten Schelmenfigur), der eines Tages als flötenspielender Bettler vor einer Bank sitzt und bedächtig Dirhamscheine zerreißt. „Das Geld macht euch so hässlich. Ich weiß, was Geld ist. Ich wurde vom Propheten gesandt, um seinen Umlauf anzuhalten. Ich nehme es am Abend und zerreiße es am Morgen... Ich halte das Geld an. Ich halte den Zirkus an." Für seinen Roman *Sohn ihres Vaters* wurde Ben Jelloun 1985 mit dem Literaturpreis der französischen Anti-Diskriminierungs-Bewegung *SOS Racisme* ausgezeichnet. Ein *fassi* (Bürger von Fes), bereits Vater von sieben Töchtern und immer noch ohne Sohn, eröffnet eines Tages seiner schwangeren Frau: „Die achte Geburt wird ein Freudentag... Das Kind, das Du zur Welt bringst, wird männlichen Geschlechts, ein Mann sein, er wird Ahmed heißen, auch wenn es ein Mädchen ist!" Der Autor stellt mit diesem Werk das rigorose muslimische Patriarchat in Frage. Der Nachfolgeband dieses Entwicklungsromans trägt den Titel *Die Nacht der Unschuld*. In diesem anspruchsvollen Buch schildert Ben Jelloun die emanzipatorische Befreiung der Frau, die als Mann erzogen wurde. Dafür erhielt Tahar Ben Jelloun 1987 den *Prix Goncourt*, den begehrtesten französischen Literaturpreis.

Marokkos bekannteste Autorin ist **Fatima Mernissi** (1940-2015). Sie publizierte v. a. auf Französisch und Englisch, war Professorin für Soziologie in Rabat und Beraterin der UNESCO zur Situation muslimischer Frauen, ihrem Hauptthema. In *Der Harem ist nicht die Welt* (1984) schildert sie in Interviews das Leben marokkanischer Frauen von heute; in ihrer Autobiografie *Der Harem in uns* (1989) erzählt sie von ihrer Kindheit in einem der letzten Harems im Fès der 40er Jahre. Ein wichtiger Beitrag zur Islamismus-Debatte ist ihr Buch *Islam und Demokratie* (2002). Die Stellung der muslimischen Frau gestern und heute ist Thema ihrer Essay-Sammlung *Die vergessene Macht, Frauen im Wandel der islamischen Welt* (1997). Mernissi unterstellt den Muslim-Männern „Angst vor der Selbstbestimmung der Frau".

FATIMAS TÖCHTER

Das Schicksal der Marokkanerin war bis 2003 das Schicksal der Muslimin schlechthin: Scheinbar ohnmächtig trieb sie einer ungewissen Zukunft entgegen, umgeben von einer erzkonservativen Gesellschaft, der *umma*, die Selbstverwirklichung nicht kannte und sie in eine archaische Rolle zwang – bis Mohammed VI., damals frisch mit einer modernen, gebildeten Frau verheiratet, das patriarchalische islamische Familienrecht reformierte und die Rechte der Frauen trotz massiven Widerstands der Islamisten stärkte. Allerdings sind die Richter – und die Väter – oft noch im alten Denken verhaftet.

Schouma heißt Schande: Ein fatales Wort für ein junges Mädchen, das versucht, die neuen Freiheiten umzusetzen und dabei die Grenzen des „Schicklichen" überschreitet, von deren Beachtung die Ehre der ganzen Familie abhängt. Das Wort *schouma* muss nur ausgesprochen werden, und schon wird das Mädchen zurückschrecken, wird voller Gewissensbisse Allah um Vergebung bitten: dafür, dass sie ihrem Elternhaus entflohen ist, mit einem Mann gelebt und ihre Jungfräulichkeit verloren hat. Sie wird glauben, von *dschnun*, bösen Geistern, getrieben zu sein, die es zu verjagen gilt durch Gebete, auf dass Allah verstehen und helfen möge, und durch Zauberei – auf dass die Nachbarn nichts davon erfahren.

Seit zu langer Zeit hat sich die Frau in der orientalischen Gesellschaft keinen Respekt mehr verschaffen können. Als Gattin trägt sie ein schweres Joch. Als junges Mädchen ist sie lüsternen Blicken ausgesetzt. Bei der Geburt einer Tochter schallt nicht zwei Tage lang Freudengeheul durch das Haus wie bei der Geburt eines Sohnes. Man schweigt vielmehr: nur eine Tochter – ein hungriger Mund mehr. Sie muss auch noch bewacht werden, damit sie einmal als Jungfrau den für sie ausgesuchten Bräutigam heiratet und einen guten Brautpreis erzielt. Sie ist für die Familie ein leerer Rahmen, den man aufhängt, um nicht daran zu rühren, bloß keinen Skandal zu provozieren – schon das Wort lässt erzittern: Skandal bedeutet *schouma*. Nur ja dem Gespött der Nachbarn keine Nahrung geben; mit den Fingern könnten sie auf einen zeigen. Wenn nötig, gilt es, zu verbergen, zu lügen, Geschichten zu erfinden: jedes Mittel ist recht, um Schande von der Familienehre abzuwenden. Wer fragt schon nach dem Schicksal einer Tochter? Nicht der Stern von Bethlehem wird sie leiten, sondern der Vater, der sie einsperren wird. Die Mutter wird ein strenges Regiment führen und ihren Stolz darin sehen, mit dem Licht ihrer tugendhaften Tochter die Nachbarstöchter zu überstrahlen.

Traditionellerweise ist die Frau als Tochter Dienerin im Elternhaus, als Ehefrau Dienerin im Haus ihres Gatten. Oft hat sie eine vom Leben enttäuschte Schwiegermutter zu ertragen, die ihr das Leben schwer macht oder womöglich ihren Sohn zur Scheidung drängt. Und was bliebe einer Frau dann übrig, allein und arbeitslos? Die meisten Eltern würden es als Schande ansehen, ihre geschiedene Tochter wieder aufnehmen zu müssen. So ist sie ihrem Schicksal überlassen, besonders, wenn sie ihre Kinder ernähren muss.

Frauentragödien dieser Art ereignen sich meist nicht in den Häusern des gehobenen Bürgertums, sondern eher im Mittelstand und der Arbeiterklasse. Dort findet man Unterdrückung und Angst; ein Ausbruch aus dem Familienjoch könnte aus finanziellen Gründen in die Prostitution führen. Gesetzesreformen, Medien und Mode, besonders aber ein Studium, verändern das Verhalten der modernen Marokkanerin jedoch nachhaltig. Eine gebildete Frau, die ihren eigenen Beruf ausübt, wird in einer unerträglichen Ehesituation eher den Gatten verlassen, um das Leben

Rechts: Emanzipation? Im Anti-Atlas sind die Geschlechterrollen noch klar definiert.

Foto: Jochen Steinhardt

zu leben, das ihr gefällt. Doch selbst für eine Frau mit Uni-Abschluss wird es nicht einfach, wieder zu heiraten. Die Männer sind auf „leichte Beute" aus, auf Frauen, die sie beherrschen können. Und noch immer werden ledige Mütter von der Gesellschaft geächtet. Immerhin ist seit der Familienrechtsreform von 2003 die Scheidung für den Mann schwieriger und für die Frau wesentlich einfacher geworden. Neuerdings organisieren sich misshandelte Frauen, und Medien kritisieren die barbarischen Bräuche: Ein vergewaltigtes Mädchen, das dann nach Schariarecht seinen Peiniger auch noch heiraten muss – das geht vielen Marokkanern heute zu weit.

Islamisten wettern gegen die die Einehe begünstigende Familienrechtsreform – der Koran erlaubt vier Hauptfrauen – und fordern rein religiöse Eheschließungen: *fatiha*-Ehen, die nur der Mann auflösen kann – ohne weitere Unterhaltsverpflichtung. Der Mann hat „seine" Moschee und „seinen" Gott; die Frau hat wie in der Politik auch im religiösen Bereich wenig zu melden. Wenn die Marokkanerin heute ihr Haar zunehmend bedeckt, ist dies nicht immer ein Zeichen religiösen Eifers, sondern oft der Resignation angesichts der Reislamisierung des Alltags – ein im ganzen arabischen Kulturkreis zu beobachtendes Phänomen. Selbstbestimmung, für die junge Europäerin selbstverständlich, ist für die gleichaltrige Marokkanerin im Atlasgebirge die Ausnahme, obwohl das neue Familienrecht (*moudawana)* die Frau dem Mann theoretisch gleichstellt – außer beim Erbrecht.

In der City fällt indes der Schleier: Die moderne Städterin nimmt kein Blatt vor den Mund. Sie sitzt am Lenkrad, womöglich gar an dem eines Taxis, raucht, kümmert sich um Geschäfte, wagt sich allein ins Café, muss aber auch sexistische Belästigungen am Arbeitsplatz und auf dem Arbeitsweg aushalten.

Berbertöchter im Hinterland mögen von der großen Freiheit in Casablanca träumen; doch die faszinierende Unabhängigkeit gebildeter, berufstätiger Städterinnen wird für viele wohl noch lange ein Traum bleiben.

KINDER

Kinder haben in der islamischen Gesellschaft Marokkos einen hohen Stellenwert; insbesondere Söhne sind für das Prestige der Familie sehr wichtig, denn sie sollen später einmal die Altersversorgung der Eltern sichern. Das Bevölkerungswachstum von jährlich etwa 1,4 % hat die Alterspyramide in den letzten Jahren in der Art verändert, dass nun ca. 70 % der Marokkaner jünger als dreißig Jahre sind. In ländlichen Gebieten sind sechs bis acht, in den Städten drei bis vier Kinder normal. Ehepaare ohne Kinder werden bedauert, Kinderlosigkeit gilt als Versagen der Frau und ist für den Mann ein Scheidungsgrund.

Die Erziehung von Jungen und Mädchen ist auf die spätere gesellschaftliche Rolle abgestimmt. Töchter werden frühzeitig in die Hausarbeit und die Betreuung der Geschwister einbezogen, denn sie sollen auf ihre spätere Rolle als Hausfrau und Mutter vorbereitet werden. Söhne werden dagegen oft wie kleine Paschas behandelt; Fehltritte verzeiht man ihnen eher als ihren Schwestern. Der älteste Sohn übernimmt bei Abwesenheit des Vaters schon früh die Stellvertreterfunktion; alle Frauen der Familie haben ihm mit großem Respekt zu begegnen.

Im Alter von ungefähr sieben Jahren werden die Jungen durch die Beschneidung in die Gesellschaft aufgenommen. Zu diesem Anlass wird ein großes Fest gegeben, das neben der Hochzeit den Höhepunkt im Leben eines Marokkaners darstellt. Den „Eingriff" nehmen auf dem Land oft noch Friseure vor, die ohne Narkose arbeiten.

Die marokkanische Gesellschaft teilt sich in eine Frauen- und eine Männerwelt. Nach Erreichen der Pubertät werden die Jungen abrupt von den Treffen der Tanten und Cousinen, der Nachbarinnen und der Freundinnen der Mutter ausgeschlossen. Sie müssen dann die Spielregeln der Männerwelt, die vor allem den islamisch-patriarchalischen Begriff der „Ehre" betreffen, kennen lernen und sich von der Mutter abnabeln. Mädchen werden erst durch eine Heirat von der Gesellschaft anerkannt.

Die schulische Erziehung beginnt für die kleinen Marokkaner oft in einer Koranschule, die eine Art freiwillige religiöse Vorschule darstellt. Dort werden ihnen Grundzüge des Islam und der arabischen Sprache vermittelt. Für den daran anschließenden Besuch des staatlichen Bildungssystems gilt theoretisch eine allgemeine Schulpflicht von mindestens sieben Jahren. Trotzdem kommt es in ländlichen Gebieten häufig vor, dass Mädchen gar nicht oder nur für wenige Jahre in die Schule geschickt werden. Dies macht sich vor allem bei älteren Jahrgängen in der Bevölkerung bemerkbar, wo ein dramatischer Bildungsunterschied zwischen Frauen und Männern festzustellen ist: In den mittleren Jahrgängen können zwei Drittel der Frauen weder lesen noch schreiben. Während der ersten zwei Schuljahre ist Arabisch Unterrichtssprache, später sind es Arabisch und Französisch. Der Unterrichtsstil ist auf Auswendiglernen ausgerichtet und autoritär. Die Analphabetenrate der Jugendlichen liegt bei 30 %.

In der Unter- und Mittelschicht ist Kinderarbeit sehr verbreitet. Kinder haben oft schon eine wichtige wirtschaftliche Funktion für die Familie; als Betreuer der kleinen Geschwister und als Helfer im Haushalt, als Gehilfen in der Landwirtschaft oder in Handwerksbetrieben sind sie unentbehrlich.

Entlang der Touristenrouten betteln Kinder manchmal sehr aufdringlich – ein Verhalten, das es in vom Fremdenverkehr nicht berührten Gebieten kaum gibt. „Un Dirham, un Euro!" und „Bonbon!" sind die Worte, die man von Straßenkindern in Marokko am häufigs-

Rechts: Die Mädchen im SOS-Kinderdorf Ait Ourir sind lernbegierig und fleißig. Leider schicken Eltern auf dem Land lieber ihre Söhne als ihre Töchter zur Schule.

Foto: Thomas Stankiewicz

ten hört. Doch ehe man sich zu einer großzügigen Geste drängen lässt, sollte man bedenken: Kinder, die Erfolg beim Betteln haben, werden oft von ihren Eltern erst recht dazu animiert und gehen nicht mehr in die Schule. Ihre Zukunft wird so von den „milden Gaben" der Touristen abhängig gemacht.

Auch soziale Konflikte in den Familien entstehen durch das Betteln: Ein Landarbeiter im Süden Marokkos verdient etwa 100 Dirham, also ungefähr zehn Euro pro Tag. Kinder hingegen erbetteln solche Beträge innerhalb weniger Minuten bei einer „großzügigen Busladung". Wenn man Kinder wirklich unterstützen möchte, kann man sich an die Bürgermeister oder an seriöse Institutionen wie das SOS-Kinderdorf in Ait Ourir, 40 km östlich von Marrakesch, wenden. Es ist auch möglich, Patenschaften für marokkanische Kinder zu übernehmen.

In ihrer Freizeit sind marokkanische Kinder äußerst kreativ. Selbstgebastelte Spielsachen sind für Landkinder normal. Aus Plastikflaschen, Reifen und Ästen entstehen „Rennautos". Mit Murmeln und Münzen üben sie ihre Geschicklichkeit.

An kleinen Kindern fällt oft ein langes Büschel Haare am sonst kahlgeschorenen Kopf auf, das „Schopf Allahs" genannt wird: Wenn ein Kind stirbt, was bei der hohen Kindersterblichkeitsrate ziemlich häufig vorkommt, nehmen die Marokkaner an, dass Allah es an diesem Schopf zu sich ins Paradies zieht.

Weihnachten findet für marokkanische Kinder am *achoura*-Tag statt, dem zehnten Tag des islamischen Neujahrsmonats *moharrem*. Das ist der Todestag des Prophetenenkels Hussein, dem Sohn von Ali. Im schiitischen Islam wird er als Trauertag mit Prozessionen und Selbstgeißelungen begangen. Dagegen ist im sunnitischen Marokko derselbe Tag gerade zu einem Fest der Kinder geworden, an dem sie Geschenke erhalten. Am Tag des *Id el Kebir*, an dem die Pilger in Mekka und alle Muslime der Welt das große, an Abraham erinnernde Hammelfest feiern, erhalten auch die Kinder neue Kleider.

MAROKKANISCHE KÜCHE

Allgemein gut bekömmlich, nicht allzu fett und nur selten scharf ist die Küche Marokkos. Das Geheimnis des guten Geschmacks sind die Gewürze, die *souk*-Händler zu bunten Pyramiden aufgetürmt anbieten: Paradegewürz ist das *ras el hanud*, das man mit „Krönung des Ladens" übersetzen könnte. Dabei handelt es sich um eine Mischung aus mindestens 15 Gewürzen: Gelbwurz, Kreuzkümmel, Koriander, Paprika und Anis sind seine wichtigsten Bestandteile und gleichzeitig die gängigsten Geschmacksverfeinerer in der marokkanischen Küche.

Beliebt, aber sehr teuer ist Safran. Das Wort leitet sich vom arabischen *saffaran* ab und bedeutet „Gelbmachen". Gramm für Gramm wird Safran aus den Blütenständen des Krokus gewonnen, eine mühevolle Arbeit, die letztlich den hohen Preis von über 10 Dirham pro Gramm rechtfertigt.

Vormittags sieht man in den Straßen der Städte Mädchen, die auf dem Kopf lange Tabletts mit Brotteig aus Gerste oder Weizen – gekennzeichnet mit dem Familienstempel – zur Backstube bringen: Frisches Fladenbrot, das die Araber *khobza* und die Berber *aghrom* nennen, darf bei keiner Mahlzeit fehlen.

Grundbestandteile der marokkanischen Küche sind die vielfältigen inländischen Agrarprodukte. Kartoffeln, Karotten und Tomaten werden zu schmackhaften Suppen und Eintöpfen verarbeitet. Wer es sich leisten kann, isst Fleisch, bevorzugt Lamm und Rind – Kamelfleisch ist zwar etwas aus der Mode gekommen, in eingepökeltem Zustand ist es allerdings für die Bürger von Fes immer noch ein Leckerbissen.

Das marokkanische Gericht ist die *tajine*. So heißt sowohl der charakteristische irdene Kochtopf mit spitzer Haube als auch das Gericht selbst. *Tajines* werden zum Garen traditionell auf kleine Holzkohlestövchen gestellt. Je nach Jahreszeit wechseln die Zubereitungsvarianten. Es gibt Kompositionen mit Gemüse- und Fleischeinlage, mit pikanter oder mit süßer Note. Im Herbst kocht man gerne folgendes Rezept:

Gewürfelte Kartoffeln, einige Möhren und Zwiebeln, ein paar Stückchen Tomaten, eingelegte Zitronen sowie Hammelfleisch werden übereinander geschichtet und mit frischem Koriander, Kreuzkümmel, Gelbwurz und Salz bestreut. Obenauf kommen geachtelte Quitten und Rosinen. Bevor nun die *tajine* auf dem Holzkohleofen landet, gießt man noch etwas Fleischbrühe und Olivenöl zu und setzt die Haube auf. Dann wird alles etwa zwei Stunden geschmort. Die *tajine* wird mitten auf den Tisch gestellt, der Deckel feierlich gelüftet und alle Tischgäste greifen sich mit kleinen Brotstückchen Happen für Happen aus dem Topf.

Eine ungewöhnliche Garmethode stellt die Zubereitung einer *tangia* dar: In einem amphorenähnlichen Tonkrug wird ein Stück vom Rind oder Hammel in etwas Gemüse und Fleischbrühe gelegt und mit viel *ras el hanud* gewürzt. Das Gefäß wird dann mit einem Stück gegerbter Rinderhaut fest verschlossen und in der öffentlichen Bäckerei über Nacht für etwa zwölf Stunden in den nicht mehr nachbeheizten, aber trotzdem noch heißen Backofen geschoben. Wer einmal das Öffnen eines Tangia-Topfes miterlebt hat, kann nachvollziehen, zu welch einer Köstlichkeit das Gericht durch das schonende Garen im Tonkrug geworden ist.

Weit über Nordafrika hinaus kennt man *couscous*. Hauptbestandteil dieses Gerichtes ist Hartweizengrieß, der in speziellen Dampftöpfen lange gegart und zwischendurch immer wieder mit Olivenöl versetzt wird. Als Beilage dienen in viel Brühe gekochtes Gemüse sowie Fleisch. Wer es „heiß" liebt, kann sich an die als Beilage gereichte rote Pfeffersoße *harissa* halten. Couscous

Rechts: Aus Hartweizengries, frischem Gemüse und Lammfleisch entsteht köstlicher Couscous.

Foto: Paul Spierenburg

wird traditionell mit der rechten Hand gegessen. Mit vier ausgestreckten Fingern nimmt man etwas Couscous und formt durch Drehen eine kleine Kugel. Wichtig ist, dass der Couscous genügend Öl enthält, damit die so geformten Kugeln gut zusammenhalten.

Kurzgebratenes vom Holzkohlengrill erfreut jeden Marokkaner – bei den beliebten Picknick-Ausflügen mit der Familie ebenso wie *en passent* beim Bummeln und Einkaufen. Gegrillte *brochettes* (Fleischspießchen) und *kefta* (Hackfleischbällchen) werden mit frisch gebackenem Brot und einer kalten Tomatensoße gegessen.

Köstlich schmeckt *poulet au citron* (Zitronen-Hühnchen). Für seine Zubereitung verwendet man Zitronen, die in einer Salzlake eingelegt wurden. Sie schmecken dann nicht mehr sauer, was ihnen eine besondere Note verleiht.

Ursprünglich aus Fes stammt die ausgesprochen leckere Spezialität *bastilla*. Dünne Teigblätter werden mit Rosinen, Gemüse, geschlagenen Eiern und dem Fleisch gekochter Täubchen – billiger wird es mit Hühnerbrust – gefüllt, im Ofen gegart und vor dem Servieren mit Puderzucker und Zimt bestäubt; eine süße Fleischspeise, die man auch in guten Konditoreien bekommt

Zu großen Anlässen, wie Hochzeiten, wird *mechoui* zubereitet: ein Lamm, das am Spieß oder in einem speziell dafür gebauten Lehm-Backofen gebraten wird. Ein marokkanisches Galadiner mit *mechoui* wird als *diffa* bezeichnet.

Die gängigste marokkanische Suppe heißt *harira*, zubereitet mit frischem Koriander und Kichererbsen. Sie wird auch als Ramadan-Suppe bezeichnet, weil sie am Ende eines langen, zermürbenden Fastentags zumeist als erstes eingenommen wird.

Datteln, Honig- und Mandelgebäck schließen die Mahlzeiten ab. Besonders begehrt sind die marzipangefüllten *cornes de gazelle* („Gazellenhörnchen") und *chebakia*, ein braunes, zuckersüßes Honiggebäck. Dazu wird das Nationalgetränk *thé à la menthe* getrunken: grüner Chinatee, stark gesüßt und mit frischen Minzblättern gewürzt.

Foto: Berthold Schwarz

GEKNÜPFTE TRÄUME

Vielfältig ist das Teppichsortiment Marokkos, das weit mehr als die „Kaufhaus-Berber“ umfasst, die zeitweise ein Exportschlager waren. Le Corbusier initiierte den europäischen Trend zum einfachen Berberteppich mit schlichten, aber prägnanten rautenförmigen Symbolen, als er 1925 die Villa La Roche für einen Schweizer Bankier in Paris damit ausstattete. Für diese langflorigen, in der hellen Naturfarbe der Schafwolle belassenen Stücke standen die Teppiche der halbnomadischen Beni Ouarain im Mittleren Atlas Pate. Die Stammesfrauen der benachbarten Beni M'Guild pflegten eine mehrfarbigere, im Musterbild dichtere Knüpftradition.

Beim Teppichknüpfen kommen in Marokko drei verschiedene Knotenarten zum Einsatz: die türkischen Gördes- und Senneh-Knoten, die jeweils zwei Kettfäden mit einbeziehen, und der Berberknoten mit vier Kettfäden. Die *gtifa* genannten niederflorigen Teppiche des Landes weisen jedoch im Vergleich zu persischen Teppichen eine geringere Knotenzahl pro Quadratmeter auf.

Gewebte Teppiche werden überall im Land hergestellt; man nennt sie *hanbel*. Oft sind sie mit Stickereien in traditioneller *sumakh*-Technik versehen; dabei werden die Stickfäden auf der Rückseite weder gekürzt noch vernäht. Bei allen marokkanischen Teppichen fällt die vielgestaltige Symbolik auf: magische Berber-Ornamente, religiöse Motive (*mihrab*), Tierbrandzeichen (*wasm*) und naive oder stilisierte Darstellungen von Menschen und Landschaften, Tieren und Pflanzen, Fahrzeugen und Gebrauchsgegenständen.

Die Farben variieren regional. Wolle vom Schaf kann schwarz, braun oder weiß sein, Ziegenwolle ist schwarz, Kamelwolle gibt es in verschiedenen Brauntönen. Andere Farben werden heutzutage überwiegend mit chemischen Produkten erreicht. In einigen Teppichschulen hat man die traditionellen Färbemethoden bis heute beibehalten: *Alkanna*, das Farbtöne von rot bis braun erzeugt, wird aus den Wurzeln des Hennastrauches gewonnen. Blautöne werden mit Hilfe von *indigo* erzeugt: Die Blätter des Indigostrauches lässt man in Kalkwasser gären. Danach wird das Pigment getrocknet und kommt als so genanntes Indigoweiß in Würfelform in den Handel. Damit werden die Wollfasern getränkt, die sich erst durch Oxidation an der Luft blau färben.

Die arabisch beeinflussten, rotgrundigen *tapis royal* (Königsteppiche) der Städte Rabat, Salé und Mediouna zeigen stets traditionelle orientalische Muster: ein Medaillon in der Mitte, umrahmt von Bordüren und Pflanzen-Ornamenten. Die für Königsteppiche vom Staat festgesetzten Höchstpreise orientieren sich an vier Qualitätsstufen, die nach der Knotendichte gestaffelt sind: *extra supérieur*: 1600 Kn/dm^2; *su-*

Oben: Ein Kelim mit magischen Fruchtbarkeitsornamenten. Rechts: Teppichweben in Heimarbeit im Hohen Atlas (Imlil).

Foto: Berthold Schwarz

périeur: 900 Kn/dm²; *moyenne*: 625 Kn/dm²; *courante*: 400 Kn/dm².

Volkskundlich interessant sind die Spezialitäten der ethnischen Gruppen abseits der großen Städte: Rote und braune *chichaoua*-Teppiche mit bis zu 15 cm langem Flor werden von den arabischen Stämmen der *Chiadma* und *Rehamna* im westlichen Haouz gefertigt. Ihr Markenzeichen sind *wasm*-Symbole, die auf alte Tierbrandzeichen zurückgehen. Meister der Weberei sind die Berberstämme der *Zaiane* und der *Zemmour*, die im Mittleren Atlas und in der Zentralmeseta leben. Feine geometrische Stickereien zieren ihre Gebetsteppiche. Kenner schätzen auch die Satteltaschen und Umhänge (*tamizart*) dieser Provenienz, gesäumt mit vielen silbrig glänzenden Metallplättchen (*muzun*). Aus den winterkalten Gebieten der Atlasgebirge kommen die *handiras*, die mit ihren langen Wollfäden auf der Rückseite als Schlafunterlage oder als Umhang dienen. Gewebt und bestickt ist der *akhnif*, den die Halbnomaden im Gebiet des Zentralen Hohen Atlas tragen und der dem Burnus, dem Kapuzenmantel der Beduinen, gleicht.

Typisch für die Region zwischen Jebel Siroua und oberem Drâa-Tal sind geknüpfte *tazenakht*-Teppiche mit den Farbkombinationen gelb, orange und schwarz. Aus dem Hohen Atlas südlich von Marrakesch stammen die gewebten und geknüpften *glaoua*-Teppiche mit geometrischen Berbersymbolen wie Rauten, Kreuze und Dreiecke.

Die Hochzeitsteppiche der Oued Zem-Berber dagegen erzählen bisweilen ganze Geschichten. Alltägliche Motive werden trotz des koranischen Bilderverbots in naiver Weise dargestellt: Es finden sich Moscheen, Menschen, Haustiere, Zelte, Teekannen, Lastwagen und sogar schwangere Kamele.

Trotz der staatlichen Höchstpreisverordnung für neue geknüpfte Teppiche ist beim Kauf hartnäckiges Feilschen angesagt, denn neben märchenhaften Herkunftslegenden („bei den Tuareg gegen Lebensmittel eingetauscht“) sind auch die Preisvorstellungen der Verkäufer oft äußerst fantastievoll.

Foto: Berthold Schwarz

GESCHICHTE

Eigentlich sind wir alle Marokkaner: Die mit 315 000 Jahren ältesten Homo-sapiens-Fossilien der Welt stammen aus Ighoud, westlich von Marrakesch. Die regenreiche Zeit Nordafrikas endete mit der letzten Eiszeit vor 10 000 Jahren. Als die Sommerregen ausblieben, schwanden die Wälder Südmarokkos, die Wüste schob sich näher an den Hohen Atlas heran. Jungsteinzeitliche Jäger folgten ihren Beutetieren entlang der Flussläufe bis zu den Quellen im Atlas. Felsgravuren am Rand von Wadis (Drâa, Oued Akka) und auf Hochweiden im Atlas (Oukaimeden, Yagour) zeigen das jagdbare Wild: Elefanten, Nashörner, Panther, Mufflons, Gazellen und Büffel. Mit Aufkommen der Viehzucht vor etwa 7000 Jahren folgte auf die Jägerphase in der Felskunst die Hirtenphase, die reich an Rindergravuren ist.

Die Vorfahren der marokkanischen Berber wanderten um 3000 v. Chr. aus Westägypten ein. Ab 1200 v. Chr. erhielten sie Besuch von phönizischen Handelsseefahrern, die bei Melilla, Tetouan, Tanger, Larache und El Jadida Niederlassungen gründeten, welche ab 814 v. Chr. Karthago unterstanden.

Die Römer machten sich nach ihrem Sieg über Karthago (146 v. Chr) das nordafrikanische Berberkönigreich Mauretanien erst tributpflichtig, um es dann 42 n. Chr. ihrem Weltreich einzuverleiben. Auf dem Gebiet des heutigen Nordmarokko entstand so die Getreide und Olivenöl liefernde Provinz *Mauretania tingitana* mit den Römerstädten Tingis, Lixus, Banasa, Sala und Volubilis. 429 n. Chr. eroberten germanische Wandalen die Römerprovinzen Nordafrikas. Deren Herrschaft beendeten erst 533 Soldaten aus Byzanz.

632 n. Chr. starb im fernen Arabien Mohammed, der Prophet der neuen Weltreligion Islam. Im Jahr 647 trafen arabische Glaubenskrieger auf ihren Eroberungszügen in Libyen auf jüdische und christianisierte Berber, die Widerstand leisteten. Weiter im Westen, im algerischen Aures-Gebirge, waren die Stammeskrieger der jüdischen Berberkönigin Kahina beherzte Gegner. 683 erreichte der arabische Feldherr Okba über das tunesische Kairouan den Atlantik und das Sous- und Ziztal im Süden, musste sich aber vor den Berbern zurückziehen. Auf dem zweiten Feldzug 703 bis 711 gelang es dem arabischen Truppenführer Moussa, die Berberkrieger Nordmarokkos mit der Aussicht auf einen Anteil an der Beute künftiger Eroberungen in Spanien zum Islam zu bekehren und in sein Heer zu integrieren.

Links: Pilger am Mausoleum des Dynastiegründers Moulay Idriss I. (gest. 792).

Tarik kam, sah und siegte – ein Marokkaner eroberte Andalusien

711 n. Chr. ließ Moussa seinen Leibsklaven, den Berber Tarik, mit 10 000 berberischen Reitern in Booten über die Meerenge von Gibraltar ins christliche, westgotische Spanien übersetzen. Ihre rasche Eroberung Südspaniens machte die Araber eifersüchtig. Nun merkten die Berber, dass die elitären Araber die Gleichwertigkeit aller Muslime, die den Koran für Nichtaraber so attraktiv machte, in der Praxis wenig achteten. Schon 740 n. Chr. revoltierten die Berber Nordafrikas gegen die Herrschaft der arabischen, in Damaskus residierenden Omajaden-Kalifen und schlossen sich der Sekte der „abtrünnigen" Kharedjiten an, die forderte, dass auch ein Nichtaraber Kalif werden dürfe.

788 ging in Tanger der Arabienflüchtling Idriss I. an Land, ein Nachfahr des Propheten, den die Auraba-Berber in Volubilis als Führer akzeptierten. Moulay Idriss gründete das erste – wenn auch regional begrenzte – dynastische Reich auf marokkanischem Boden, das aber bereits nach dem Tod seines Sohns Idriss II. 829 Zerfallserscheinungen zeigte. Die 808 gegründete Idrissiden-Resi-

Foto: Walter Knappe

denzstadt Fes entwickelte sich dennoch zur Hochburg maurischer Kultur mit der größten Moschee des Landes (Kairawine), die auch Wissenschaftszentrum wurde. Im 10. Jh. stritten spanische Omajaden, Zenata-Berber aus dem Osten, irakische Abbassiden und tunesische Fatimiden um das idrissidische Erbe. Ab 1051 fielen, als Rache der Fatimiden, zerstörungswütige arabische Beni-Hilal-Beduinen ins damals berberische Nordafrika ein, wo sie in den Ebenen die Berber ins Gebirge abdrängten oder arabisierten. In späteren Zeiten dienten sie in Marokko auch als Söldner.

Mächtige Berberreiche entstehen

Im 11. Jh. n. Chr. warb der Tuareg-Stamm der Sanhadja, der die Karawanenwege der Sahara beherrschte, den Korangelehrten Ibn Yasin an, der den Wüstenkriegern auf einer Ordensburg (*ribat*) im Senegalfluss strenge islamische Zucht im Sinne der *sunna* („Gewohnheit", Hauptströmung des Islam) beibrachte. Die Sanhadja-Berber nannten sich fortan *al murabitun* (Männer des Ribat = Almoraviden). Ihr Feldherr Youssef ben Taschfin gründete 1070 Marrakesch. Die Muslim-Emire Spaniens, deren maurische Städte eine hohe Zivilisationsstufe erreicht hatten, riefen 1085 die saharischen Kamelreiter gegen die christliche Reconquista zu Hilfe. Die Almoraviden kamen, siegten und – blieben. Sie herrschten bereits im Jahr 1107 von Valencia bis Lissabon, von Granada bis Timbuktu und vom Atlantik bis nach Ostalgerien.

1122 n. Chr. begann der Prediger Ibn Toumart, die Masmouda-Berber des Hohen Atlas zum *jihad* (Heiliger Krieg) gegen die Almoraviden anzustacheln, die ihm wie verweichlichte, schlechte Muslime erschienen. Die Masmouda nannten sich *al muwahiddun* („Bekenner der göttlichen Einheit" = Almohaden); sie eroberten 1146 Marrakesch und bis 1160 Algerien, Tunesien, Westlibyen und die großen Städte Andalu-

Oben: Gazelle, Mufflon oder Rind? Jungsteinzeitliche Felsgravur bei Tafraoute.

siens. Ihr siegreicher Feldherr Abd el Moumen ließ sich 1162 in Sevilla zum Kalifen ausrufen. 1195 schlug sein Enkel Yacoub el Mansour die christlichen Ritter Kastiliens bei Alarcos. In dieser großen maurischen Zeit blühten zugleich Wissenschaft und Kunst; in Rabat entstand der Hassan-Turm, in Marrakesch die Koutoubia-Moschee, in Sevilla die Giralda. Yacoubs Sohn verlor jedoch 1212 die Schlacht von Las Navas de Tolosa gegen Kastiliens König Alfons VIII.: eine Niederlage gegen die christlichen Rückeroberer, von der sich der spanische Islam nie mehr ganz erholen sollte.

Ab 1213 versuchten die Meriniden, Zenata-Berber aus dem Osten, das zerbröckelnde Almohadenreich zu übernehmen: 1248 eroberten sie Fes, bis 1269 den ganzen Maghreb. Die rauen Nomadensöhne mauserten sich unter dem Einfluss verfeinerter städtischer Kultur zu Förderern der Künste; den Meriniden-Sultanen Abu el Hassan (1331-1349) und Abu Inan (1349-1358) verdankt Marokko seine schönsten *Medresen* (Koranhochschulen mit Internatscharakter). Auf der Flucht vor der Reconquista in Spanien wanderten hochgebildete andalusische Muslime und Juden nach Nordmarokko aus; besonders Fes profitierte von diesem Schub hispano-maurischer Kultur.

Die im 15. Jh. folgende Berber-Dynastie der Beni Ouatta war so schwach, dass sich die aufstrebende Seemacht Portugal – engagiert im westafrikanischen Gold- und Sklavenhandel – an Marokkos Küsten einnisten konnte: in Ceuta, Tanger, Asilah, El Jadida, Essaouira und Agadir. 1492 eroberten die Spanier Granada und beendeten damit die fast 700-jährige Muslimherrschaft über Andalusien; 1497 besetzten sie Melilla und blieben dort – wie auch im 1580 übernommenen Ceuta – bis heute.

Araber herrschen im Berberland

Im 16. Jh. riefen die einst aus Arabien ins Drâa-Tal eingewanderten Saadier – Scherife (*chorfa*), also Nachkommen des Propheten – zum Heiligen Krieg gegen die christlichen Eindringlinge auf: die Portugiesen mussten bis auf El Jadida ihre Atlantikfestungen räumen; 1578 starb der junge portugiesische König Sebastian bei Ksar el Kebir in einer Schlacht, die auch zwei rivalisierende Saadiersultanen das Leben kostete. Ahmed el Mansour (1578-1602) war nun der neue Machthaber, der es zudem verstand, die osmanischen Türken, die schon in Algerien standen, abzublocken. Sein einträglicher Überfall auf die Goldhandelsstadt Timbuktu (1591) brachte ihm den Beinamen *ed dehbi* (der Vergoldete) ein. In Marrakesch zeugen die Saadiergräber von dem Glanz der Residenzstadt El Mansours. Nach seinem Tod breitete sich allerdings Anarchie aus; 1609 gründeten Spanienflüchtlinge in Rabat die unabhängige Piratenrepublik Bou Regreg.

Die Muslimbruderschaften verschiedener *zawiyas* (Ordenssitze), angeführt von Scheichs, die als *marabouts* (Heilige) verehrt wurden, kämpften teils für, teils gegen die nachfolgenden Sultane um die Macht: Heilige Männer, die mächtige Männer werden wollten und zu diesem Zweck systematisch Gläubige fanatisierten, erschütterten bis ins frühe 20. Jh. die Stabilität des Landes.

1640 riss im Tafilalet, am Ende der wirtschaftlich enorm wichtigen Karawanenstraße durch die Sahara, der arabische Alaouite und Prophetennachfahr Moulay Ali Scherif die Macht an sich. Sein berühmtester Sohn, Moulay Ismail (1672-1727), machte Meknes zur Sultansresidenz, festigte die Alaouitenherrschaft über Marokko (die bis heute dauert) und regierte es mit eiserner Hand: seine stärkste Waffe gegen aufständische Berberstämme, die ungern freiwillig Steuern zahlten, war seine Leibgarde aus 15 000 schwarzafrikanischen Reitern. Auch arabische Söldnerstämme wie die Oudaia in Rabat dienten ihm. Christen, die von den nunmehr in seinem Auftrag arbeitenden Piraten

Foto: Berthold Schwarz

von Rabat und Salé gefangen wurden, mussten auf Moulay Ismails Festungsbaustellen zwangsarbeiten, bis sie dem Sultan Lösegeld einbrachten. Nach seinem Tod versank das Land in Thronfolgekämpfen: Ismail hatte über 500 Söhne gezeugt. Erst sein Enkel Sidi Mohammed ben Abdallah (1757-1790) sorgte wieder für Frieden.

Im 19. Jh. erwachte dann der imperialistische Appetit der europäischen Großmächte auf Nordafrika. 1830 verleibten sich die Franzosen Algerien ein, doch der Kabyle Abd el Kader führte die Rifberber in den Freiheitskampf gegen die ungläubigen Besatzer. Der marokkanische Sultan Moulay Abd er Rahman (1822-1859) unterstützte diesen Heiligen Krieg. Als Revanche beschossen die Franzosen Essaouira und Tanger; die Marokkaner mussten 1847 den auf ihr Gebiet geflüchteten Abd el Kader ausliefern. Der energische Sultan Moulay Hassan (1873-1894) war überwiegend damit beschäftigt, aufständische Berber zu bekämpfen, deren schwer einnehmbare Siedlungsgebiete in den Atlasgebirgen lagen: Dort war für die arabischen Sultane das *bled es siba*, das Land des Aufruhrs, das im Gegensatz zum *bled el makhzen*, dem sultanstreuen Gebiet, stand.

Bajonette und Baguette – die Franzosen kommen

Erst 14 Jahre alt war Moulay Abd el Aziz, als er 1894 in Fes den Thron bestieg; seine Regierung war verschuldet, von Pariser Banken abhängig und schwach, Stammesrevolten wurden zur Regel. Die Franzosen nutzten das aus und begannen ab 1907, das Hinterland von Casablanca zu besetzen. 1911 wurde der neue Sultan Abd el Hafiz, der gegen seinen unfähigen Bruder geputscht hatte, in seiner Residenzstadt Fes von Berbern belagert. Verhängnisvollerweise bat er die Franzosen um Beistand, die ihn 1912 durch den Protektoratsvertrag für den größten Teil seines Landes, das Gebiet südlich des Loukos-Flusses, ent-

Oben: Ruinen jüdischer Lehmhäuser bei Tinerhir.

machteten. Am 27.11.1912 wurde Nordmarokko spanisches „Schutzgebiet", Tanger internationale Freihandelszone. Der nun mächtigste Mann im Land, der französische Generalresident Lyautey, machte Rabat zur neuen Hauptstadt; den Städten ließ er neue Viertel für die Europäer angliedern – und konservierte so die Bausubstanz der alten *medinas*.

Widerstand gegen die neuen Herren leisteten ab 1921 die Rif-Kabylen unter Abd el Krim, der 1925 sogar eine islamische Republik ausrief, sich jedoch 1926, nach Giftgasangriffen, den Franzosen und Spaniern ergeben musste. Nun strömten französische *colons* (Siedler) nach Marokko, die sich die fruchtbarsten Böden aneigneten und moderne Agrarbetriebe errichteten. Eine moderne Infrastruktur mit Häfen, Straßen, Eisenbahnen und Staudämmen entstand, die den französischen Interessen diente: der Ausbeutung der Bodenschätze (Erze und Phosphate), dem Anbau von Getreide für das Mutterland und dem Absatz französischer Industrieprodukte.

Die französische Fremdenlegion „befriedete" bis 1934 die Stammesgebiete. Im Hohen Atlas kollaborierten die Berberclans der Glaoua, Goundafa und M'tougga mit der Protektoratsmacht und durften dafür ihre Feudalherrschaft bis in die Flussoasen des Südens ausdehnen. Die Franzosen und ihre Stütze in Marrakesch, der Berberkaid Thami el Glaoui, schickten 1953 Sultan Mohammed V. ins Exil, weil dieser die Unabhängigkeitspartei Istiqlal unterstützte.

Endlich unabhängig!

Es kam zu Massendemonstrationen und 1955 sahen sich die Franzosen gezwungen, den Araber Mohammed V. wieder als Sultan einzusetzen, welcher am 16. November 1955 die Unabhängigkeit Marokkos verkündete, worauf das französische Protektorat am 2. März 1956 endete. Mohammed V. war ein *scherif* (Nachfahre des Propheten) und als *amir el moumin* „Beherrscher der Gläubigen". Zudem nannte er sich nun *roi* (König). Als er 1961 starb, bestieg sein Sohn Hassan II., der 1959 als Kronprinz eine Rebellion der Berber im Rif-Gebirge niedergeschlagen hatte, den Königsthron. Der Araber Hassan II. regierte das ursprünglich berberische Land mit harter Hand und gängelte die Parteien der konstitutionellen Monarchie. Putschversuche der Armee 1971 und 1972 scheiterten. Viele Oppositionelle kamen ohne Prozess in Haft und wurden gefoltert.

Der Grüne Marsch vom 6. Nov. 1975 – 350 000 unbewaffnete Marokkaner zogen in die spanische Westsahara ein – lenkte von der inneren Krise ab und veranlasste die Spanier, ihre Kolonie zu räumen. Den Norden besetzte Marokko, den Süden Mauretanien. 165 000 Sahraouis – mehr als die Hälfte der Westsahara-Bewohner – flohen ins algerische Tindouf. Die Guerilla ihrer Befreiungsbewegung Polisario verwickelte von Algerien aus die pro-westlichen Truppen Hassans in einen langen Wüstenkrieg. Marokkaner besetzten 1979 auch die von Mauretanien aufgegebene Südhälfte der Westsahara. Ein Volksentscheid über die Zukunft der ehemaligen spanischen Kolonie wurde immer wieder verschoben.

In den 1990er Jahren zeigte sich Hassan II. etwas liberaler und wandte sich, z. B. durch Unterstützung der USA in den Golfkriegen und Annäherung an die EU, mehr dem Westen zu. Nach Hassans Tod 1999 setzte sein Sohn Mohammed VI. die liberale Linie fort. Ein Schock waren dann die antisemitischen Attentate von Islamisten in Casablanca 2003. Trotz Protesten von Islamisten ließ König „M6" das Familienrecht reformieren und die Polygamie erschweren. Berber hingegen kritisierten zunehmend, dass die Elite des Staats überwiegend arabischer Herkunft sei. 2011 versprach der König angesichts der Revolutionen in Tunesien, Libyen und Ägypten mehr Demokratie. Seither geht es mit der Modernisierung des Landes weiter voran.

Foto: Berthold Schwarz

GEOGRAFIE

Eine „Insel" im Westen

Sanddünen und Kamele gibt es zwar auch in Marokko – aber nur südlich des Hohen Atlas. Der Nordwesten dagegen bietet Bauern fruchtbaren Lebensraum. Nach dem Winterregen zeigt sich die zentralmarokkanische *meseta* überraschend grün; die oft bis April schneebedeckten Atlasgebirge geben den fotogenen Hintergrund dazu ab. Die Araber nennen diese atlantisch beeinflusste Kernlandschaft *jezira el maghrib* (Insel des Westens): abgegrenzt durch die Sandstrände des Atlantiks im Westen und halbmondförmig eingeschlossen durch das Rif-Gebirge im Norden, den Mittleren Atlas im Osten und den Hohen Atlas im Süden. Die Flüsse Sebou, Oum er Rbia („Mutter alles Grünen") und Tensift führen ganzjährig Wasser – und Wasser bedeutet Leben. In dieser Region leben die meisten Marokkaner. Hier liegen sowohl die vier historischen Königsstädte Rabat, Meknes, Fes und Marrakesch als auch die Millionenstadt Casablanca, das Wirtschaftszentrum.

Der Phosphatabbau in der Ebene von Khouribga, die Sardinenverarbeitung in Safi, die moderne Bewässerungs-Landwirtschaft im Gharb, in der Sais-, Tadla- und Haouz-Ebene sowie der Tourismus bilden das wirtschaftliche Rückgrat Marokkos. Internationale Flughäfen, Atlantikhäfen, Bahnlinien und Autobahnen zeigen das ökonomische Übergewicht des Kernlandes.

Im Kontrast dazu steht Marokkos großer, aber unterentwickelter Süden. In den letzten 300 Millionen Jahren der Erdgeschichte schob sich der afrikanische Kontinent mehrmals gegen die europäische Scholle: so entstanden die Faltengebirge des Rif, des Mittleren und des Hohen Atlas.

Links: Gebirgsflussoase mit Kasbah (Ait Arbi) im Hohen Atlas (Oberes Dades-Tal bei Boumalne).

Anti-Atlas – der „Gegen-Atlas"

Geologisch fängt Afrika eigentlich erst am südlichen Widerlager der gebirgsbildenden Atlas-Knautschzone an, im granitischen Anti-Atlas („Gegen"-Atlas): Er beginnt bei Sidi Ifni am Atlantik und streicht nordostwärts, an der Vulkanruine des Jebel Siroua (3304 m) vorbei, zum Durchbruchstal des Drâa-Flusses. Der Anti-Atlas hat wegen seines hohen Alters (Präkambrium) und der entsprechend lang wirkenden Verwitterung sanfte Formen und erreicht im Adrar n'Aklim (2531 m) seine größte Höhe. Gerundete Granitblöcke setzen Akzente in einer ausgetrockneten Gebirgslandschaft (Jahresniederschlag um 250 mm), die nur spärlich von *schlöh*-Berbern besiedelt ist. Die Gerstenernte fällt auf den mageren, bewässerungsbedürftigen Granitgrus-Böden oft karg und manchmal ganz aus. In *agadiren* (Speicherburgen) aus Bruchsteinen wurden früher Getreide, Wasser und Waffen für Notzeiten sicher verwahrt.

Im Anti-Atlas trifft man auch den Kletterbaum der Ziegen an, die dornige Arganie mit ihren olivenähnlichen ölliefernden Früchten. Dieser „Eisenholzbaum", der Jahrhunderte alt werden kann, wächst ansonsten nur noch im nördlich angrenzenden, an Orangenplantagen reichen Sous-Tal und im benachbarten westlichen Hohen Atlas. An Kakteen erinnernde Euphorbien (Wolfsmilchgewächse) trotzen der sengenden Sonne. Gazelle, Mufflon und Löwe sind ausgestorben – an Giftschlangen und Skorpionen mangelt es dagegen nicht.

Die Quelloasen am Südrand des Anti-Atlas (z. B. Akka und Tata) sind die vorgeschobensten Außenposten marokkanischer Landwirtschaft. Danach, am trockengefallenen Unterlauf des Drâa-Flusses, beginnt die endlose *hammada* (Felsschuttwüste). Sie gehört wegen ihres dunklen Wüstenlacküberzugs zu den heißesten und lebensfeindlichsten Wüsten dieser Erde: Die Temperatur an der Oberfläche der schwarzen Steine

Foto: Berthold Schwarz

kann bis zu 70 °C erreichen.

Den Oberlauf des Drâa begleitet eine 150 km lange Dattelpalmen-Oase, in der Schirmakazien die afrikanische Vegetation ankünden. Dunkelhäutige *haratin* (Nachfahren von Sklaven) und ummauerte Lehmdörfer (*ksour*) erinnern an die Nähe Schwarzafrikas.

Östlich der Drâa-Schlucht geht der Anti-Atlas über in das wüstenhafte Gebirge des Jebel Saghro (bis 2544 m, Kupfer- und Goldvorkommen). Es wird im Norden von der palmengesäumten Oase des Dades-Flusses begleitet. Die Stampflehm-*kasbahs* (Zwingburgen) und *tighermatine* (Wohnburgen) im Dades-Tal liegen malerisch vor den Dreitausendern des Hohen Atlas.

Weiter nach Osten hin versandet das Saghro-Gebirge buchstäblich: am Rand der Tafilalet-Oase, wo die letzten Tropfen des Ziz-Flusses verdunsten, haben die über 100 m hohen Sanddünen des Erg Chebbi das Wüstenklischee von Marokko geprägt. Selbst dort trifft man noch auf die schwarzen *khaimas* (Zelte) von *beraber*-Nomaden, deren Kamelherden die angrenzende *hammada* (Steinwüste, nur etwa 100 mm Regen pro Jahr) als Weidegebiet nutzen.

Oben: Die Dünen des Erg Chebbi im Südosten sind zum Touristenmagnet geworden (nahe Merzouga).

Hoch, höher – Hoher Atlas

Der Hohe Atlas ist mit 700 km das längste, mit vier Bergen über 4000 m das höchste, mit schneebedeckten Gipfeln, tiefen Schluchten, Flussoasen, Wäldern und wüstenhaften Hochebenen zugleich das kontrastreichste Gebirge des Landes. Gleich hinter Agadir, dem florierenden Seebad am Atlantik, beginnt der Westliche Hohe Atlas mit Höhen bis 2000 m. Auf seinen roten *hamri*-Böden wachsen in tieferen Lagen Arganienbäume, darüber finden sich vereinzelte Steineichen und ausgedehnte Berberthuja-Wälder.

Der östlich anschließende Kristalline Hohe Atlas, der Baryt, Mangan und Antimon liefert, stellt mit dem Jebel Toubkal (4167 m) den höchsten Berg Nordafrikas. Er erfreut sich bei Bergsteigern, Trekkern und Skitouren-Fans wachsender Beliebtheit. Der benachbarte, 3273 m hohe Jebel Oukaimeden – bis März schneesicher – ist mit seinen Liften und Sporthotels das Dorado marokkanischer Pisten-Skifahrer. In den tiefeingeschnittenen Gebirgs-Flussoasen des Hohen Atlas konnten die sesshaften *schlöh*-Berber ihre traditionelle Bergbauernkultur bis heute bewahren.

Der Zentrale Hohe Atlas umfasst zwischen dem Tichka-Pass im Westen und dem Talrhemt-Pass im Osten ein Gebiet von über 300 km Länge und bis zu 100 km Breite, von hochgelegenen Flussoasen durchzogen. Das wenig erschlossene Gebirge ist ein Rückzugsgebiet für Berberaffen und Königsadler. Berberthuya, Zedernwacholder, Steineichen und Weihrauchwacholder gedeihen hier. Weiter im Nordosten, am Ayachi-Massiv (3737 m), finden sich noch einige Atlaszedern.

Im Herzen des Zentral-Atlas sind der Irhil M'Goun (4068 m) und der Jebel Azourki (3690 m) lohnende Trekkingziele. In ihrem Umfeld ziehen die spektakulären Schluchten des Tessaout (Wandras), Tiflout und Arous Wanderer, Kletterer und Kanufahrer an. Bereits für Bustouristen zugänglich sind an der Südseite des Zentralen Hohen Atlas die atemberaubenden *gorges* (Schluchten) an den Oberläufen des Dades- und des Todhra-Flusses.

Östlich des M'Goun beginnt das Stammesgebiet der *beraber*. Im Frühjahr verlassen diese berberischen Halbnomaden mit Schaf- und Ziegenherden ihre an Flussläufen gelegenen Dörfer und schlagen ihre Zelte in höher gelegenen Weidegebieten auf. In Imilchil findet im Herbst ein *moussem* der Ait Haddidou statt.

Nach Osten hin trocknet der Hohe Atlas zunehmend aus, verflacht und geht schließlich in die Tamelelt-Ebene über. Dort, hinter der Oase Figuig, die von artesischen Brunnen gespeist wird, verläuft die algerische Grenze.

Affen im Zedernwald – der Mittlere Atlas

Der Mittlere Atlas beginnt im Westen, am Rand der *meseta*, als regenreicher Tafelatlas, aus Jurakalken aufgebaut (Höhen um 2000 m, Schnee im Winter). Das kaum besiedelte waldreiche Gebirge wird forst- und weidewirtschaftlich genutzt. Ein landschaftlicher Höhepunkt sind die Wasserfälle von Ouzoud. Der Bin-el-Ouidane-Stausee sichert die Bewässerung der Zitrus- und Zuckerplantagen der Tadla-Ebene. Idyllisch im Zedernwald ruht der Azigza-Maarsee in 1800 m Höhe; Halbnomaden schlagen dort ihre Zelte auf, Affen kommen zum Trinken. Am Jebel Hebri (2036 m) liegt die Skistation Mischliffen. Im Nordosten gipfelt der – dort gefaltete – Mittlere Atlas im Jebel Bou Naceur (3340 m) und fällt dann im Osten zum Moulouya-Fluss ab, einem 400 km langen Band in der Trockensteppe. Das Kalkmassiv Jebel Tazzeka (1980 m) im Norden ist Nationalpark, mit Karsthöhlen und Steineichen.

Verboten: Kif im Rif

Nördlich des Taza-Korridors erstreckt sich das Rif-Gebirge. Die Jebala-Berge, die im Westen bei Tanger am Atlantik enden, werden auf der Mittelmeerseite bei Smir-Restinga von einladend weißen Sandstränden gesäumt. Im Osten schließt bei Chefchaouen das zentrale gefaltete Rif-Gebirge an, mit dem Jebel Tidiquin (2448 m) als höchster Erhebung. Hier regnet es fast soviel wie in den Alpen: bis zu 2000 mm pro Jahr; Steineichen und Zedern gedeihen prächtig. In den abgelegenen Tälern um Ketama produzieren berberische *rifi*-Bauern trotz Verbot Haschisch. Die steile Nordseite des Zentral-Rif grenzt mit tief eingekerbten Tälern an die felsige, buchtenarme Mittelmeerküste. Im niedrigeren trockeneren Ostrif markieren Kameldorn und Halfagras den Übergang zur Trockensteppe.

Foto: Edmund Bugdoll

VÖLKERKUNDE

Ein Schmelztiegel der Ethnien

Wer sind die Berber? Wesentlich einfacher zu beantworten ist die Frage, wo sie sind: Sie siedeln in Dörfern oder – immer seltener – in Zelten, in den Gebirgen und Oasen Nordafrikas, von Ägypten bis Mauretanien. Auch die Sahara ist überwiegend in Berberhand: die stolzen *tuareg*, die letzten Ritter der Wüste, leben überwiegend in Niger, Mali und Algerien. Sie sind Verwandte der *beraber*-Nomaden Südost-Marokkos (*sanhadja*-Gruppe). Im nordmarokkanischen Rif-Gebirge leben die freiheitsliebenden Rif-*kabylen* (*zenata*-Gruppe). Die *schlöh* (*masmouda*-Gruppe), standhafte Bergbauern und gewiefte Händler, siedeln im Sous-Tal, im westlichen Hohen Atlas und im Anti-Atlas. Zwar hat Marokko mit ca. 36 % der Gesamtbevölkerung den mit Abstand größten Berberanteil aller Maghrebstaaten, doch rassisch und kulturell bietet sich kein einheitliches Bild, zu vielfältig waren die Einflüsse fremder Eroberer und Einwanderer.

In Tafraoute im Anti-Atlas sehen einige *schlöh* europäischer als manche Südeuropäer aus. Dagegen erinnern negroide Typen an die Nähe zu Schwarzafrika. Völkerkundler grenzen die Berbergruppen deshalb über ihre semito-hamitische Sprachen ab, die auf eine Herkunft aus dem Nahen Osten hinweisen. Der marokkanische Historiker Ibn Khaldun behauptete im 14. Jh. eine Abstammung der Berber „von Kanaan, dem Sohn des Ham, dem Sohn Noahs".

Für die Römer waren alle Afrikaner *barbari* (von griech. *barbaroi* = Bärtige). Im Hinterland von Karthago hausten die *numidi* (Nomaden), die vermutlich mit dem Berberstamm der *zenata* identisch waren – gefürchtet als Widersacher, geschätzt als Legionäre und Gladiatoren. Umgänglicher erschienen den Römern die *mauri* (griech. *amauros* = dunkel) der römischen Provinz *mauretania*, die wahrscheinlich den früh sesshaft gewordenen *masmouda*-Berbern entsprachen.

Schon vor den Römern hatte es fremde Einflüsse gegeben: Bereits 5000 v. Chr. wanderten vermutlich Schwarzafrikaner aus Äthiopien und Ghana durch die damals noch feuchtere Sahara ins Drâa-Tal ein, vielleicht sogar noch vor den Berbern. Ägypter (ab 3000 v. Chr.), Phönizier (ab 1200 v. Chr.) und Griechen hatten Kontakte mit Berbern; Juden siedelten möglicherweise schon seit dem 6. Jh. v. Chr. im Land. Aber erst die Römer bereicherten die Berberkultur nachhaltig: die Gewandfibel der Frauen, das Fallstiftschloss an den Haustüren und das *schlöh*-Wort *„almu"* für die Sommerweide erinnern noch daran. Auch der *ksar*, das ummauerte Dorf, hat sein Vorbild im lateinischen *castrum*. Römische Christen verbreiteten ihre Religion überall in Nordafrika; der Kirchenvater Augustinus war ein bekehrter *zenata*-Berber.

Blondes Haar und blaue Augen hinterließen die germanischen Wandalen im 5. Jh. n. Chr. nach 50jähriger Gewaltherrschaft. Ohne Frauen kamen am Ende des 7. Jh. die ersten arabischen Glaubenskämpfer an, die aus diesem Grund häufig Berbertöchter ehelichten. Bereits Sultan Idriss II., der Sohn des Prophetennachfahren Moulay Idriss I., ging im späten 8. Jh. aus einer arabisch-berberischen Mischehe hervor.

Arabisiert wurden die Berber dadurch nicht, wohl aber islamisiert, was selbst die *sanhadja*-Berber der Sahara erfasste. Im 11. Jh. schuf dieser Stamm das Almoraviden-Reich, indem er nach den *masmouda*- und *zenata*-Stämmen Marokkos auch die arabischen Emire Spaniens unterwarf. Die maurische Hochkultur der iberischen Halbinsel, die seit der muslimischen Eroberung (711 n. Chr.) dort entstanden war, bekam so

Links: In berberischer Rifgebirgstracht gekleideter Wasserverkäufer.

Foto: Berthold Schwarz

zu ihren arabischen, berberischen, jüdischen und spanisch-christlichen Elementen noch einen Schuss Wüstenblut. Im Gegenzug kam verfeinerte maurische Stadtkultur nach Marokko, vor allem ab dem 13. Jh., als die christliche Rückeroberung Andalusiens eine Welle von Flüchtlingen hochgebildeter Muslime und Juden auslöste. Insgesamt über drei Millionen Flüchtlinge kamen bis 1610 nach Marokko. Die sephardischen Juden erhielten zu ihrem Schutz eigene Wohnviertel, die *mellahs* und wurden in Verwaltung, Handel und Bankwesen zu Stützen der Sultane.

Vom 11. bis zum 15. Jh. waren zwar Berber an der Macht – nacheinander die *sanhadja* (Almoraviden), *masmouda* (Almohaden) und *zenata* (Meriniden), zugleich drangen aber arabische Nomaden, die *beni hilal*, in die fruchtbaren Ebenen des Maghreb ein. Sie drängten die Berber in die Atlasgebirge ab und mischten sich im Süden unter die Berber der Flussoasen. Seit dem 16. Jh. besetzen Araber den Sultansthron im Berberland. Der arabische Sultan Moulay Ismail umgab sich mit einer schwarzafrikanischen Leibgarde, um sich gegen Intrigen der Berber zu schützen, zudem brachte der Sklavenhandel schwarzes Blut nach Marokko; die dunkelhäutigen *haratin* im Süden sind Nachfahren dieser Leibeigenen.

Oben und rechts: Die Menschen in Marokkos Süden weisen berberische, arabische und schwarzafrikanische Einflüsse auf.

Den seit der arabischen Invasion im 7. Jh. schwerwiegendsten Fremdeinfluss erfuhr die Berberkultur 1912, als der arabische Sultan einen Protektoratsvertrag unterschrieb, durch den Nordmarokko unter spanische und der große Rest des Landes unter französische Herrschaft geriet. Französische Politiker bevorzugten Araber und Juden in der Verwaltung und versuchten, nach dem Prinzip „Teile und Herrsche", die kulturellen Unterschiede zwischen Arabern und Berbern – insbesondere in Sprache und Rechtsprechung – zu vertiefen. Nachteilig für die Berber war der Versuch der Franzosen 1953, den Pascha El Glaoui an die Macht zu bringen. Sie verbannten den arabischen Sultan und bevorzugten den Berber, den Kollaborateur. Als König verzieh Mohammed V. dem 80-jährigen Glaoui nicht, ließ die Feudal-Kasbah des Berberfürsten verfallen. Bis heute ist das Verhältnis der beiden ethnischen Hauptgruppen Marokkos nicht spannungsfrei.

Heim nach Israel

Nach einem Pogrom in Oujda 1948, der Unabhängigkeit 1956 und dem Sechs-Tage-Krieg 1967 verließen die meisten Juden – Arme aus dem Süden, aber auch Städter einst andalusischer Herkunft – aus Angst vor Israel-Hassern Marokko, obwohl sie sich längst assimiliert und viel zur Wirtschaftsentwicklung beigetragen hatten. Heute leben nur noch etwa 4000 Juden in Marokko.

Nach der Unabhängigkeit emigrierten auch viele Spanier und Franzosen.

Foto: Berthold Schwarz

Arabisch oder Berberisch?

Klassisches Arabisch ist zwar die Amts-, Schul-, Moschee- und teils auch Mediensprache, aber nicht die Muttersprache der meisten Marokkaner; etwa 60 % sprechen das marokkanische Dialektarabisch *darija (maghrebi)*. Nur 5% sind rein arabischer Abstammung, doch die Arabisierung hat mehr als die Hälfte des Berbervolks überprägt: In den fruchtbaren Ebenen zwischen Tanger und Essaouira und in der Westsahara dominieren Dialekte arabischer Nomaden, die im Mittelalter dort einfielen. Landflucht begünstigt die Arabisierung: In den Großstädten verlernen die Berberkinder ihre Stammessprache. Nur noch rd. 35 % der Marokkaner beherrschen eine der semito-hamitischen Berbersprachen *tamazirt, tarifit* und *taschelheit*. Politisch korrekter als die Fremdbezeichnung „Berber" („Barbaren" bei den Römern) ist deren Eigenbezeichnung **Masiren** (*amazigh;* „Freie").

Die Nachfahren der Masmouda, die Schlöh im Souss-Tal und im Anti-Atlas, sprechen *taschelheit*. Im Mittleren Atlas, östlichen Hohen Atlas und den angrenzenden Trockensteppen ist das *tamazirt* der Beraber, Nachfahren der Sanhadja, beheimatet. Das *tarifit* der Rifis, Nachfahren der Zenata, ist im Rif-Gebirge verbreitet (eng verwandt ist das *zenatia* der Beni Ouarain und der Ait Segrouchen im östlichen Mittleren Atlas).

Nicht alle Schlöh, Beraber und Rifis können sich untereinander auf Berberisch verständigen; sie weichen dann auf den arabischen *maghrebi*-Dialekt aus – falls sie diesen beherrschen.

Im Gegensatz zu ihren Tuaregverwandten in der Wüste, die einst zu ihrer *tamascheq*-Sprache das *tifinar*-Alphabet entwickelten, hatten die Berber Marokkos in den letzten Jahrhunderten keine eigene Schrift mehr; erst seit 2011 verwenden sie wieder das Tuareg-Alphabet. Seit 2010 sendet Tamazight TV auf Berberisch; immer mehr Medien verwenden heute auch das Berberische, und 2011 wurde die Berbersprache *tamazirt* zur zweiten Amtssprache Marokkos erklärt. In der Schule wird in

Foto: Berthold Schwarz

den ersten beiden Jahren im syrisch-ägyptisch geprägten, modernen Hocharabisch unterrichtet, nicht im marokkanischen Dialekt-Arabisch *maghrebi*, das den Kindern vertrauter ist; erst seit 2004 auch auf Berberisch; ab der dritten Klasse zudem auf Französisch, das fürs Studium und den sozialen Aufstieg unabdingbar ist. Berberisch hatte zuvor keinen Platz im Lehrplan, denn die arabische Führungsschicht betrachtete das ganze Volk im Zuge des Panarabismus seit 1956 als arabische Nation (obwohl ein Drittel kaum Arabisch versteht), und 1996-2013 waren offiziell nur arabische Vornamen erlaubt. Jedoch wertschätzen die Berber als Muslime das Hocharabische als Sprache des Korans.

In Marokko fühlen sich nicht alle Berber von Arabern unterdrückt, aber kritische Stimmen, wachsendes Selbstbewusstsein der Masiren und zunehmenden „Berberismus" gibt es. Der König versucht, durch Reformen zugunsten der Berbersprache Tamazirt ethnische Spannungen zu verhindern, hat aber zugleich die Berberpartei verboten. Berberische Intellektuelle verlangen mehr Berücksichtigung der berberischen Geschichtsperspektive in Schulbüchern. Berberische Aktivisten verlangen mehr infrastrukturelle und wirtschaftliche Förderung unterentwickelter Berbergebiete, so in Al-Hoceïma, wo es 2016/17 zu Unruhen kam.

Oben: Nostalgisches Gemälde eines unbekannten Künstlers in einer Basargasse der Feser Altstadt – in der Koranschule lernen Kinder die Koransuren in klassischem Hocharabisch auswendig.

Heilige Frauen, weiße Kuppeln – der Volksislam

Die Marokkaner sind sunnitische Muslime, die der malekitischen Rechtsschule folgen und daher die fünf Säulen des Islams beachten: 1. *schahada* (Glaubensbekenntnis), 2. *salat* (Ritualgebet, fünfmal täglich), 3. *saum* (Fasten im Ramadan), 4. *zakat* (Almosensteuer), 5. *hadsch* (Pilgerfahrt nach Mekka).

Die Arabisierung des Maghreb war jedoch keine Einbahnstraße: Im Gegenzug brachten die Berber ihren Heiligenkult in den marokkanischen Volksislam ein. Die *ulema* (Schriftgelehrten) der Kairawine-Universität in Fes sowie auch Islamisten missbilligen die Heiligenverehrung als nicht korangemäße Unsitte, die von den vorislamischen Berberreligionen (Judentum, Christentum und Animismus) übernommen wurde.

Aus dem Landschaftsbild sind die *koubbas* (Heiligengräber) kaum wegzudenken. Im arabisch geprägten Norden sind dies weißgekalkte quadratische Bauten, von einer Kuppel überwölbt. Die Heiligengräber bedeutender *chorfa* (Nachfahren des Propheten) tragen häufig pyramidenförmige Dächer aus grünlasierten Ziegeln. Südlich des Hohen Atlas sind die Mausoleen der *marabouts* (Heilige) oft als schlichte ockerfarbene Stampflehm-Bauten ausgeführt, die Kuppel schrumpft dort zu einem kleinen konischen Aufsatz. Auf manchen Dorffriedhöfen im Süden bezeichnet eine niedere Umrandung das Grab eines *agurram* (berber.: Heiliger).

Auch Berggipfel, Höhlen und Quellen können den Berbern heilig sein. In der Todhra-Schlucht wird sogar einer Frauengestalt, der mythischen *lalla todhra* als Quellheiliger geopfert – Islamisten ist das ein Dorn im Auge. Ursprünglich war dies ein Kultplatz der Berber-Stämme, längst suchen aber auch Araberinnen die Schlucht auf, um sich im segenskräftigen Wasser zu waschen.

Als Baumheilige wird im Rif-Gebirge die *lalla zeitoun* (Heilige Frau Olivenbaum) verehrt. Brunnen und markante Bäume finden sich oft neben Heiligengräbern als Erinnerung an vorislamische Fruchtbarkeitsriten. Manche Männer fürchten die Hexe *aischa kandischa*, die Impotenz bringen kann.

Die *koubbas* von Wunderheilern werden von Kranken besucht, obwohl in Marokko längst moderne medizinische Versorgung angeboten wird. Manche *marabouts* sind für Unfruchtbarkeit, andere für Augenkrankheiten oder psychische Probleme zuständig. Wichtig ist es, am Grab zu schlafen: Im Traum offenbart sich vielleicht das Heilungsrezept – etwa, sieben weitere Heilige aufzusuchen.

Mit Marabouts in die Krise

Friedensstifter wurden manchmal von verfeindeten Stämmen – Blutrache war weit verbreitet – in den Stand der Heiligkeit erhoben und mit Land beschenkt. Selbst Gelehrte konnten posthum zum *marabout* werden, wie das heute noch von Pilgern besuchte Mausoleum des Bibliotheks- und Koranschulgründers Sidi Mohammed Abdallah ben Nasser in Tamegroute zeigt.

Mutige Missionare verbreiteten oder erneuerten den Islam in den Wüsten und Gebirgen. Dazu gründeten sie oft einen *ribat* (Ordensburg) und wurden daher im Maghreb *murabit* genannt, in der französischen Schreibweise *marabout*. Von historischer Bedeutung waren zwei solcher Prediger: Ibn Yasin ermunterte die *sanhadja*-Berber der Sahara im 11. Jh. zum *jihad* (Heiliger Krieg), der sie bis nach Spanien führte. Der *mahdi* (Rechtgeleiteter) Ibn Toumart wiegelte im 12. Jh. die *masmouda* des Hohen Atlas wiederum zum Glaubenskrieg gegen die *sanhadja* auf. Beide Prediger konnten in den Berbern die *asabijja* wecken: den todesverachtenden Mut eines Stammesangehörigen, der den Einzelnen befähigt, ein asketisches Kriegerdasein zu ertragen und sein Leben für das gemeinsame religiöse und politische Ziel hinzugeben.

Im 15. Jh. begann die Marabout-Krise, die bis ins 20. Jh. andauerte. Scheichs einflussreicher *zawiyas* (Bruderschaften mit Heiligenkult), wie die des Muslimordens von Ouezzane, waren zeitweise mächtiger als die Sultane.

Sufis (islamische Mystiker) aus dem Osten brachten seltsame Trance-Praktiken in den maghrebinischen Heiligenkult ein. Auf den *moussems*, den jährlich an bedeutenden Heiligengräbern stattfindenden Pilgerfesten, sollen noch

Foto: Monique Pouzet (Fotolia)

Riten praktiziert werden, die nicht im Koran stehen: Die Aissaoua, Anhänger des in Meknes begrabenen Sidi Aissa, verspeisen (verbotenerweise) Schlangen und Hammel bei lebendigem Leibe, laufen über Messer und lecken an glühenden Kohlen – sie wollen so das Göttliche unmittelbar wahrnehmen.

Der meistverehrte scherifische Marabout ist der arabische Prophetennachfahre und Dynastiegründer Moulay Idriss I. (gest. 792). Doch auch Berberheilige legten sich gerne einen scherifischen Stammbaum zu und behaupteten, vom arabischen Propheten Mohammed abzustammen – das brachte Prestige. Eine Garantie für Wohlstand ist die Zugehörigkeit zum Blutadel aber längst nicht mehr: auch unter Bettlern finden sich Idrissiden. Im Drâa-Tal sind die Bewohner ganzer Dörfer heiliger Abstammung; deren Ortsnamen beginnen mit *schorfa* oder *m'rabtin*.

Oben: Das Heiligengrab (Marabout) ist das Symbol des marokkanischen Volksislams. Rechts: Ein Storch auf dem Dach gilt als Glücksbringer.

Glück und Segen: Baraka

Baraka allahu fik heißt „der Segen Allahs über Dich". Im ländlichen Marokko ist das Schicksal des Einzelnen immer noch verbunden mit der Fruchtbarkeit der Familie, der Felder und der Herden. Ohne *baraka* (göttliche Segenskraft) verdorrt das Getreide, bleibt die Familie ohne Söhne, stolpert man durch ein Leben voller Fallgruben. Baraka ist himmlischer Segen, und da Heilige einen besseren Draht „nach oben" haben, besuchen Bedürftige *koubbas* (Heiligengräber). Man opfert am Grab eines *marabout* Steine, Stofffetzen oder Kämme mit Haarbüscheln, um eine magische Verbindung zu schaffen: Nach dem Prinzip „ich gebe, damit du gibst" soll der Heilige zur Hilfe verpflichtet werden; falls er nicht hilft, soll *aar* (Schande) über ihn kommen.

Baraka braucht besonders der König, der als *amir el mumin* (Beherrscher der Gläubigen) regiert – Hassan II., der mehrere Anschläge überlebte, hatte wohl viel davon. Die magische Segenskraft

Foto: Berthold Schwarz

eines Marabouts kann von einem seiner Söhne geerbt werden; so bleiben auch die Pilgerspenden in der Familie. Einträglich ist der Verkauf von Amuletten aus segensreichen Metallen wie Kupfer und Silber, die den Träger vor *dschenuns* (bösen Geistern) schützen.

Vorsicht, böser Blick!

Der böse Blick von Neidern, Hexen oder Zauberern kann Unfruchtbarkeit, Krankheiten, Missernten und Unglück aller Art verursachen. Davor schützen sich die Berberinnen durch das Tätowieren der Körperöffnungen, durch die der Böse Blick und die *dschenun* eindringen könnten: besonders Kinn und Nase werden mit magischen Symbolen versehen, die als Abwehrzauber und als Schmuck dienen. Als Kinnmotiv beliebt sind Variationen der *siyala* (Palme); die Dattelpalme ist das Fruchtbarkeitssymbol schlechthin im Orient. Auch ein Kreuz aus fünf Punkten, angebracht zwischen Daumen und Zeigefinger, soll Kinderlosigkeit abwenden. Säuglingen ritzt man die magischen Zeichen in die Haut. Bräuten malt man vor der Hochzeit mit glücksbringendem *henna* (rote Pflanzenfarbe) *baraka*-Zeichen auf Hände und Füße. Die schwarze Augenschminke *khol* (Antimonit) läßt die Augen hell erstrahlen: Das wehrt die dunklen, gefährlichen Geister ab. Silberplättchen am Kopftuch sowie rote Korallen, Bernstein und Silber als Bestandteile von Stirnschmuck, Ohrgehängen und Halsketten schützen ebenfalls vor bösem Zauber.

Segenskräftige Symbole zieren häufig Schmuckstücke, Haushaltsgegenstände, Wände und Teppiche. Sie sind meist geometrisch auf einer magischen Grundzahl aufgebaut – bildhafte Darstellungen hat Allah ja verboten, um Götzenkulte zu verhindern und Zauberei auszumerzen. Als segensreich gelten vor allem die Drei, die Vier, und die Fünf. Die Drei soll vor Unfruchtbarkeit schützen. Daher sind beim Brautschmuck der Berberinnen sowohl an den schweren silbernen Gewandfibeln als auch an ihren massiven gezackten Armreifen oft Dreiecksformen zu erkennen. Ein Dreieck, das mit der Spitze nach unten weist, steht für das weibliche, ein nach oben weisendes Dreieck für das männliche Prinzip. Beide übereinander gelegt ergeben den sechseckigen Judenstern, der die Tore der heute meist verwaisten Synagogen schmückt.

Die Vier steht für irdisches Glück: Aus zwei Quadraten entsteht ein Achteck, das Salomonssiegel genannt wird und oft auf Teppichen und Wandmosaiken erscheint.

Besonders wirksamen Abwehrzauber schreibt man der *khamsa* (Fünf) zu: der Fünfstern schmückt sogar die marokkanische Flagge. Und die „Hand der Fatima" – Fatima war die Lieblingstochter des Propheten – findet man bis heute als goldenen Schmuckanhänger oder als glückbringenden roten *henna*-Handabdruck neben Haustüren.

Frauen zwischen Islam und Moderne

Um 622 n. Chr. verkündete Mohammed den Bürgern Medinas ein neues islamisches Familienrecht, das den Araberinnen, die bis dahin der Willkür der Männer ausgeliefert waren, zum erstenmal gesetzliche Sicherheiten brachte: Er verbot das Töten weiblicher Säuglinge, gab den Töchtern ein Anrecht auf das väterliche Erbe und gestand allen Ehefrauen ein Recht auf Ehevertrag, sexuelle Befriedigung und Scheidung zu.

Eigentlich hatte Mohammed wohl mit seinen Frauengesetzen, die für das Arabien des 7. Jh. n. Chr. fortschrittlich waren, die besten Absichten: Er war ein Mann, der die Frauen liebte – so sehr, dass Allah ihn nach seiner neunten Eheschließung mit der 33. Sure bremste. „Künftig sind dir weder weitere Ehefrauen erlaubt, noch der Austausch von Gattinnen (gegen Schönere)".

Gewöhnlichen Gläubigen gestattete der Prophet vier Hauptfrauen, vor allem, um verheirateten Männern die Ehe mit den Witwen ihrer Brüder zu ermöglichen – eine wichtige Versorgungsmaßnahme für Witwen und Waisen, denn im *jihad* starben viele Krieger. Vier Hauptfrauen genügten den Kalifen, Sultanen und Paschas nicht, und praktischerweise hatte der Prophet die Anzahl der Sklavinnen eines Mannes nicht begrenzt: Moulay Ismail in Meknes soll mehr als 500 Haremsdamen gehabt haben. Eine teuere Angelegenheit, denn jede Frau hat bei Eheschließung laut Koran Anspruch Gleichbehandlung und eine teure „Morgengabe" – zumeist Schmuck, in ländlichen Regionen auch Tiere – die sie im Scheidungsfall mitnimmt. Der König selbst propagiert die Einehe (die schon aus finanziellen Gründen heute der Normalfall ist) und hat die Vielehe juristisch sehr stark erschwert.

„Die Männer sind den Frauen überlegen wegen dessen, was Allah den einen vor den andern gegeben hat, und weil sie von ihrem Geld (für die Frauen) auslegen. Die rechtschaffenen Frauen sind gehorsam und sorgsam in der Abwesenheit (ihrer Gatten)... Die Widerspenstigen... züchtigt sie..." (4. Sure). „... und dass sie ihren Schleier über ihren Busen schlagen und ihre Reize nur ihren Ehegatten zeigen..." (24. Sure). Der Koran betont die Unterhaltspflicht des Mannes, der der Gattin den Käfig vergolden soll, in dem sie nach arabischem Ideal zu bleiben hat.

2003 wurde – gegen heftigen Widerstand der Islamisten – das bis dahin islamisch-patriarchalisch geprägte Familienrecht frauenfreundlich reformiert: Weg von der Scharia, hin zu den Menschenrechten und der Gleichberechtigung der Frau. Das Heiratsalter wurde auf 18 Jahre angehoben, die Polygamie sehr stark eingeschränkt und die Verstoßung abgeschafft. Säkulare Familiengerichte regeln nun Scheidung und Unterhaltsverpflichtungen, und Gewalt in der Ehe ist jetzt strafbar.

Oft glauben die Brüder, über das

Rechts: Selbstbewusste berberische Folklore-Tänzerinnen und -sängerinnen in Boumalne, im Süden.

Foto: Berthold Schwarz

Wohlverhalten und die Jungfräulichkeit ihrer Schwestern wachen zu müssen – in einer Millionenstadt wie Casablanca ein schwieriges Unterfangen. Ehemänner achten auf die Zurückhaltung ihrer Gattinnen in der Öffentlichkeit, von der die Ehre eines Muslims abhängt. In den Straßen der Medinas verhüllen Ehefrauen deshalb ihr Gesicht oft noch mit dem Schleier und verdecken ihre Haare mit dem Kopftuch und der Kapuze ihrer *jellabah* (bodenlanges Übergewand).

Aber immer weniger Marokkanerinnen sind bereit, sich nach der Heirat zusätzlich zum Kopftuch auch noch zu verschleiern. Frauenzeitschriften zeigen neue Vorbilder; gute Schulbildung, eigener Verdienst und Geburtenkontrolle sind für Frauen der Schlüssel zum selbstbestimmten Leben.

Gebildete Frauen haben in der Regel weniger Kinder, doch ist gerade unter Frauen die Analphabetenrate am höchsten. Auf dem Land arbeiten Bauerstöchter von klein auf zu Hause mit. Zur Schule gehen oft nur die Söhne, deren Ausbildung den Eltern wichtiger ist, da Söhne ihre Altersversicherung sind, denn Töchter heiraten weg.

Empfängnisverhütung – für die Zukunft Marokkos angesichts des Bevölkerungswachstums und begrenzter Ressourcen ein wichtiger Faktor – ist für Fundamentalisten ein Angriff auf den Islam. Jedenfalls ist die Geburtenrate erstaunlich schnell gesunken: von 7 Kindern pro Frau im Jahr 1970 auf heute durchschnittlich nur noch 2,2.

Schleier oder Minirock?

Während selbstbewusste Studentinnen in Rabat, trotz oft massiver Anfeindungen, im kurzen Rock zur Vorlesung gehen oder in Agadir im Bikini baden, kann eine Berberbraut im Rif-Gebirge verstoßen werden, wenn sie ihrem Bräutigam nicht jungfräulich erscheint. In konservativen Gebieten kann bereits der Blickkontakt einer Berberfrau mit einem Fremden zu familiären Auseinandersetzungen führen. Vor dem Fotografieren unbedingt um Erlaubnis bitten! Berberinnen und Araberinnen

Foto: Berthold Schwarz

im Süden sowie *rifi*-Frauen im Norden verwenden statt des Schleiers der arabisierten Städterinnen den *haik*, ein großes Kopf- und Schultertuch, um sich vor fremden Blicken zu schützen.

Ungezwungener geben sich die Frauen der *beraber*-Halbnomaden im Südosten, welche – wie ihre Tuareg-verwandten in der Sahara – ihr Gesicht nicht verschleiern. Frauen sind dort unverzichtbare Arbeitskräfte in der Landwirtschaft; den Luxus, ihre Frauen im Haus zu lassen, können sich die Männer nicht leisten und auch bei ihren Gattinnen kaum durchsetzen, die nicht einmal Nebenfrauen dulden: Das ältere, oft frauenfreundlichere Stammesrecht bricht das Koranrecht. Daher trifft man im Osten Frauen sogar als Kosmetikverkäuferinnen auf Wochenmärkten an. Auf dem berühmten Heiratsmarkt der Ait Haddidou im Hohen Atlas können sich geschiedene Berberinnen selbst einen Mann aussuchen; manche Frauen kommen jedes Jahr. Doch die Ait Haddidou-Männer haben begonnen, dieses vorislamische Überbleibsel berberischen Mutterrechts zu boykottieren.

Oben: Im Hof der Grabmoschee Moulay Ismaels in Meknes. Rechts: Die Medersa Bou Inania in Fes mit ihren Fliesen-, Stuck- und Zedernholzornamenten gilt als ein Höhepunkt maghrebinischer Baukunst.

Perlen der maurischen Architektur: Medina, Medersa und Moschee

Die Araber haben den Sackgassen-Grundriss der *medina* (Altstadt) nicht eigens erfunden, um Touristen zur Verzweiflung zu treiben. Eine Sackgasse schützt die Privatsphäre ihrer Anwohner; Altstadthäuser haben deshalb auch keine Fenster. Wer sich aus Versehen in solch ein Wohnviertel verirrt, wird meist schnell hinauskomplimentiert, denn jeder Fremde gefährdet den guten Ruf der Frauen. Dagegen sind die Ladengassen des *Souk* (Markt, auch: *basar*) und die Handwerkerviertel frei zugänglich. Nur die *kissaria*, der Soukbereich, in dem die teuersten Stoffe (Brokat und Seide) ausgestellt sind, wird nachts abgeschlossen. Das größte

Foto: Berthold Schwarz

Gebetshaus einer Stadt ist in der Regel die Freitagsmoschee, in der alle Männer an diesem Tag zum Mittagsgebet zusammenkommen sollten. Zusätzlich gibt es in den einzelnen Vierteln mindestens eine Moschee mit Koranschule. Für die Ganzkörperreinigung wird ein *hammam* (türkisches Bad) aufgesucht. Zur Backstube unterwegs sind kleine Mädchen, die auf dem Kopf Tabletts mit Brotteig balancieren. Dort wird daraus gegen Gebühr *khobza* (Fladenbrot) gebacken. Öffentliche Brunnen liefern den Bewohnern ganzer Stadtviertel Wasser.

Marokkanische Moscheen sind vom Grundriss her als Hofmoscheen angelegt, das schlichte Atrium-Haus des Propheten in Medina war ihr Vorbild. Die Innenhöfe von Palästen werden gerne als *riad* (Hofgarten) gestaltet: Hier spiegelt sich die muslimische Vorstellung vom Paradies als blühendem Oasengarten. Auch im *sahn* (Vorhof) der Moschee plätschert daher ein *sadirvan* (Brunnen). An den Vorhof schließt sich der überdachte *haram* (Betsaal) an, der an der nach Mekka weisenden *kibla* (Gebetsmauer) mit dem *mihrab* (Gebetsnische) endet. Das Minarett steht in der Regel an der *sahn*-Seite und ist quadratisch in der Tradition der Almohaden. Die Höhe errechneten die almohadischen Baumeister des 12. Jh., die u. a. das Koutoubia-Minarett in Marrakesch und den Hassan-Turm in Rabat errichteten, nach der alten Faustregel „Höhe = fünffache Basisseitenlänge".

Muslim-Bruderschaften sind in *zawiyas* zu finden, die meist ein Heiligengrab, eine Moschee und eine Koranschule umfassen und den Namen des als Gründer verehrten *marabout* tragen. Eine *medersa* ist dagegen eine Koranhochschule mit Internatscharakter: Die Attarine und die Bou Inania in Fes oder die Ben Youssef in Marrakesch stammen aus dem 14. Jh. und stellen Höhepunkte islamischer Baukunst dar. Die *tolba* (Schüler) dieser theologischen Lehranstalten erhielten Unterricht im Innenhof, dessen Mitte ein Marmorbrunnen bildet, und im Gebetssaal, der den *mihrab* beherbergt. Maurische Dekorkunst vom Feinsten schmückt die Wände: zi-

Foto: Berthold Schwarz

selierter Marmor, bunte Fayence-Mosaiken, Gipsstuck und Zedernholzschnitzereien. Eher spartanisch gehalten sind dagegen die Wohnzellen der Studenten im ersten Stock.

In der arabisch-maurischen Stadtkultur sind geometrische Ornamente oft verbunden mit Pflanzenmotiven. Arabesken erinnern an die Weinranken des griechischen Fruchtbarkeitsgottes Dionysos; ihre spiralförmigen Ranken sind Sinnbild der Unendlichkeit. Im Gegensatz zur christlichen erzählt die maurische Ornamentik keine Geschichten, sondern will die meditative Versenkung der Gläubigen fördern und die Allgegenwart Allahs unterstreichen.

Eine arabische Spezialität ist die Kalligrafie (Schriftkunst). Koransuren in gerundeter oder eckiger (kufischer) Schrift verbinden sich in den Stuckverzierungen von Moschee-, Medersa- oder Palastwänden mit Arabesken. Die kufische Darstellung der „Baraka Mohammeds", die einem Labyrinth ähnelt, findet sich als Schmuckmedaillon über Stadttoren, Palasteingängen und Brunnen.

Oben: Die Kasbah von Ait Youl beherrschte einst das obere Dades-Tal bei Boumalne.

Märchenhafte Burgen aus Lehm – Kasbah, Ksar und Tighremt

Gegen die maurischen Gebäude der Königsstädte wirken die Stampflehm-Bauten im Süden archaisch. Rhythmisch singende Arbeiter stampfen beim Bau feuchten Lehm zwischen kurzen Schälbrettern fest. Die Schalung wird waagrecht auf der Mauer verschoben; die Querbalken, die die Schälbretter tragen, hinterlassen charakteristische Löcher in der Mauer. Palm- oder Silberpappelstämme tragen die gestampften Lehmdecken, die wegen der geringen Seitenzug-Belastbarkeit der Mauern nur kurze Spannweiten haben.

Die ehemaligen Zwingburgen der berberischen Feudalherren des Südens nennt man *kasbahs*. Heute märchenhaft anmutende Lehmburgen – mit magischen Abwehrsymbolen verziert – stehen in Telouet im Hohen Atlas, in Taourirt und Tiffoultoute bei Ouarzazate sowie in Tamdaght bei Ait Benhaddou. *Kasbahs* hielten die tributpflichtigen Bauern der fruchtbaren Flussoasen in Schach und beherrschten die Routen der Gold-, Sklaven- und Salzkarawanen aus der Sahara. Die Quartiere der früheren Leibeigenen sind meist in die Burganlage einbezogen. Die *kaids* (Stammesoberhäupter) und *khalifas* (Vertreter des Herrschers) haben ihre Feudalsitze mittlerweile meist verlassen, doch manchmal leben noch Verwandte in den verfallenden Burgen und betreiben darin ein Café oder vermieten Zimmer.

Die Wohnburg eines wohlhabenden Oasenbauern wird *tighremt* genannt. Solch ein bis zu vier Stockwerke hohes Stampflehmgebäude – mit seinem quadratischen Grundriss und Innenhof – wird in der Regel von vier Türmchen eingerahmt. Die Zinnen auf Mauern und Türmen haben phallischen Charakter und versinnbildlichen somit die männliche Zeugungskraft. Darüber sind manchmal alte Töpfe gestülpt: Das symbolisiert die geschlechtliche Vereinigung und hält den „bösen Blick" fern, der die Fruchtbarkeit von Menschen, Tieren und Saatgut schädigen könnte. Die schönsten, oft noch bewohnten *tighermatine* (Wohnburgen), die manchmal an jemenitische Lehmhochhäuser erinnern, findet man überwiegend in den Tälern des Dades und des Drâa, an der „Straße der Kasbahs".

Ein *ksar* (Mehrzahl: *ksour*) ist ein festungsartig ummauertes Dorf, erbaut aus Stampflehm und luftgetrockneten Ziegeln. Wie das Beispiel von Ait Benhaddou (Region Ouarzazate) und Tinsouline (Drâa-Tal) zeigt, können die Dorfmauern auch einige *tighermatine* einschließen. Die *ksar*-Tore werden umrahmt von magischen Ornamenten, ausgeführt mit ungebrannten Lehmziegeln, die den Dorfeingang vor *dschenuns* (bösen Geistern) bewahren sollen. Die *ksour* wurden noch bis vor hundert Jahren – bis zur Unterjochung durch die *kaids* der *glaoua*-Sippe – von der *jemaa*, der Männerversammlung, relativ demokratisch regiert. Die Berber selbst nennen sich bezeichnenderweise *imazirhen* (Freie). Wenn die Einwohnerzahl eines *ksars* 500 überstieg, wurde es schwierig, gemeinsam Probleme zu lösen. Dann gründete man in Sichtweite einen neuen *ksar*: daher die perlschnurartige Aufreihung malerischer *ksour* in den Flussoasen des Ziz und des Drâa.

Wehrhafte Speicher fürs Getreide

Agadir oder *irherm* heißen die Gemeinschafts-Speicherburgen, die von den *schlöh*-Berbern im Hohen Atlas und im Anti-Atlas in Schutzlage, oft hoch über den Dörfern, errichtet wurden. Jede Dorffamilie besaß eine abgeschlossene Zelle im *agadir*, in der sie Getreide und Ackergerät einlagerte. Kunstvoll geschnitzte Fallstift-Schlösser hielten Diebe fern, bunte Türornamente schützten das Saatgut vor schwarzer Magie. Ein vom Dorfrat gewählter *amin* (Vertrauenswürdiger) verbrachte sein Leben als Torwächter am *agadir*-Eingang. Wenn räuberische Nomadenstämme die sesshaften Bauern angriffen, suchten auch Menschen und Tiere diese Fliehburgen auf, die das Rückgrat berberischer Unabhängigkeit waren. Daher wurden die Agadire von den machthungrigen *glaoua*-Kaids, die zu Beginn des 20. Jh. mit französischer Hilfe ihre Feudalherrschaft im Süden stark ausdehnen wollten, gezielt zerstört.

Einen beeindruckenden Zellen-*agadir* – eine besonders große Anlage aus Bruchstein-Mauerwerk, die heute noch in Betrieb ist – kann man beim Dorf Tasguent im Anti-Atlas (60 km östlich von Tafraoute) besichtigen. Auch in Irherm n'Ougdal (südlich des Tichka-Passes) steht ein sehenswerter Gemeinschaftsspeicher. Dieser quadratische *irherm* ist wegen des rauen Klimas mit einer Knüppeldecke überdacht. Obwohl es schon lange keine Raubüberfälle feindlicher Stämme mehr gibt, halten die Bauern ihre Speicherburg instand.

Foto: Berthold Schwarz

LANDWIRTSCHAFT IM WANDEL

Marokko ist immer noch in erster Linie ein Agrarland. Die Arbeit der Bauern hat eine Kulturlandschaft geprägt, deren ästhetischer Reiz durch zahlreiche farbenprächtige Folklore-Feste ins Bewusstsein gerückt wird: das Mandelblütenfest in Tafraoute, das Dattelfest in Erfoud, das Rosenfest in El Kelaa M'Gouna oder das Kirschenfest in Sefrou.

Ungefähr zwei Drittel der Marokkaner leben direkt oder indirekt von der Landwirtschaft. Allerdings ist die Spannbreite der landwirtschaftlichen Berufe ziemlich weit: vom Ziegenhirten, dessen Tiere auf mühseliger Nahrungssuche in die Wipfel von *argan*-Bäumen klettern, bis zum Agraringenieur, der etwa an der Universität Rabat Computerprogramme zur automatisierten Düngung von Export-Erdbeeren entwickelt. Bauer nennt sich der in Casablanca wohnende Besitzer einer großen, bewässerten *domaine*, der übers Wochenende nach Beni Mellal fliegt, um seine Clementinen-Plantagen zu inspizieren; Bauer ist aber auch der Kleinpächter, der im benachbarten trockenen Hügelland mit nahezu mittelalterlichen Methoden versucht, Getreide anzubauen – trotz schicksalhaft wiederkehrender Dürrejahre.

Mit Muli und Hakenpflug

Ackerbau ohne jede künstliche Bewässerung ist nur in Gegenden mit mehr als 400 mm Niederschlag pro Jahr möglich. Im wesentlichen ist das die halbmondförmige Region, die sich von der Nordseite des Hohen und der Westseite des Mittleren Atlas aus bis zum Atlantik hin erstreckt, sowie im Norden das Rif-Vorland und das Rif-Gebirge. Abseits der modernen Großbetriebe ist dort im Gersten- und Weizenanbau bei Kleinbauern und Kleinpächtern oft noch der hölzerne Hakenpflug im Einsatz, der von Maultieren und – bei arabischen Stämmen – auch von Kamelen gezogen wird.

„Das erbärmlichste Geräusch auf Erden ist das Geschrei des Esels" soll der Prophet gesagt haben. Wo er Recht hat, hat er Recht – aber die Vorteile der eineinhalb Millionen Esel überwiegen diesen Mangel bei weitem. Als Zugtiere sind sie besonders in steilem und terrassiertem Gelände unschlagbar. Ihr „Treibstoff" wächst hinter dem Haus; was zum „Auspuff" rauskommt, düngt den Acker, und ihr „Allradantrieb" ist permanent. Im Gegensatz zur vierrädrigen dieselfressenden Konkurrenz verdichten sie nicht den Ackerboden, und der archaische Hakenpflug, den sie ziehen, zerstört auch nicht den natürlichen Bodenaufbau, wie dies ein tiefschürfender Motorpflug tut. Dadurch bleibt die Bodenfeuchtigkeit erhalten: ein gewichtiges Argument für diese lange als rückständig betrachtete Arbeitsweise. In den Gerstenfeldern der Kleinbauern werden Wildkräuter, deren Blüten das Touristenauge im Frühjahr erfreuen, noch nicht „Unkraut" genannt und auch nicht mit der chemischen Keule erschlagen. Diese Kräuter stellen, von Bauerstöchtern handgepflückt, eine wichtige Nahrungsgrundlage für die Milchkühe der Kleinbauern und Kleinpächter dar.

Auch der Staat hat mittlerweile erkannt, dass der traditionelle Regenfeldbau einen wichtigen Beitrag zur Getreideproduktion leistet, weshalb dieser durch Steuererleichterungen gefördert wird.

Die Nomaden und die Dürre

Die Dürrejahre 1980-84, 1991-93 und 1999/2000 zwangen viele viehzüchtende Nomaden des Südens zur Aufgabe ihrer Lebens- und Wirtschaftsweise. Diese Nachfahren der einst dynastiegründenden Berberstämme der Sanhadja und Beni Merin überfielen früher

Links: Hoch hinauf zur Dattelernte.

Foto: Berthold Schwarz

in Trockenjahren die sesshaften Oasenbauern, um Getreide zu rauben. Die stolzen Kamel-, Schaf- und Ziegenhalter verachteten die Bauern wegen deren entwürdigender Feldarbeit. Doch die Zeiten der Kamelreiter-*razzias* (Überraschungsangriffe) auf Oasendörfer sind vorbei, seit 1934 französische Legionäre den letzten Nomadenaufstand gegen die verhasste Protektoratsmacht – die Erhebung der Ait Yaffelmane im Jebel Saghro – blutig niederschlugen.

Als während der Dürre der 1980er Jahre die Viehherden verendeten, blieb den Nomaden meist nur der Ausweg, in gehörigem Abstand zum bäuerlichen *ksar* (befestigten Dorf) als Almosenempfänger in ihren löchrig gewordenen *khaimas* (Zelte) zu leben oder in die Elendsviertel von Casablanca und

Oben: Marokkos üppige Gemüseproduktion erfährt im Hotelrestaurant eine enorme Wertsteigerung (Palais Jamai, Fes). Rechts: „Wasser ist Leben" – ein Stadtkamel in Marrakesch stillt seinen Durst auf zeitgemäße Art mit dem guten einheimischen „Sidi Ali"-Mineralwasser.

Rabat zu ziehen, wo ihnen wenigstens das Trinkwasser sicher war. In diesen Dürrekrisenjahren sah sich die Regierung sogar gezwungen, das massenhafte Hammelschlachten am *Id el Kebir*, dem landesweit zelebrierten Opferfest – der rituellen Nachahmung des alttestamentarischen Abrahamsopfers – einzuschränken.

Künftig soll das magere Weideangebot der Trockensteppen durch dürreresistente Trockensträucher verbessert werden.

Die saftigen Hochweiden der regenreichen Atlasgebirge werden seit Urzeiten im Sommer von Nomadenstämmen aufgesucht. Die Stämme des Südens, wie die berberischen Ait Atta des Jebel Saghro, ziehen im Frühjahr in den Hohen Atlas. Die Beni M'Guild hingegen schlagen in der heißen Zeit ihre Zelte im Mittleren Atlas auf und ziehen im Winter in die Ebenen des Nordwestens, um mit ihren Schafen die Stoppelfelder der Weizenregion abzuweiden. Doch aus den Zelten werden im Lauf der Zeit oft Hütten, und die ewigen Wanderer werden zunehmend sesshaft. Und auch die Dorfbauern stellen längst eigene Herden zusammen, die den nomadisierenden Stämmen die überlieferten Weiderechte streitig machen.

Die daraus folgende Überweidung kann in Verbindung mit dem Brennholzeinschlag durch die Hirten zur Versteppung ganzer Landstriche führen. Wenn Viehverbiss und auch wahlloses Abholzen die Berge entwalden, werden riesige Überschwemmungen in den Ebenen beim ungebremsten Abfluss der Winterregen zur Regel.

Nomaden und Bauern halten rund 14 Millionen Schafe, 4 Millionen Ziegen und 2,2 Millionen Rinder sowie 41 000 Kamele. Das Fleisch der lediglich 9000 Schweine wandert aus religiösen Gründen ausschließlich in die Mägen von Christen und Touristen. Alles in allem erbringt die Viehwirtschaft immerhin ein Drittel der landwirtschaftlichen Wertschöpfung.

Foto: Berthold Schwarz

Wasser ist Leben!

Die trockeneren Landesteile, von den Franzosen *maroc inutile* (nutzloses Marokko) genannt, liegen überwiegend südlich des Hohen und östlich des Mittleren Atlas. Dort sinken im Regenschatten der Gebirgszüge die Niederschläge unter die magische Feldbaugrenze von 400 mm pro Jahr. Nur mit Hilfe von ausgeklügelten Bewässerungssystemen ist dann Ackerbau noch möglich. Das kostbare Nass ist allerdings keineswegs frei verfügbar: Ein *douar* (Dorf), eine Familie oder eine Person kann Wasserrechte erben, verkaufen oder verleihen. Das Maß kann die Fließzeit sein: Wenn etwa ein durchlöcherter Napf im Dorfreservoir gesunken ist, kommt das Land des nächsten Mitglieds der Wassergenossenschaft an die Reihe.

Seguia heißt der leicht erhöhte, flussparallele Wasserkanal, die bis heute am häufigsten anzutreffende traditionelle Bewässerungstechnik. *Arhour* wird der mit Kamel oder Muli betriebene Ziehbrunnen genannt. Die *nouria*, das Wasserschöpfrad, ist mesopotamischen Ursprungs und kam einst mit den Arabern ins Land.

Wie eine Kette von gigantischen Maulwurfshügeln erscheint am Rand der Rheris-Oase im Südosten, zwischen Erfoud und Tinejdad, die kilometerlange Reihe von Aushubschächten unterirdischer *khettaras*. Sklavenkinder haben einst in gefährlicher Arbeit Galeriestollen geschaffen, die, in bis zu 30 Metern Tiefe verlaufend, Wasser vom grundwasserreichen Schotterkörper am Fuß des nahen Gebirges bis zu den *ksour* heranführten. Bereits die Sanhadja-Berber der Sahara, die im 11. Jahrhundert Marrakesch gründeten, ließen in der Haouz-Ebene *khettaras* anlegen, um die Stadt mit Atlaswasser zu versorgen. Marrakesch wird daher zu Recht als „Marokkos nördlichste Oase“ bezeichnet.

Typische Quelloasen finden sich am Südrand des Anti-Atlas (z. B. Fam el Hissn). Die Oase Figuig an der südöstlichen Landesgrenze zu Algerien wird nur von artesischen Brunnen gespeist.

Die Lebensadern Südmarokkos sind

Foto: Thomas Stankiewicz

die Flussoasen des Ziz, Todhra, Dades und Drâa. Jenseits des Hohen Atlas brennt die Sonne gnadenlos von März bis November und verursacht große Verdunstungsverluste. Dagegen haben die Oasenbauern die „Etagenwirtschaft" erfunden: Im Schatten der Dattelpalmen gedeihen Feigen- und Aprikosenbäume, Granatapfelsträucher und Hennabüsche, darunter wiederum Getreide, Gemüse und Futterpflanzen. In diesem kleinparzellierten Garten Eden lässt sich die Hochsommerhitze gut ertragen.

Der Fluch dieses von Menschenhand geschaffenen Paradieses sind die Heuschrecken, der palmschädigende *abiod*-Pilz und periodisch wiederkehrende Dürrejahre, die auch von den großen Staudämmen an den Oberläufen des Ziz-, Dades- und Massaflusses nicht ganz ausgeglichen werden können. Zudem sinkt der Grundwasserspiegel.

Oben: Oasenidylle – unter den Dattelpalmen wachsen Getreide, Gemüse und Futterpflanzen. Rechts: Wasserknappheit und Versandung drohen im tiefen Süden.

Französische Kolonisten nahmen sich die besten Äcker

Die *colons* (französische Siedler), die nach der Unterzeichnung des Protektoratsvertrags 1912 zu Tausenden nach Marokko kamen, waren bei der Landnahme nicht zimperlich. Sie ignorierten die traditionellen Gemeinschaftsbesitzrechte der Stämme – Grundbuch und Privatbesitz im europäischen Sinn waren Berbern und Arabern unbekannt. Die *colons* sicherten sich die fruchtbarsten Böden in den regenreichen agrarischen Gunsträumen. Derart kolonisiert wurden die Sais-Ebene zwischen Meknes und Fes, die Triffa-Ebene bei Berkane, die Tadla-Ebene zwischen Beni Mellal und Kasbah Tadla, die Haouz-Ebene um Marrakesch, das Sous-Tal sowie die regenreicheren atlantiknahen Stammesgebiete Abda, Doukkala, Chaouia, Zemmour und Gharb. Während der 44 Protektoratsjahre brachten Franzosen und Spanier über eine Million Hektar Ackerland in ihren Besitz, auf dem sie für den Export Weichweizen,

Foto: Thomas Stankiewicz

Reis und Orangen sowie für den Eigenbedarf Wein produzierten. 13 Staudämme entstanden zwischen 1929 und 1956 entlang der wasserreichen Flüsse des Mittleren Atlas. Die Dämme sichern seither die Bewässerung, garantieren somit hohe Erträge, schützen vor Überschwemmungen und liefern Strom.

Warten auf die Bodenreform

Das marokkanische Volk, das durch die Aufstände von 1955 die Unabhängigkeit erzwang, fordert seitdem die Umverteilung des französischen *colon*-Landes und eine Bodenreform, allerdings mit mäßigem Erfolg: Erst 1973 wurden die letzten französischen Agrarbetriebe enteignet, bis heute aber – trotz Bauernrevolten – nur ein Drittel dieser Flächen an Landlose verteilt. Den großen Rest teilen sich der Staat und die staatstragende Oberschicht, die billig an das kurz vor der Enteignung stehende Franzosenland kam. Das Thema Landreform birgt sozialen Sprengstoff: Die nun marokkanischen Großfarmer – nur ein Zehntel der Agrarier – besitzen mehr als die Hälfte des Ackerlandes und den Löwenanteil der bewässerten, ertragreichen Böden. Drei Viertel der *fellah* (Bauern) müssen sich dagegen mit Kleinbetrieben von meist weniger als zwei Hektar begnügen, die überwiegend im *bour* (Regenfeldbau) bestellt werden. Dieser Kleinbesitz ist häufig durch Erbteilung zersplittert: Im Rif haben bisweilen einzelne Äste eines Baumes verschiedene Eigentümer.

Das härteste Brot essen die landlosen Teilpächter, zu denen über 30 % der ländlichen Familien gehören. Im traditionellen (aber zunehmend von der Geldpacht abgelösten) Khammessat-Pachtsystem – *khamsa* = fünf – erhält der Pächter nur den fünften Teil seiner Ernte und wird daher *khammes* genannt. Die übrigen vier Fünftel gehen an die Besitzer der Produktionsfaktoren Boden, Saatgut, Pflug und Zugtiere. Auch Wasser aus Quellen, Brunnen oder Kanälen hat meist einen Besitzer, der seinen Anteil einfordert. Der Einsatz von Fremdfaktoren wie Traktor und Dünger

Foto: Berthold Schwarz

kann den Anteil des Pächters am Ertrag bis auf ein Zehntel schrumpfen lassen. So bleibt dem *khammes* oft nur das Existenzminimum, seine Familie ist häufig auf zusätzliche Lohnarbeit auf den Großfarmen angewiesen; der Mindestlohn liegt bei etwa 80 Dirham pro Tag.

Die Großbetriebe importieren arbeitssparende Maschinen: ein Mähdrescher macht etwa hundert Erntearbeiter brotlos. Der betriebswirtschaftliche Gewinn des mechanisierten Farmers rechnet sich volkswirtschaftlich nicht unbedingt: Die Landflucht verschärft die sozialen Probleme der großen Städte, wobei bevorzugte Abwandererziele Casablanca, Marrakesch und Fes sind.

Die Masse der einkommensschwachen Städter braucht billiges Brot. Als 1981 die Weltbank die hochverschuldete marokkanische Regierung zwang, ihre Getreidesubventionen zu streichen, verdoppelte sich der Brotpreis über Nacht; Unruhen waren die Folge.

Oben: Ein Stand mit preiswertem Orangensaft auf der Jemaa el Fna in Marrakesch.

Wohin mit den Orangen?

Um die chronisch knappen Devisen zu schonen und die um 1,4 % pro Jahr anwachsende Bevölkerung zu ernähren, verfolgt die Landwirtschaftspolitik das Ziel, langfristig von teuren Nahrungsmittelimporten unabhängig zu werden. Die Grundnahrungsmittel auf der marokkanischen Speisekarte sind: *khobza* (Fladenbrot aus Gerste), *couscous* (Hartweizengries), *tajine* (Eintopf aus Gemüse, Fleisch und Olivenöl), *thé a la menthe* (grüner Tee mit Minze und reichlich Zucker) sowie Sardinen. Daher wird der Anbau von Weizen, Gerste, Zuckerrüben und Zuckerrohr besonders gefördert. Luzerne und Futtermais sollen die Milch- und Fleischerträge heben, die Sonnenblume preiswertes Öl liefern. Den dazu nötigen Dünger kann das Land langfristig selbst herstellen, da es zwei Drittel der Weltphosphatreserven besitzt.

Auch Kleinbauern sollen durch Einrichtung von Maschinenringen in den Genuss moderner Ackergeräte kommen. Für die zur Einfuhr von Traktoren nötigen Devisen muss neben dem Phosphat, den Überweisungen marokkanischer Arbeiter aus Europa und dem Tourismus der Agrarexport sorgen. Die Ausfuhr von Zitrusfrüchten, Gemüse, Nüssen, Steinobst, Wein und Erdbeeren erlöst jährlich etwa 1 Mrd. Euro. Dazu kommen aus der Küstenfischerei Sardinen im Wert von ca. 600 Millionen Euro. Hauptabnehmer sind die EU-Länder: Marokko ist mit der EU assoziiert und liefert pro Jahr mehr als 1 Mio. Tonnen Obst und Gemüse nach Europa.

Die Ausfuhrmengen – etwa für *maroc*-Tangerinen, Clementinen, Frühtomaten, Zucchini oder Erdbeeren aus den Gewächshäusern am Atlantik – in die EU sind jedoch wegen der südeuropäischen Obst- und Gemüseproduzenten Spanien, Griechenland und Portugal kontingentiert. Auf der Suche nach neuen Märkten haben Agrarexportstrategen u. a. in Russland, Arabien und China neue Abnehmer gefunden, v. a. für Zitrusfrüchte. Künftige Devisenbringer könnten Avocados oder Spargel sein, oder Qualitätswein: Marokko produziert 35 Mio. Liter pro Jahr, darunter hochpreisige Spitzenweine, ausgebaut im Eichenfass. Die Bananen aus dem Tensift- und Sous-Tal und die Plantagenäpfel vom Mittleren Atlas hingegen werden im Inland konsumiert.

Die Zukunft: Mehr Staudämme

Neue Staudämme entstehen im ganzen Land. Ein ehrgeiziges Projekt moderner Bewässerungslandwirtschaft wird am 614 km langen Sebou-Fluss in Nordmarokko durchgeführt; hier entstehen 13 Staudämme, zwischen der Quelle des Flusses im östlichen Mittleren Atlas und seiner Mündung am Atlantik bei Kenitra. Mehr als 200 000 Hektar Ackerland sollen künftig in den Genuss von geregelter Wasserzufuhr und Überschwemmungsschutz kommen.

Im Gharb, am Sebou, hat ein Zuckerrohr-Projekt eindrucksvolle Erfolge gebracht. Die Bauern wurden beim Anbau beraten, überwacht und versichert, die Abnahme des Zuckerrohrs zu fairen Preisen garantiert und der Transport zur neuen Zuckerraffinerie gewährleistet.

Dagegen wäre im Süden das Massa-Projekt, 25 km von Tiznit am Massa-Fluss, fast gescheitert: Am Rand der Euphorbien-Trockensteppe sollte mit 240 Mio. US-Dollar ausländischer Kapitalhilfe die Halbwüste zum Gewächshaus werden. Geplant war der Anbau von – den berberischen Bauern kaum bekannten – Exportgemüsearten wie Paprika, Spargel oder Erdbeeren. Hitech-Beregnungsanlagen mit optimalem Dünger/Wasser-Gemisch versagten in der Hand von Fellachen. Als der Weltmarktpreis für Tomaten fiel, verschuldeten sich die Bauern, da es von staatlicher Seite weder Abnahme- noch Preisgarantien gab. Auch die Natur spielte nicht mit: Wider Erwarten speicherte der eigens im Anti-Atlas erbaute Youssef-Ben-Tachfine-Staudamm zuwenig Wasser. Unerwartete Nachtfröste schädigten die empfindlichen Kulturen, Sandstürme verschütteten Bewässerungskanäle. Statt Export-Erdbeeren gedieh anfangs nur Futterluzerne. Die Berber hatten hier früher nur in regenreichen Jahren Gerste angebaut, vereinzelt Felder aus Ziehbrunnen bewässert und ihre Ziegen zum Fressen auf die endemischen Arganbäume klettern lassen; die Berberfrauen stellten traditionell aus den von den Ziegen ausgeschiedenen Kernen der Arganfrüchte Öl her. Heute mehren sich am Massa-Unterlauf – auch dank Grundwasserpumpen – die Foliengewächshäuser, und Arganöl erlebt einen ungeahnten Boom am Weltmarkt.

Im Rahmen des *Plan Vert du Maroc* wird mit Milliardeninvestitionen die Landwirtschaft weiter modernisiert und – unter anderem mit Hilfe deutscher Zuchtrinder – auch die Rindfleisch- und Milchproduktion weiter gesteigert. Der Export von Gemüse aus Marokko in die EU hat bereits ein Volumen von fast einer Milliarde Euro pro Jahr.

Berthold Schwarz

Marokkanische Wochenmärkte sind ein Fest fürs Auge

Foto: Silvia Antunes (Dreamstime)

TANGER UND RIF
An den Säulen des Herkules

TANGER

RIF-GEBIRGE

★TANGER

Falls Sie von jemandem gehört haben, der einen kennt, dessen hübsche blonde Frau im Gassengewirr der Medina von ★**Tanger** ❶ für immer spurlos verschwand: Varianten dieser Schauer-Geschichte haben sich wohl schon die Ruderer des karthagischen Admirals Hanno erzählt, der 460 v. Chr. die phönizische Handelsniederlassung *tingis* besuchte. Auch der Grieche Odysseus soll mit seinen Argonauten hier gewesen sein, selbst Herkules schaute in *tingis* vorbei, auf dem Weg zu Atlas, der ihm half, die Äpfel der Hesperiden zu stehlen. Unterwegs erwürgte Herkules den Riesen Antäus, erschuf die Straße von Gibraltar und errichtete an der Meerenge zwei Säulen: die nördliche nennen die Marokkaner *jebel el tarik* (Gibraltar), die südliche, in der Nähe von Ceuta, *jebel moussa*.

Unter den Nachfolgern der Karthager, den Römern, diente *tingis* dem Prokurator der Provinz *mauretania tingitana* für einige Zeit als Regierungssitz. Geiserichs oberschlesische Wandalen waren 429 n. Chr. die ersten Langzeittouristen, die das überaus milde, mediterrane Klima der Stadt schätzten – doch was sind 25 000 rheumageplagte Germanen im Vergleich zu den 300 000 internationalen Kurzurlaubern, die heutzutage alljährlich in Tanger einfallen? 533 n. Chr wurden die Wandalen, die das marokkanische Erbgut um blondes Haar und blaue Augen erweitert hatten, von Konstantinopels Feldherr Belisar vertrieben.

Im Jahr 705 n. Chr. wehte dann das Banner des Propheten über der vom arabischen Feldherrn Moussa eroberten Stadt. Nachdem der Berber Tarik in Moussas Auftrag 711 n. Chr. mit seinen Stammesgenossen das katholische Spanien für den Islam gewonnen hatte, forderten die neubekehrten Rif-Berber ihre Gleichberechtigung mit den elitären Arabern und vertrieben 740 n. Chr. die Truppen des arabischen Omajaden-Kalifen, der im fernen Damaskus residierte.

Der Arabienflüchtling und Prophetennachfahre Moulay Idriss I. setzte 788 das erste Vorurteil über die Bürger von Tanger in die Welt: Sie seien nörglerisch, unzufrieden und aufrührerisch! Über 400 Jahre später gab Franz von Assisi noch einen drauf: „*O dementa Tingis*!" (Oh närrisches Tanger).

Spanische Omajaden, marokkanische Berber und die neuen Abbassiden-Kalifen aus Bagdad stritten um die Stadt, bis schließlich die Sahara-Berber des Youssef ben Taschfin sie im Jahr 1083 für das aufstrebende Almoravidenreich eroberten.

Links: Stimmungsvolle Gasse in Chefchaouen.

ESPAGNE
MER
MAROC
RIF
Málaga
P. N. de los Alcornocales
Los Barrios
San Roque
Zahara de los Atunes
ALGECIRAS
La Línea de la Concepción
Gibraltar (UNITED KINGDOM)
Bolonia
Tarifa
Détroit de Gibraltar
Cap Malabata
Port Tanger-Med
Amiraux
Tarajal
M. Hacho 198
Ceuta (ESPAGNE)
Fnideq
Ksar-es-Seghir
TANGER
Restinga-Smir
Cabo Negro
Souk-Sebt-el-Kdim
M'Diq
Martil
TETOUAN
Bge. 9 Avril 1947
El-Fendek
Zinat
Oued-Laou
Targha
RHOMARA
O. Laou
Souk-el-Arba-des-Beni-Hassan
J. Kelti 1928
Bou-Ahmed
Souk-Khèmis-des-Beni-Arouss
Talembote
Parc Nat. Talassemtane
Chefchaouen
Dar M'ter
El-Jebha
Cala Iris
PEÑON DE VELEZ DE LA GOMERA (ESP.)
Al-Hoceïma
M. DU BOKKOYA
Ajdir
Imzouren
Parc Nat. d'al-Hoceïma
Torres de Alcala
J. Bougna 1614
Derdara
Mexerah
Cherafat
Bab-Taza
Bge. Oued El Makhazine
Brikcha
Mokrisset
Bab Berret
Bab Besen 1600
Ketama
Route du Rif
Beni-Abdellah
Targuist
Mzefroun
Tleta-Ketama
2448 Jebel Tidiquin
2057
Ouezzane
Zoumi
Jebel Bou Hellal 609
Lalla-Outka 1595
Route de l'Unité
Tamesnite
Taounate-el-Kchour
Boured
Teroual
Tahar-Souk
Had-Hourt
Aknoul
Aïn-Defali
Rhafsaï
Mjâra
Bge. de Al Wahda
O. Ouerrha
Taïneste
Jorf-el-Metha
Fès-el-Bali
Taounate
Bouadel
Dar-Caïd-Medboh
Ourtzahr
Oued Ouerrha
Aïn-Aïcha
Oulad Azame
El-Gouzat
Khénichét
Karia-Ba-Mohammed
Ras-el-Oued
O. Sebou
Aïn-Bou-Kellal
Sidi-Kacem
C. du Zegotta 406
Pont-du-Sebou
Tissa
Sidi-Abdallah-des-Rhiata
Barrage Idriss 1er
Taza
Jouaber
Volubilis
Nzala
Moulay-Yâkoub
FES EL-BALI
Aïn-Kansera
J. Tazzeka 1980
G. du Friouat
Moulay-Idriss
Aïn-el-Kerma
FES
Matmata
G. du Chiker
950
Parc Nat. Tazzeka
Sidi-Harazem
Bir-Tam-Tam
Oulad-Driss
Ras-el-Ma
Meknes
912
1225
786
1240

Motril
Almeria
Séte
ALBORÁN (ESP.)
MEDITERRANEE
Cap des Trois-Fourches
Charrane
Cap Ras-Tarf
Sidi Messaoud
Melilla (ESPAGNE)
Beni-Enzar
Bouyafar
Sidi-Amar-ou-Moussa
ATALAYOUN
IS. CHAFARINAS (ESP.)
Nador
Mar Chica
Kariet-Arkmane
Ras-el-Ma
Saidia
Marsa Ben Mehidi
Zeghanghane
Annoual
Selouane
Ben Tieb
Kendousi
Tiz-toutine
Tafersite
Midar
Driouch
Al-Aaroui
Toboggan
Kassita
PLAIN DE GAREB
M. DE KEBDANA
Zaïo
Saf-Saf
Berkane
Ahfir
ALGERIE
Bab-El-Assa
Hassi-Berkane
G. du Zegzel
G. des Pigeons, G. du Chameau
Taforalt
M. D. BENI-SNASSEN
El-Tleta-Bou Beker
Flagued
Tizi-Ouzli
Mechra-Hammadi
OUJDA
Hassi-Ouenzga
Aïn-Zorah
Saka
Barrage Mohamed V
Sidi-Yahia
Melga-el-Ouidane
El-Aïoun
Naïma
Mestigmér
Nekhila
O. Moulouya
Mezguitem
Guenfouda
Oued-El-Heimer
Taourirt
El-Agreb
Tarhilest
Col de Jerada
Msoun
O. Msoun
Guercif
Dada-Ali
Guefaït
Jerada
El-Harcha
O. Za
Barrage Hassan 2
Safsafte
Fritissa
Bel-Farah
Mahirija
Debdou
RIF - GEBIRGE
0 20 40 km

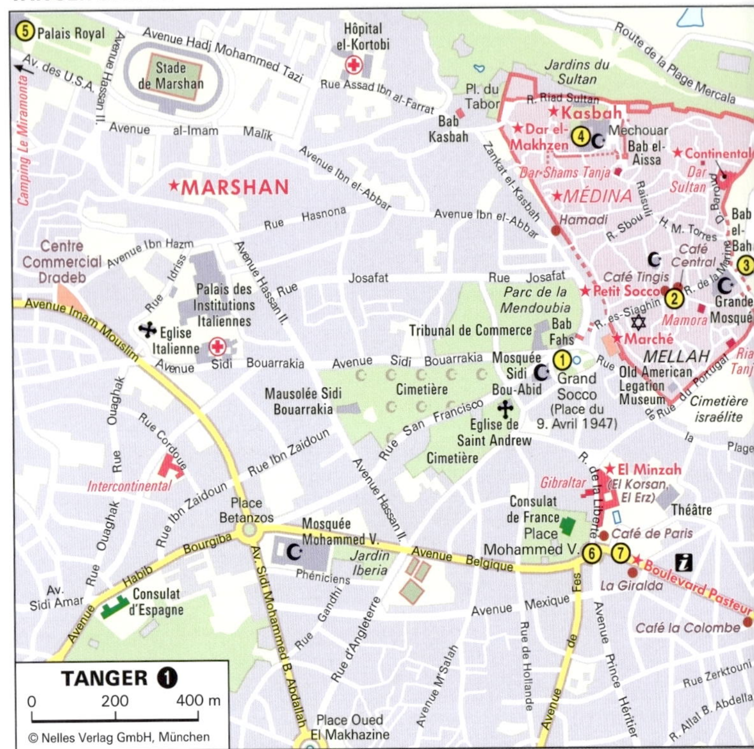

1304 wurde der Stadt einer ihrer berühmtesten Söhne geboren: Ibn Battuta, der mit 100 000 in Asien, Afrika und Europa zurückgelegten Kilometern der bedeutendste Globetrotter und Reisebuchautor des Mittelalters.

Nach wechselnden Berberdynastien eroberten 1471 Portugiesen die blühende Hafenstadt. Die Spanier übernahmen sie 1580, aber schon 1640 fiel Tanger wieder an die Portugiesen. Durch Heirat des englischen Königs Karl II. mit einer lusitanischen Prinzessin ging Tanger als Mitgift an England; der im Jahr 1672 einsetzenden Dauerbelagerung durch Moulay Ismails schwarze Reiter jedoch wichen die Engländer 1684 und zerstörten den Hafen.

1832 besuchte der französische Maler Eugène Delacroix die Stadt und malte ein Bild mit dem Titel *Religiöse Fanatiker in Tanger*. Tatsächlich hatte die mächtige Ouezzane-Muslimbruderschaft Einfluss im Volk. Als 1844 Sultan Moulay Abd er Rahman den Berber-Freiheitskämpfer Abd el Kader unterstützte, der den Vormarsch der Franzosen in Algerien stoppen wollte, beschossen die Franzosen Tanger.

Das Gerangel der Europäer um das geschwächte und hochverschuldete Land begann. Kaiser Wilhelm II., überzeugter Anhänger der Kanonenbootpolitik, besuchte mit der „Hohenzollern" die Stadt im Jahr 1905, um den Anspruch der deutschen Schwerindustrie

» Stadtplan S. 64-65, Info S. 81

auf die marokkanischen Bodenschätze zu unterstreichen.

Schließlich einigten sich Europäer, Russen und Amerikaner im Jahr 1912 auf einen internationalen Status für Tanger; der Sultan war somit zur Marionette geworden, ein „Gesundheitsrat“ (ursprünglich im 19. Jh. eingerichtet, als in Tanger die Pest wütete) aus Europäern, Muslimen und Juden regierte die Stadt, die nunmehr zur entmilitarisierten Freihandelszone wurde. Franzosen und Spanier teilten das übrige Marokko unter sich auf. Im Zweiten Weltkrieg besetzte der spanische Faschist Franco die Stadt; Briten und Franzosen stellten jedoch die internationale Verwaltung 1945 wieder her.

Wilde Jahre, schräge Typen

Nun begann die legendäre Blüte der Halbwelt in Tanger, das sich aufgrund seines Sonderstatus – mit freiem Geldmarkt – zum Bankenzentrum und Tummelplatz von Spekulanten und Spionen mauserte. Viele lebten von Schmuggel, Drogen- und Waffenhandel; die Prostitution in allen Spielarten blühte. Auch marokkanische Freiheitskämpfer fanden hier Zuflucht und konspirierten gegen Spanien und Frankreich.

Die Atmosphäre dieser wilden Jahre hat der amerikanische Schriftsteller Paul Bowles (gest. 1999) in seinem Roman *So mag er fallen* geschildert. Bowles förderte marokkanische Autoren in seiner Wahlheimat Tanger. Er übersetzte die auf Band gesprochene Autobiografie seines Freundes Driss ben Hamed Charhadi: *Ein Leben voller Fallgruben* lässt das Tanger der Franco-Zeit wiederauferstehen und gibt einen Einblick in die Lebenswelt eines Marokkaners der Unterschicht. In hartem Kontrast dazu stand in den 1940er Jahren der Lebensstil von Superreichen wie der Woolworth-Erbin Barbara Hutton: Um ihren Palast im Amrah-Viertel unterhalb der Kasbah zu erreichen, ließ sie für ihren Rolls Royce zu enge Medina-Gassen erweitern. Schriftsteller wie Truman Capote, Gore Vidal, André Gide und William S. Burroughs belebten die Szene; Tennessee Williams schrieb hier *Die Katze auf dem heißen Blechdach*.

Als Tanger 1960 in das unabhängige Marokko eingegliedert und die Zollfreiheit abgeschafft wurde, begann der Niedergang. Heute jedoch erneuert sich Tanger (ca. 200 000 Einwohner) und wächst; sichtbare Zeichen sind die moderne Strandpromenade, Hochhäuser und schicke Badehotels. Der alte Hafen hat inzwischen seine Schlüsselrolle verloren, weil 40 km östlich der größte Containerhafen Afrikas enstanden ist: *Tanger-Med*, mit Freihandels- und Industriezone, und das in Sichtweite der EU.

» Stadtplan S. 64-65, Info S. 81

Foto: Astrid Därr

Grand Socco und ★Medina

Grand Socco (1) ist der inoffizielle Name des geschäftigen Platzes, der die nach 1912 entstandene Neustadt mit der Altstadt verbindet – der verwinkelten, auf einem Hügel über dem Hafen erbauten Medina. Offiziell heißt er **Place du 9. Avril 1947**; an diesem Tag hielt Mohammed V. seine berühmte Brandrede gegen das Protektorat. Auf dem Großen Socco (von arab. *souk* = Markt) bieten – besonders an Donnerstagen und Sonntagen – Rif-Bäuerinnen mit traditionellen rot-weiß gestreiften *haiks* und breitkrempigen Strohhüten Gemüse und frische Minze an. An der Nordseite des Platzes liegt der **Mendoubia-Garten** mit einem uralten Drachenbaum und der ehemaligen Residenz des *mendoub* (Sultansvertreter), die heute als Gerichtssitz dient. An der Westseite überragt das mosaikverzierte Minarett der **Sidi Bou Abid-Moschee** den Großen Socco; an seiner Ostseite, vor der Stadtmauer, liegt die vielbesuchte alte ★**Markthalle**.

Oben: Blick über das Kasbah-Viertel zum Stadtstrand. Rechts: Spuren europäischer Architektur des 19. Jahrhunderts in der Altstadt von Tanger.

Hinter dem Hufeisenbogentor des **Bab Fahs** beginnt dann die ummauerte ★**Medina**, der aufdringliche Schlepper ein zweifelhaftes Flair verleihen. Durch ein zweites Tor unmittelbar darauf scharf rechts einbiegend, gelangt man zur bergabführenden **Rue es Siaghin**, die früher von jüdischen Goldschmiedeläden gesäumt war. Südlich der Straße erstreckt sich die ehemalige *mellah* (Judenviertel), in der um 1900 etwa 6000 Juden lebten, mehr als ein Drittel der damaligen Stadtbewohner. Die verwaiste **Synagoge** erkennt man am verblichenen Davidsstern. Seit dem Exodus der Juden 1956 überwiegen in der Rue es Siaghin muslimische Textil- und Souvenirläden. Bemerkenswert ist, dass die Spanier in dieser Gasse 1888 eine katholische **Kathedrale** erbauen durften.

Am unteren Ende der Rue es Siaghin liegt der ★**Petit Socco** (2), auch **Souk Dakhel** genannt, einst Tummelplatz

 » Stadtplan S. 64-65, Info S. 81

der Schmuggler und Geldwäscher. Der amerikanische Literat W. S. Burroughs (1953: *Junkie. Bekenntnisse eines unbekehrten Rauschgiftsüchtigen*) genoss hier nicht nur Minztee. Auf den Caféterrassen, etwa im **Café Tingis**, wurden dubiose Geschäfte ausgehandelt; früher begann hier der Rotlichtbezirk der Rue des Chretiens (Rue des Almohades). Balkongitter an den alten Hotels Becerra, Mauritania und der **Pension Fuentes** zeigen spanischen Einfluss.

250 m südlich steht noch die **Old American Legation**, wo von 1821-1961 die Amerikanische Gesandtschaft arbeitete. Heute ist sie ein **Museum** (mit Paul-Bowles-Abteilung) und gilt sogar als eine *National Historic Landmark* der USA.

Ostwärts führt die **Rue de la Marine** zur **Jemaa Kebira** (Große Moschee), die Moulay Ismail, nach Abzug der Engländer 1684, auf dem Fundament der von ihm zerstörten portugiesischen Kathedrale errichten ließ. Ihr gegenüber liegt eine **Medersa** (Koranhochschule) aus der Merinidenzeit.

Die **Terrasse** hinter der Moschee bietet einen Ausblick auf die Bucht von Tanger und die alten Hafenbatterien. Am Meerestor **Bab el Bahar** (3) endet die Rue de la Marine; Stufen führen hinunter zum **Hafen**.

★Kasbah

Für den nun folgenden Aufstieg zur Kasbah geht man auf der Rue de la Marine 100 Meter zurück, biegt rechts ein in die Dar Baroud-Gasse (Abstecher zur Nr. 36 empfehlenswert: nostalgisches ★**Hotel Continental** von 1850) und gleich wieder links ab in die **Avenue el Kaa**. Man passiert die Lederhändler der **Rue Hadj Mohammed Torres**, überquert die kleine **Place Oued Ahardan** und steigt über die Stufen der **Rue Ben Raisul** hoch zum **Bab el Aissa** (Tor der Küstenwache). Von dort bietet sich eine schöne **Aussicht** über die Medina zur Bucht.

Foto: Astrid Därr

Durch das Tor Bab el Aissa betritt man die ★**Kasbah**, das im 17. Jahrhundert burgartig befestigte Residenzviertel der Sultane. Am *Mechouar* (Paradeplatz) stehen die **Kasbah-Moschee** mit ihrem achteckigen Minarett; das einstige Gerichtsgebäude ★**Dar ech Chera**; die Schatzkammer **Bit el Mal** und der Sultanspalast ★**Dar el Makhzen** (4). Er beherbergt heute das **Kasbah-Museum**: Im Erdgeschoss zeigt das **Volkskundemuseum** seine Keramiksammlung, Königsteppiche aus Rabat, Brokatstickereien, Schmuck, Waffen etc. Das ★**Musée des Antiquités** im Obergeschoss zeigt Funde aus der Altsteinzeit, ein punisches Grab mit Beigaben, aus Volubilis Mosaike sowie eine Büste von Juba II., der 25 v. Chr. als romanisierter Berberkönig auch über *tingis* (Tanger) herrschte; außerdem auch einige Kopien von Eugene Delacroix' großartigen Marokko-Gemälden.

An der **Aussichtsterrasse** auf der Nordseite des Mechouars vorbei gelangt man über die **Rue Riad Sultan** zu den **Sultansgärten**.

» Stadtplan S. 64-65, Info S. 81

Foto: Berthold Schwarz

Auf der Rue Riad Sultan verlässt man über die **Place du Tabor** und das **Kasbah-Tor** die Mauern der Medina. Auf der Rue Assad ibn Farrat nach Westen, gelangt man zu Fuß in 15 Minuten zu dem vornehmen, grünen Villenviertel ★**Marshan** mit seinen üppigen Privatgärten. Das mit Abstand nobelste Anwesen ist der **Marshan-Palast** (5) des Königs.

Neustadt

Vom **Kasbah-Tor** kehrt man über die **Zankat el Kasbah** und die **Rue d'Italie** abwärts zurück zum **Grand Socco** (1).

Von hier kann man auf der Geschäftsstraße **Rue de la Liberté** (Zankat el Houria) zwischen Socco und **Place Mohammed V.** (6), (früher: Place de la France) flanieren. Die Kunstgalerie *Delacroix* in dieser Straße stellt die Werke moderner marokkanischer Maler aus. Das Hotel ★**El Minzah** von 1930 war das Vorbild für „Ricks Café" im Hollywood-Film Casablanca. Am Pool des bezaubernden **Hotelgartens** bietet sich ein Blick über die Bucht von Tanger. Im etwas hochpreisigen Restaurant des Hotels kann man einigermaßen stilvoll dinieren.

Das **Café de Paris** an der Place Mohammed V. hat in den 1940er Jahren, als *tout Tanger* hier verkehrte, bessere Zeiten gesehen. Hier beginnt der ★**Boulevard Pasteur** (7), die elegante Hauptschlagader der Stadt, mit Geschäften, Banken, dem **Office du Tourisme** und Cafés. In der Buchhandlung *Des Colonnes* versorgen sich die immer noch zahlreichen Literaten der Stadt mit geistiger Nahrung. Am östlichen Ende des Boulevards lockt, als krönender Abschluss, das Café **La Colombe**.

An der ★**Avenue Mohammed VI** (8) beginnt die ★**Strandpromenade**; am langen **Stadtstrand** reihen sich Badehotels bis zum **Cap Malabata**.

Ausflug zum ★**Cap Spartel** und zu den ★**Herkules-Grotten**: siehe Seite 85.

Oben: Souvenirangebot in der Kasbah. Rechts: Ceuta gehört seit 1580 zum katholischen Spanien.

Ceuta

An Tangers Strand entlang führt die Küstenstraße ostwärts, am von Badehotels gesäumten **Cap Malabata** vorbei – ein Abstecher zum Sandstrand **Plage des Amiraux** empfiehlt sich – zum Fischer- und Badeort **Ksar es Seghir**. Dann passiert man den riesigen neuen Hafen **Tanger-Med** und erreicht bald die spanische Enklave **Ceuta** ❷, wo Fähren aus Algeciras anlegen. Diese nur 20 km² große Halbinsel, auf der rund 70 000 Spanier leben, liegt strategisch günstig am Mittelmeer-Zugang der **Straße von Gibraltar**.

Ceuta wurde im 5. Jh. v. Chr. von karthagischen Seefahrern gegründet. Der natürliche Hafen diente ihnen als Stützpunkt für Handelsreisen in das spanische „Silberland". 42 n. Chr. nahmen die Römer die Siedlung ein und nannten sie – nach den sieben Hügeln, die die Stadt umgeben – *septem fratres*, kurz **Sebta**. Nach einem wandalischen Zwischenspiel im 5. Jh. eroberten 710 n. Chr. Araber die Stadt, und im Jahr darauf setzte von hier das Muslim-Heer unter Führung des Berbers Tarik zur Eroberung Spaniens über. 1415 entrissen die Portugiesen Sebta den Marokkanern, schleiften die Moscheen und errichteten an ihrer Stelle katholische Kirchen. Als Spanien sich 1580 Portugal einverleibte, wurde Ceuta spanisch. Und seit 1956 möchte Marokko es wiederhaben.

Den Festlandszugang zur Halbinsel Ceuta bewacht die einst von Portugiesen erbaute Festungsanlage **Candelero**. Im Herzen der modernen spanischen Stadt liegt die **Plaza de Africa**. An der Nordseite dieses von Bäumen beschatteten Platzes steht, direkt am alten Hafen, die spätbarocke Kirche **Nuestra Señora de Africa**, die 1726 der Schutzpatronin der Stadt geweiht wurde. Im Süden wird die Plaza begrenzt von der barocken **Catedral**, an deren Stelle bis 1432 eine Freitagsmoschee stand. Frühaufsteher, welche die 5 km lange Auffahrt zum **Monte Acho** (198 m), dem afrikanischen Gegenstück zum Felsen von Gibraltar, nicht scheuen, haben von der Kapelle **San Antonio** aus eine fantastische ★**Aussicht** auf die Hafenstadt und das Mittelmeer.

Foto: Monique Pouzet (Fotolia)

Wegen der Möglichkeit zum zollfreien Einkauf ist Ceuta nicht nur Ziel spanischer, sondern v. a. marokkanischer Shopping-Touristen, die sich an der strandnahen Grenzstation **Tarajal** stauen, 4 km südlich des Zentrums. Schwarzafrikaner versuchen immer wieder, den Grenzzaun illegal zu überwinden, um nach Europa zu gelangen.

★★Tetouan

Zwischen Ceuta und Tetouan erstrecken sich einige der schönsten **Sandstrände** der langen marokkanischen Mittelmeerküste. An den goldgelben Stränden von ★**Cabo Negro**, **M'Diq** und ★**Restinga-Smir** ❸ gibt es gute Hotels, in Smir auch einen kinderfreundlichen **ClubMed**. Der Badeort ★**Martil** bietet Hotels, Apartments und eine Promenade an seinem breiten

Sandstrand, der im Sommer voller marokkanischer Badeurlauber ist.

Auf der N13, etwa 14 km vor Tetouan, bietet sich ein Abstecher durch den Kiefernwald zum Gipfel des **Jebel Kudia-Taifor** an, der wegen des einzigartigen Panorama-Ausblicks auf die Mittelmeerküste zu empfehlen ist.

Die Provinzhauptstadt ★★**Tetouan** ❹ mit 330 000 Einwohnern liegt im **Jebel**, dem westlichen Ausläufer des **Rif-Gebirges**, am Fuß des Berges Dersa. Früher hatte sie einen Flusshafen am **Oued Martil**, der 11 km nordöstlich der Stadt ins Mittelmeer mündet. Die sehr sehenswerte und überaus weitläufige Medina von Tetouan ist merklich von mittelalterlicher, maurisch-andalusischer Architektur geprägt, während die Neustadt, die erst ab 1913 als Verwaltungssitz des spanischen Protektorats *Marruecos Español* entstand, schon beinahe südeuropäisch wirkt.

Die antike Römerstadt *Tamuda* lag 4 km südlich des heutigen Tetouan, das auf eine Merinidengründung des 14. Jh. zurückgeht. 1399 wurde die Stadt, die zum Schlupfwinkel für Piraten geworden war, durch Spanier zerstört, von maurischen und jüdischen Flüchtlingen aus Granada jedoch ab 1492 wieder aufgebaut. Die Muslime rächten sich an den Christen durch einen Kaperkrieg gegen spanische Handelsschiffe, was den spanischen König Philipp II. 1565 dazu veranlasste, den Hafen von Tetouan zu zerstören, der erst im 17. Jh. unter Sultan Moulay Ismail erneuert wurde. Nach einem Überfall von Rifkabylen auf Ceuta wurde Tetouan 1859 von den Spaniern besetzt, die auf englischen Druck hin zwar 1862 schon wieder abziehen mussten, aber dafür einen einseitigen Handelsvertrag erzwungen hatten. 1913 wurde Tetouan ausgebaut zur Hauptstadt des spanischen „Schutzgebietes" in Nordmarokko; seit der Unabhängigkeit 1956 ist es Verwaltungssitz der gleichnamigen Provinz.

Wenn man die noch erkennbar spanisch geprägte **Neustadt** auf der **Rue Mohammed V.** durchfährt, überquert man erst die **Place Moulay el Mehdi** mit Straßencafés und der katholischen **Kirche** und erreicht bald darauf die kleine **Place el Yalaa**, an deren Nordende das ★**Archäologische Museum** ① liegt. Zu den Ausstellungsstücken gehören frühe Werkzeuge, ein Modell des Cromlech (prähistorische Kultstätte) von Msoura, karthagische Keramik sowie römische Statuen und Mosaike.

Die Rue Mohammed V. mündet vor der Medina in die ★**Place Hassan II.** ②, den geschäftigsten Platz der *ville nouvelle*, an dem neben vielen Cafés und Restaurants auch das ehemalige **Spanische Generalkonsulat** sowie der aus dem 17. Jh. stammende **Königspalast** liegen. Südlich davon beginnt die **Mellah**, die man auf einem Rundgang erkunden kann, der an der **Rue de la Luneta** beginnt und über die **Rue Docteur Polido** zur Place Hassan II. führt. Das Judenviertel mit seinem rechtwinkligen Grundriss wurde erst zu Beginn des 19. Jh. erbaut. Der andalusische Charakter der Häuser, die bis in die Neuzeit die Nachfahren von einst aus Spanien geflohenen Juden beherbergten, zeigt sich in den schmiedeeisernen Gittern der zahlreichen Fenster und Balkons. Die Gassen sind häufig von weißgekalkten Rundbögen überspannt, die das Einstürzen der Hauswände im Fall eines Erdbebens verhindern sollen. Man darf die Synagoge **Hayn Aburdarhan** ③ nur mit Kopfbedeckung besichtigen.

Vom Platz Hassan II. aus kommt man durch das **Bab er Rouah**, das „Tor der Winde", in die ★★**Medina** (UNESCO-Welterbe), die man sicherheitshalber (Taschendiebe!) nur mit einem lizenzierten Führer besuchen sollte. Die Altstadt, die noch heute fast vollständig von einer Mauer mit sieben Stadttoren umgeben ist, hat über 60 Moscheen, reizvolle Plätze mit mosaikverzierten Brunnen, farbenfrohe Märkte und belebte Gassen mit fleißigen Handwerkern: Tischlern, Gerbern, Babuschen-Schuhmachern, Gold- und Silberschmieden, Färbern,

» Karte S. 62-63, Stadtplan S. 71, Info S. 81

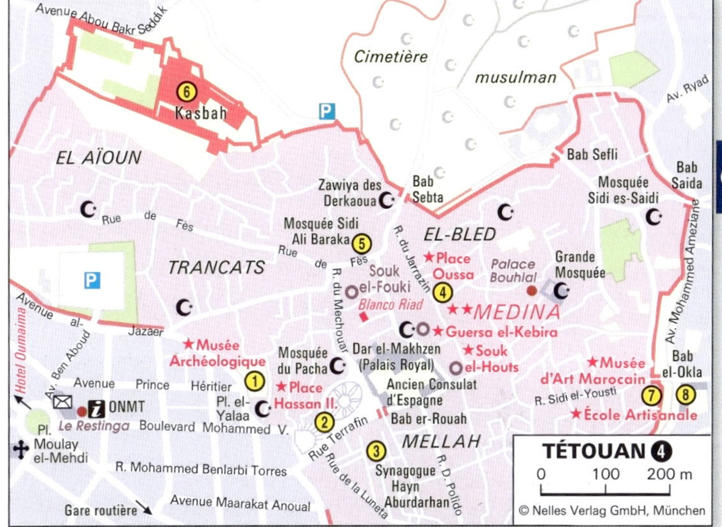

Schneidern oder Posamentenstickern.

Die **Rue Terrafin** führt zum ★**Souk el Houts**, dem Fisch- und Fleischmarkt, auf dem auch Töpferwaren angeboten werden. Weiter geht es durch die **Rue Kzadriin**, die Straße der Eisenschmiede. Unter vielen Bögen hindurch und um mehrere Ecken herum windet sich die Gasse **El Saffain** zur ★**Guersa el Kebira**, einem großen Gemüse- und Trödel-Markt. Die benachbarte ★**Place Ousaa** (4) im **Quartier el Bled** beherbergt einen Stoff- und Kleidermarkt, auf dem Rifi-Frauen mit breitkrempigen Hüten rot-weiß-blau gestreifte *foutas* verkaufen, die bäuerliche Tracht des Rif-Gebirges.

Weiter nach Norden, Richtung **Bab Sebta**, führt die **Rue el Jarrazin** mitten durch das Handwerkerviertel der **Souks**. Neben der Grabmoschee **Sidi Ali Baraka** (5) liegt der **Souk el Fouki**, auf dem Brot, Gewürze und Naturkosmetika angeboten werden. Von dort aus kann man über eine schmale Gasse zur **Kasbah** (6) von Tetouan hinaufsteigen und den verwirrenden Grundriss der Altstadt von oben betrachten.

Wieder unten am Souk el Fouki, führt die **Rue du Mechouar** am Königspalast vorbei und wieder zurück zur Place Hassan II.

Am Ostrand der Medina befindet sich das ★**Musée d'Art Marocain** (7) (Volkskunst-Museum). Man erreicht es über die Rue Terrafin, die anschließende Rue Ahmed Torres und die Rue Sidi el Yousti, die am **Bab el Okla** nahe am Museum endet.

Direkt gegenüber liegt, außerhalb der Medinamauern, die besuchenswerte ★**Kunsthandwerksschule** (8).

★Rif-Küste

Von **Tetouan** ostwärts lässt sich die landschaftlich reizvolle, von ausländischen Touristen wenig besuchte ★**Rif-Küste** der Rhomara-Berber-Region erkunden: auf der kurven- und aussichtsreichen ★**Nationalstraße 16** über **Oued-Laou** ❺ (Fischerort, langer Sand-/Kiesstrand, Promenade, Höhlencafé *Picasso*), **Targha** (Strandbucht;

Foto: Astrid Därr

Wasserfall bei Akchor), Bou Ahmed und den Fischerhafen **El Jebha** ❻ (günstige Fischlokale) bis nach **Torres de Alcala**, wo der hübsche Strand von ★★**Cala Iris** ❼ lockt (s. S. 77). Nach 240 km ab Tetouan erreicht man dann Al Hoceima.

★★Chefchaouen

★★**Chefchaouen** ❽ entstand zu der Zeit, als die Portugiesen, nachdem sie entlang der Atlantikküste wichtige Hafenstädte erobert hatten, begannen, ins Landesinnere vorzustoßen. 1470 gründeten Berber der Ghomara-Region, angeführt von dem Glaubenskämpfer Scherif **Moulay Ali ben Rachid**, den Ort als Bastion gegen die europäischen Eindringlinge. Nach dem Sieg der christlichen Reconquista über den spanischen Islam siedelten sich hier Andalusien-Flüchtlinge an, deren kulturelles Erbe das fast südspanisch anmutende Erscheinungsbild der Altstadt geprägt hat: verwinkelte Gassen mit weißgekalkten mittelalterlichen Häusern, deren Tür- und Fensterumrandungen liebevoll in kühlen Blautönen getüncht sind und reizvolle Fotomotive bieten.

Oben: Kilometerlanger Strand an der Rifküste bei Oued Laou. Rechts: Im malerischen Berberstädtchen Chefchaouen.

Von 1921 bis 1926 regierte der Berber-Rebellenführer **Abd el Krim** in Chefchauouen, der 1925 eine unabhängige islamische Rif-Republik ausrief und von hier den Widerstand gegen die Spanier lenkte. In dieser Zeit wurde die Stadt mehrfach von der spanischen Armee angegriffen und mit Giftgas bombardiert (die Krebsrate ist dort bis heute erhöht), aber erst 1927 eingenommen.

Einen Rundgang durch die reizvolle ★★**Medina** von Chefchaouen kann man im Osten der Neustadt, in der Nähe der Moschee **Moulay Ali ben Rachid**, am Tor **Bab el Ain** beginnen. Viele der getünchten Giebelhäuser stammen noch aus der Gründerzeit des Ortes. In den schmalen Gassen findet man kleine Werkstätten, in denen Männer und Jungen Babuschen fertigen, Kaftane schneidern oder Jellabahs besticken.

» Karte S. 62-63, Info S. 81

Bergauf erreicht man durch dieses reizvolle Viertel der Altstadt das Zentrum der Medina, die ★**Place Outa el Hammam**, die von einer Alaouiten-Kasbah (17. Jh.) und dem achteckigen **Minarett** der **Großen Moschee** überragt wird. An diesem malerischen Platz laden kleine Lokale unter Maulbeerbäumen zur Rast ein; ideal, um einen Minztee trinken. Eine Spezialität der vielen Garküchen ist die *bsara*, eine schmackhafte Suppe aus dicken Bohnen, die mit feinem Olivenöl serviert wird.

Hinter der rotbraunen, zinnenbewehrten Lehmmauer der **Kasbah** aus der Zeit Moulay Ismails ist ein kleines **Museum** eingerichtet. Viele Ausstellungsgegenstände erinnern an *Abd el Krim*, den Widerstandshelden des Rif-Gebirges. Von den Mauern der Festung bietet sich ein schöner Blick auf den nahen Jebel Tisouka (2050 m), den Jebel Meggou (1600 m) sowie die Häuser der Altstadt. Nur 100 m weiter östlich liegt die **Place el Makhzen** mit dem ruhigen **Hotel de Chaouen** (Parador). Um diesen Platz liegen die **Souks** für Teppiche, Webstoffe, Kleidung, Keramik, Leder- und Kupferwaren.

Im Osten der Altstadt kann man durch das Stadttor **Bab Onsar** zur kühlen Quelle **Ras el Ma** gelangen, die Einheimische gerne zum Picknicken aufsuchen. Feigenbäume beschatten eine kleine Teeterrasse. Auf der gegenüberliegenden Bergseite sieht man eine freistehende Moschee, die **Jemaa Bouzafar**, etwas oberhalb der Straße, die nach Süden aus der Stadt hinausführt. Von dort bietet sich eine reizvolle **Aussicht** auf die mediterrane Bergregion und das fotogen am Hang gelegene Chefchaouen. Gleich hinter Chefchaouen teilt sich die Straße: Die N2 zweigt nach Osten Richtung Ketama ab, während die Nationalstraße 13, an Steineichenwäldern und Korkeichenhainen vorbei, nahe der Loukos-Brücke die ehemalige spanische Protektorats-Grenze überquert und nach etwa 60 km Ouezzane erreicht.

Foto: Silvia Antunes (Dreamstime)

Ouezzane

Am Rand des Rif-Gebirges liegt, nahe dem Jebel Bou Hellal, der Wallfahrtsort **Ouezzane** ❾ (40 000 Einwohner, Donnerstagsmarkt). Für marokkanische Muslime, die einen Hang zum mystischen Sufismus haben, ist Ouezzane nach Moulay Idriss und Fes das drittwichtigste Pilgerziel des Landes. Im Mittelpunkt der Verehrung steht die Zawiya des Scherifen **Moulay Abdallah**, einem Nachfahren des arabischen Dynastiegründers Moulay Idriss. Dieser Sufi-Scheich errichtete 1727 in Ouezzane das Hauptquartier der Taibia-Muslimbruderschaft, die neben Religionsphilosophie auch große Politik machte, indem sie die notorisch aufständischen Berber des Rif-Gebirges gegen die arabischen Alaouiten-Sultane ausspielte.

Im 19. Jh. verscherzte der exzentrische Scheich Sidi Mohammed das hohe Ansehen des Ordens, indem er mit den Franzosen konspirierte und eine Engländerin heiratete. In Anspielung auf seine Vorliebe für irdische Genüsse behauptete der Volksmund, dass sich in seinem Munde „Champagner in Milch" verwandele...

Man fährt in die Stadt durch die Pomeranzen-Alleen der kleinen, aufgeräumten Ville Nouvelle und erreicht an der **Place de L'Indépendance** die den Fußgängern vorbehaltene **Medina**. Sie ist ausnahmsweise nicht ummauert, da die Stadt wegen ihrer Heiligkeit keine Angriffe zu befürchten hatte. Die Treppen der **Rue Abdallah ben Lamlih** führen bergauf, am *Grand Hotel* vorbei, mitten hinein ins maurisch anmutende ★**Souk-Viertel** mit seinem geschäftigen Treiben. Bekannt ist Ouezzane durch sein Olivenöl und seine Rosinen sowie durch die Verarbeitung von Wolle aus dem Rif.

Über die Place Bir Inzarane, die Rue Haddadine und die Rue de l'Adoul kommt man zur Moschee **Moulay Abdallah Cherif** mit dem **Mausoleum** des verehrten Ordensgründers. Im Vorraum dieses reich ornamentierten Grabbaus halten sich oft in weiße Gewänder gehüllte Pilgerinnen auf, die in den Genuss der *baraka* (Segenskraft) des Heiligen kommen wollen, indem sie die Säulen küssen. An den Souks der Eisenschmiede und Tischler vorbei, gelangt man zur **Zawiya**, dem Sitz der Tabia-Bruderschaft. Die benachbarte grün geflieste **Moschee S'Ma** ist an ihrem achteckigen Minarett leicht zu erkennen. Die Rue Tawiya führt bergab zum **Bab Jemaa** und endet direkt an der **Place du Marché**, wo an Donnerstagen Händler ihre Zelte aufschlagen.

Ein Ausflug zum **Jebel Bou Hellal** (609 m), der mit Orangen-, Feigen- und Olivenbäumen bestanden ist, lohnt wegen der Aussicht auf die weißen kubischen Häuser von Ouezzane, die Hügel des Ghezaoua-Vorlands und die Rif-Berge (3 km Fahrt u. 30 Min. zu Fuß).

RIF-GEBIRGE

Von Chefchaouen aus führt die **Nationalstraße 2** Richtung Osten durch die waldreiche Gebirgslandschaft des Rif nach Ketama (105 km). Die Straße steigt zunächst im Tal des Oued Lahou hinauf zum Passdorf **Bab Taza** ⑩. Von nun an verläuft die **Route du Rif**, die erst nach Abzug der Spanier Ende der fünfziger Jahre erbaut wurde, auf dem Kamm des Rif-Atlas, der sich über 300 km Länge bogenförmig von Tanger bis zur algerischen Grenze hinzieht. Nach 12 km kommen die strohgedeckten Häuser des anmutigen Bergdorfs **Cherafat** in Sicht, das die angeblich älteste **Moschee** des Rif besitzt. Oberhalb des Ortes plätschern Wasserfälle und Bergbäche. Ein Spaziergang lohnt besonders im Frühjahr, wenn die Bachufer und Wiesen mit Blumen übersät sind. Steineichen, Kermeseichen, Korkeichen und Ulmen säumen die Straße.

Nacheinander folgen auf der kurvenreichen Strecke die Gebirgspässe **Bab Ternen** und **Bab Berret** ⑪ (1240 m). Bei der Auffahrt zum **Bab Besen** (1600 m) zweigt eine kleine Straße zum Fischerdorf **El Jebha** (❻) ab (43 km). Vier Kilometer nach der Besen-Passhöhe bietet sich eine schöne ★**Aussicht** auf die Küste des Mittelmeers. In diesen Höhen, in der alpinen Region des Rif-Gebirges mit ihren schönen alten Zedernwäldern, schneit es im Winter.

Ketama

Weiter nach Osten erreicht die Straße schließlich **Ketama** ⑫ (1520 m), Sommerfrische und Wintersportort am Fuß des Massivs des Jebel Tidiquin, der mit 2448 m Höhe der höchste Berg des Rif-Atlas ist. Der Wohlstand der Bauern dieser Region kommt nicht vom Maisanbau. Alle Strecken von und nach Ketama sind bekannt dafür, dass Touristen von Einheimischen zum Kauf von **Haschisch** animiert werden. In den schwer zugänglichen Tälern und Bergen des

Rechts: Im Vergleich zu allen anderen Landesteilen ist das westliche Rif-Gebirge ausgesprochen regenreich.

» Karte S. 62-63, Info S. 81

Foto: Thomas Stankiewicz

Rif-Gebirges wird Rauschhanf (*Cannabis sativa indica*) angebaut – offiziell nur für die Pharma-Industrie. Tatsächlich ist die Heilwirkung der Pflanze – gegen Durchfall und psychosomatische Störungen – überall im Orient bekannt, von Marokko bis Indien, wo sie Shiva-Verehrern als heilig gilt. Allerdings wird das meiste Haschisch illegal als berauschende Droge gehandelt. Von den kleinen Buchten der Rif-Küste gelangt es übers Meer nach Europa. In Marokko gibt es strenge Gesetze gegen den Besitz von Haschisch, und einheimische Gefängnisse gehören sicher nicht zu den angenehmen Erfahrungen im Leben. Und in den spanischen Zielhäfen der Autofähren aus Marokko sind Drogenfahnder mit Spürhunden im Einsatz.

Südöstlich von Ketama liegt der oft bis ins Frühjahr hinein schneebedeckte **Jebel Tidiquin** (2448 m). Eine holprige Piste führt von **Tleta Ketama** (8 km südlich von Ketama, an der Straße R509 nach Fes) ziemlich nahe an die Zedernwälder der Gipfelregion heran. Auch ein Abstecher in die Dörfer am Fuß des Jebel Tidiquin lohnt, wegen der reizvollen Gebirgslandschaft und der malerischen Dörfer.

Wer von Ketama nach Fes weiterreist, wählt die landschaftlich beeindruckende **Route de l'Unité** (N8), die auf ihrem Serpentinenweg nach Süden den Hauptkamm des Rif-Gebirges überquert. Den Bau dieser Straße nahmen 1957 Freiwillige im nationalen Eifer der neu gewonnenen Unabhängigkeit in Angriff, um die ehemals spanische Nordzone mit dem vormals französischen Protektoratsgebiet im Süden zu verbinden.

In **Ain Aicha** (11 km nach Taounate) kann man auf der Piste 4304 einen schönen Ausflug ins mäandrierende Tal des **Oued Ouerrha** unternehmen: Vorbei am kleinen Weberdorf **Oulad Azame**, das malerisch am Hang liegt, kommt man bald zur heiligen Quelle des Dorfes **Bouadel** ⓭, der fruchtbarkeitsfördernde Wirkung zugeschrieben wird. In den umliegenden bewässerten Gärten gedeihen Oliven-, Feigen-, Granatapfel- und Quittenbäume.

» Karte S. 62-63, Info S. 81

Foto: Berthold Schwarz

Frauen-Töpferei der Beni Ouriaghel

Auf der Weiterfahrt von Ketama Richtung Osten nach Al Hoceima verläuft die N2 durch ein von **Zedern** bestandenes Hochplateau und über einen 1580 m hohen Pass (die landschaftlich schöne Seitenstraße nach El Jebha und später die zum Strand von Cala Iris bleiben links liegen) weiter nach **Targuist** ⓮. Dort liegt das Siedlungsgebiet der **Beni Ouriaghel**, das vom Tal des Oued Rhis bis zum Oued Nekor reicht. In den 1920er Jahren war hier das Zentrum des von Abd el Krim geführten Rifkabylen-Aufstands gegen die Spanier. Die Gegend ist bekannt für die traditionellen **Töpfereien** der Berberinnen bekannt: Brotschüsseln, Tajine-Töpfe, Trinkgefäße und Krüge werden ohne Töpferscheibe gefertigt. Nach dem Brand, der ohne Lasur gemacht wird, kommen die schönen Ockertöne zum Tragen. Verziert werden die Gefäße mit alten berberischen Ornamenten: Mit selbstgemachten Pinseln tragen die Frauen schwarze Farbe, die aus dem Harz des Mastixstrauches gewonnen wird, in feinen Linien auf.

Oben: Rifberberinnen (hier mit der traditionellen gestreiften „Fouta") nehmen aktiv am Marktgeschehen teil. Rechts: Eine einladende Tajine-Garküche am Straßenrand.

★Al Hoceima

Die moderne, berberische Provinzhauptstadt ★**Al Hoceima** ⓯, von Spaniern 1926 gegründet, hat außer dem großen **Fischereihafen** (mit Fischlokalen wie dem *Karim*) auch ★**Sandstrände** wie den Stadtstrand **Quemado** und etliche Hotels zu bieten. Allerdings wird sie vom Staat investitionsmäßig vernachlässigt. Nicht die Stadt selbst, aber ihre Lage über der halbmondförmigen ★**Baie d'Al Hoceima**, umrahmt von Rifbergen, gehört zu den schönsten am Mittelmeer. Neben Fischerei und Tourismus spielte früher die Verarbeitung von Roten Korallen eine Rolle; heute sind die Korallen wie auch Delfine, Napfschnecken, Robben und Fischadler durch den **Nationalpark Al Hoceima** geschützt.

Am Südrand von Al Hoceima befindet sich in der Bucht ★**Plage el Jamil** (Cala Bonita) ein Campingplatz.

6 km südlich von Al Hoceima zweigt eine Straße zum langen, dunklen **Strand** von **Sfiah** ab, vor dem die spanische, nur von Soldaten bewohnte Insel **Peñón de Alhuceimas** aufragt.

Torres und ★Cala Iris

Im kleinen **Fischerhafen** von Al Hoceima sieht man die bunten Boote der **Lamparo-Fischer**, die nachts mit Lampen Fische anlocken. Solche Boote kann man für einen **Schiffsausflug** entlang der wildromantischen Rif-Küste mieten. Die beste Strecke führt von Al Hoceima nach Westen, an dem spanischen Inselchen Peñon de Velez de la Gomera vorbei, nach **Torres de Alcala**. Entlang dieses Küstenabschnitts gibt es an der Steilküste des **Bokkoyas-Massivs** einsame, vom Land her unzugängliche Ba-

» Karte S. 62-63, Info S. 81

Foto: Thomas Stankiewicz

debuchten und herrliche Tauchreviere. Wenn man einen Fischer dabei hat, der einen mit frischem Meeresgetier versorgt, kann ein derartiger Ausflug zu einem unvergesslichen Erlebnis werden. Taucher können die seltenen Roten Korallen bewundern. Die Insel **Peñon de Velez de la Gomera** (vor Badis, s. unten), einst ein Piratennest, wird seit 1508 von Spanien als Militärstation genutzt und ist erst seit einem Erdbeben (1930) mit dem Festland verbunden.

An die Mündung des Oued Bou Frah schmiegt sich das Dorf **Torres de Alcala**. Eine **Kasbah-Ruine** erinnert an das 4 km östlich gelegene historische **Badis** – einst Ausfuhrhafen von Fes, den man im 16. Jh. den Spaniern überlassen musste; heute ein Fischerort mit kleinem **Strand**. In einer Bucht, 4 km westlich von Torres, liegt der schöne **Sandstrand** von ★**Cala Iris** (❼) samt **Fischerhafen**. In Zukunft soll hier ein großes Ferienresort entstehen, das die Bucht wohl kaum verschönern wird. Torres ist durch die gut ausgebaute Straße N 16 mit Al Hoceima verbunden.

Nador / ★Melilla

Auf der Fahrt von Al Hoceima nach Nador auf der N 2 durchs Rif-Gebirge (167 km) passiert man nach 10 km die Abzweigung zum **Strand** und zur neuen küstennahen **Nationalstraße 16**, dem kurzen Weg nach Nador (133 km). Die **N 2** hingegen folgt südwärts dem fruchtbaren Tal des **Oued Nekor**, ehe sie zum **Toboggan-Pass** ansteigt. Dann folgt der kühle Bergort **Kassita**. Hinter dem **Dienstagsmarkt** von **Midar** ⓰ beginnt die **Gareb-Hochebene**, die sich zum 22 km langen **Mar Chica** neigt. Im Norden dieser Lagune liegt das touristische Großprojekt **Atalayoun** mit **Marina** und **Golfplatz**.

Nador ⓱ (160 000 Einw.) ist eine aufstrebende, unter spanischem Protektorat gegründete Handels-, Banken- und Industriestadt an der 22 km langen Lagune, bewohnt von Rifberbern – wirtschaftsstark, aber vom arabischen Königshaus wegen der von Autonomie träumenden Berber vernachlässigt. Früher wurde hier das Eisenerz der nahen

» Karte S. 62-63, Info S. 81

Foto: Volkmar E. Janicke

Minen von Segangane verhüttet; heute existiert nur noch ein Walzwerk.

Ab dem Grenzort Beni Ansar führt ein Sträßchen zu den Stränden (u.a. **Charrana**) der **Guelaia-Halbinsel** und dem **Cap des Trois Fourches** ⑱, ein anderes 25 km westwärts zum schönen Strand von ★**Sidi Messaoud** ⑲ bei Bouyafar.

Die seit 1497 spanische Enklave ★**Melilla** ⑳, 13 km nördlich von Nador, ist ein Tor zur EU; ihr Grenzzaun wird deshalb von illegalen afrikanischen Migranten belagert. Sie ist nur 12 km² groß und wird von Fährschiffen aus Malaga und Almeria angelaufen. Die Protektoratszeit brachte der Hafenstadt den Aufschwung: 1912 erhielt Melilla einen modernen Hafen, über den die Bodenschätze des Rif – Zink, Blei und Eisenerz – nach Spanien ausgeführt wurden. Mit ihrem steuerfreien Warenangebot zieht die Hauptgeschäftsstraße **Avenida Juan Carlos Rey** Kauflustige an. Auch Benzin und Diesel sind billig.

Oben: Die seit 1497 spanische Enklave Melilla hätten die Marokkaner gerne zurück.

Über der Hafenbucht liegt auf einem Felsen die ★**Medina Sidonia**, die **Altstadt** von Melilla, die von Mauern aus dem 16. Jh. umgeben ist. Von der Bastion **Baluarte de la Concepción**, die das besuchenswerte **Museo Municipal** (Stadtmuseum) beherbergt, hat man eine wunderbare Aussicht auf das mittelalterliche Stadtbild. Manche Treppengassen verlaufen unter Gewölben. In der Barockkirche **Purisima Concepción** werden die Madonnenfigur gleichen Namens und die Figur des Christus von Socorro (15. Jh.) verehrt. Südlich des Hafens erstreckt sich ein 2000 m langer **Sandstrand**.

★Beni-Snassen-Berge

Auf der **N 16** gelangt man entlang der Küste direkt nach Saidia.

Nimmt man hingegen die **N2** Richtung Oujda, erreicht man nahe **Saf-Saf** die **Moulouya-Brücke**. Hier verlief bis 1956 die spanisch-französische Zonengrenze. 10 km vor Berkane zweigt nach Süden eine kleine Bergstraße in das

» Karte S. 62-63, Info S. 81

gebirgige ★**Massif des Beni Snassen** (1500 m) ab, einer grünen Insel in der ostmarokkanischen Trockensteppe. Von **Taforalt** ㉑ (Mittwochsmarkt) aus kann man einen reizvollen Ausflug durch das Kalksteingebirge unternehmen, der nach 20 km in Berkane endet. 1,5 km vor Taforalt beginnt ein Sträßchen durch Steineichen zur Karsthöhle **Grotte des Pigeons**, einer Fundgrube für Archäologen. Hier entdeckten sie 2009 die bis dato ältesten Schmuckstücke der Menschheit: über 82 000 Jahre alte kleine, perforierte, mit rotem Ocker verzierte Nassarius-Muscheln.

Das Sträßchen führt weiter zur **Grotte du Chameau**. In dieser Tropfsteinhöhle hat sich ein Stalagmit gebildet, der an ein Kamel erinnert. Tief in der Höhle gibt es unterirdische Wasserläufe und sogar kleine Seen.

Nach dem Abstecher zur Kamelgrotte überquert man den Oued Zegzel, der sich eine tiefe Schlucht ins Kalkgestein gegraben hat: die **Gorges du Zegzel**.

Auf dem weiteren Weg an der Zegzel-Schlucht entlang nach Berkane kommt man an Mispelplantagen und bewässerten Orangenhainen vorbei. Die pflaumengroße, orangefarbene Mispel ist ein schmackhaftes mediterranes Obst, das man im Frühjahr auf allen Wochenmärkten findet. An den Hängen des Beni Snassen-Gebirges reifen auch die Weintrauben, aus denen die bekannten *Vins des Beni Snassen* gekeltert werden. Die Rebenkulturen legten französische Siedler in den 1920er Jahren an.

★Saidia

Von der Weinbau-Stadt **Berkane** fährt man durch eine fruchtbare Ebene zum aufstrebenden Badeort ★**Saidia** ㉒ (25 km) an der algerischen Grenze, mit feinem 14 km langem ★**Sandstrand**, der **Uferpromenade** Mohammed VI, dem großen luxuriösen **Mediterrania-Saidia-Resort** (mit Marina, Golfplatz, Hotels und Strandvillen) und dem Mega-Einkaufszentrum **Medina Mall**.

Oujda

Oujda ㉓ (400 000 Einwohner) ist die Hauptstadt der gleichnamigen, dünnbesiedelten Provinz, die den Großteil der trockenen Halfa-Steppe Ostmarokkos umfasst. Die Stadt in der fruchtbaren Angads-Ebene wurde im 10. Jh. n. Chr. von Zenata-Berbern gegründet. Als natürliches Einfallstor nach Marokko, aber auch als Durchgangsstation nach Osten ziehender Heere (die Grenze zu Algerien ist nur 13 km entfernt) sah Oujda im Lauf der Geschichte unzählige Eroberer und Plünderer und kam so zu dem Beinamen *medina el haira* (Stadt der Angst). Nacheinander erschienen Römer, Wandalen, Almoraviden, Almohaden, Meriniden, Türken und zuletzt die Franzosen. Letztere verbanden ihre Besitzungen in Nordafrika durch die legendäre Bahnlinie Casablanca – Oujda – Algier – Tunis.

Entscheidend für die Entwicklung Oujdas im 20. Jh. aber war der Bahnanschluss an die Kohle- und Erzlagerstätten Algeriens – bis dann in postkolonialer Zeit, in den 1960ern, die Grenze geschlossen wurde. Auf diesen öfter versandenden Gleisen fährt heute für Touristen gelegentlich ein Sonderzug: der **Oriental Desert Express** bis **Bouarfa** (304 km; www.supratravel.com).

In der heutigen Industrie- und Handelsstadt blieb kaum etwas touristisch Interessantes erhalten. Auf einem Bummel durch die kleine, aber geschäftige **Medina**, die angenehm schlepperfrei ist, kann man die *kissaria* (Stoffmarkt) und die Souks der Teppich- und der Lederhändler erkunden. Das einzige sehenswerte Monument der Altstadt liegt im Osten, in einem Reststück der alten Stadtmauer: das **Bab Sidi Abd el Wahab**, vor dem einst die Köpfe der Hingerichteten zur Schau gestellt wurden.

Interessant ist die Legende des kleinen Pilgerorts **Sidi Yahia**, der 6 km östlich in einer grünen Quell-Oase liegt: Sidi Yahia, der in einem weißgekalkten Marabout von Muslimen, Juden und

» Karte S. 62-63, Info S. 81

Foto: Thomas Stankiewicz

Christen verehrt wird, sei kein Geringerer als Johannes der Täufer.

Westwärts führt die Nationalstraße 6 (Oujda-Rabat) über El Aioun, Taourirt und Guercif nach Taza (164 km). Unterwegs bietet sich ein Ausflug von **Taourirt** ㉔ auf der N19 zur einst jüdisch geprägten, quellreichen Bergoase **Debdou** ㉕ im Mittleren Atlas an, deren prächtige Obstgärten von Steineichen- und Thuja-Wäldern umgeben sind.

Knapp 30 km vor Taza kann man einen kurzen Abstecher zum **Oued Msoun** einlegen, der sich in Kaskaden über rote Sandsteinstufen ergießt. Die Berber dieser Gegend, die teils noch halbnomadisch lebenden Haouwara, unterhalten im Ort **Msoun** ㉖ **Getreidespeicher** und bauen aus Schilf und Lehm *noualas* (Hütten), die ansonsten in Marokko selten geworden sind.

Auf der Weiterfahrt tauchen im Süden die großen Gebirgszüge des Mittleren Atlas auf, mit dem 3190 m hohen Jebel Bou Iblane, und bald ist Taza erreicht.

Oben: Junge Landarbeiterinnen im Rifgebirge, unterwegs zum Ernteeinsatz.

Taza

Die Provinzhauptstadt **Taza** ㉗ (rd. 140 000 Einwohner) liegt über einem schmalen Hochtal an der Nahtstelle zwischen Rif-Gebirge und Mittlerem Atlas, dem in der Geschichte oft heiß umkämpften **Taza-Korridor**. Dort unterhält die marokkanische Armee auch heute noch eine Garnison.

Im Jahr 1135 machte der Almohadensultan Abd el Moumen die Stadt Taza – noch vor Marrakesch – vorübergehend zu seiner Residenzstadt und ließ eine drei Kilometer lange Mauer anlegen, die heute noch teilweise die hochgelegene **Medina** (Taza Haut) umgibt. Das **Bab er Rih** (Tor des Windes) stammt aus jener großen maurischen Epoche. Eine merinidische Koranhochschule von 1325, die **Medersa** am Mechouar, beherbergt das **Volkskunst-Museum**. Eine schöne Aussicht auf die nicht einmal einen Kilometer entfernte Neustadt von Taza bietet das *Café du Pacha* am **Bab Jemaa**.

★Nationalpark Jebel Tazzeka

Von Taza kann man auf einer schmalen Teerstraße (anfangs R507) eine landschaftlich beeindruckende Rundfahrt durch das fast 2000 m hohe Kalkmassiv des Jebel Tazzeka machen, ein von Steineichen und Zedern bestandenes Sommerweidegebiet von Halbnomaden. Höhepunkte sind die **Wasserfälle des Ras el Oued**, der schön gelegene See **Dayet Chiker** und die Tropfstein-Labyrinthe der Karsthöhlen **Grottes du Chiker** und **Gouffre du Friouato**. Eine Stichstraße führt hoch zum aussichtsreichen Gipfel des ★**Jebel Tazzeka** ㉘ (1980 m).

Die Rundfahrt folgt den **Schluchten des Oued Zireg** bis zum Dorf Sidi Abdallah des Rhiata an der Nationalstraße. Von dort kann man zurück nach Taza oder weiter westwärts nach Fes fahren.

» Karte S. 62-63, Info S. 81

TANGER

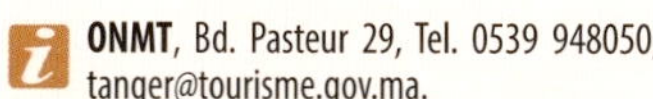

ONMT, Bd. Pasteur 29, Tel. 0539 948050, tanger@tourisme.gov.ma.

MAROKKANISCH: **El Korsan**, vornehm; das renommierte **El Erz** direkt daneben bietet internationale Küche, beide im Hotel El Minzah, Rue de la Liberté 85.
Hamadi, leckeres Zitronenhuhn-Tajine, Andalusi-Musik, Rue de la Kasabah 2.
FRANZÖSISCH: **La Grenouille**, Rue el Jahba el Outania 13. **Guitta's**, Rue de Belgique.
CAFÉS: **Le Petit Prince**, bestes Eis, leckeres Gebäck, frische Säfte, Bd. Pasteur 36.
Cafe Central, immer noch „das" Café am Petit Socco. **1001 Nuit**, Musik- und Szenecafé mit Kunstausstellungen im Kasbah-Quartier.
Gran Café de Paris, das einstige Literatencafé (seit 1927) glänzt immer noch (Drehort von *Bourne Ultimatum*), Place de France.
Patisserie La Espanola, feinstes Gebäck, Ambiente im Epoche-Stil, Rue Liberté 97.
La Giralda, junger Treffpunkt mit Blick auf die Terrasse des Paresseux, Blvd. Pasteur.

Kasbah-Museum Mi-Mo 9-16.30 Uhr.

AUSGEHEN: **Loft**, Mega-Club mit viel Zuspruch ab 24 Uhr, Rte. de Boubana. **Morocco Palace**, marokkanisches Flair, ab 23 Uhr, Av. M. Abdallah 11.
Pasarella Beach Club, Bars, Pool, eher westlich orientiert, Av. d. F.A.R.
Jazzfestival im Sept.: www.tanjazz.com.

BÜCHER: **Librairie des Colonnes,** Bd. Pasteur 54.
KUNSTHANDWERK/SCHMUCK: **Boutique Volubilis**, Petit Socco.

BUS: **Gare Routière**, Av. Ludwig-van-Beethoven, Tel. 0539 932415, hier auch Sammeltaxen, Busse in die Region; Place de la Ligne, Tel. 0539 946682, Fernbusse.
BAHN: **Gare ONCF**, Place de la Marche Verte, Tel. 0539 922555 (nach Rabat, Casa, Meknes, Fes, Oujda), www.oncf.ma.
FÄHREN: Die meisten Fähren legen heute nicht mehr direkt in Tanger, sondern 45 km weiter östlich im neuen Großhafen **Tanger-Med** an**.**
FLUG: **Royal Air Maroc**, Pl. de France 1, Tel. 0539 935501. **Airport**: 15 km östl., Tel. 0539 935720.

KRANKENHAUS: **Hôpital Al Kortobi**, Rue Al Kortobi, Notruf 0539 934242.

RIF-REGION

Restinga-Smir (Strand)

Baalaback, Fisch und Couscous, Tel. 0539 666181. **El Pueblo**, Fisch, spanisches Ambiente, Tel. 0539 977194.

Chefchaouen

Tissemlal, nettes Lokal mit Innenhof u. Dachterrasse, Fremdenzimmer, in Altstadthaus, Rue Targhi 22, Tel. 0539 986153.
Chez Fouad, gute Lokalküche, preiswert, in der Altstadt beim Hotel Granada.

Tetouan

OMNT, av. Mohammed V., Tel. 0539 961915/16, tetouan@tourisme.gov.ma.

Palace Bouhlal, marokkan. Küche, Jamaa Kebir, neben d. Großen Moschee.
Le Restinga, marokkan., gut und preiswert, 21, Rue Mohammed V., nahe Touristenbüro.

Archäologisches Museum, Mi-Mo 9-16.30 Uhr.

Oujda

OMNT, in dem kleinen **Museum Lal Meriem**.

Restaurant National, gute regionale Küche, Bd. Ben Abdellah 17.

Al Hoceima

OMNT, Rue Tarik Ibn Zyad, Tel. 0539 981185, elhoucima@tourisme.gov.ma.

Club Nautique, Fischlokal mit Flair, am Hafen, Tel. 0539 981461.
La Belle Vue, Panoramablick auf die Bucht, marokkan. u. internat. Küche, Av. Moh. V, Tel. 0539 983254.

Berthold Schwarz

Das Heiligengrab von Sidi Abderrahman liegt auf einem Felsen im Atlantik, direkt vor dem Strand von Casablanca

Foto: Berthold Schwarz

ATLANTIKKÜSTE
Die Westgrenze des Islams

NÖRDLICHE ATLANTIKKÜSTE VON TANGER BIS RABAT

Eine kurvenreiche Straße führt von **Tanger** durch die Villenviertel **Marshan** und **Montagne** nach Westen zum ★**Cap Spartel**, dessen Leuchtturm die Nordwest-Spitze des afrikanischen Kontinents markiert. In der Ferne sieht man die spanische Küste. Südlich des Kaps liegen in einem fossilen Kliff die sagenhaften ★**Herkulesgrotten** ❶. Aus den Felswänden dieser Höhlen brachen die Römer Mahlsteine für ihre Getreidemühlen. In der Nähe lockt das Panoramarestaurant **Le Mirage**.

Weiter südwärts passiert man die schlichte römische Ausgrabung **Cotta** und lange **Atlantikstrände**, die im Sommer marokkanische Großfamilien bevölkern.

★Asilah

Das gepflegte Fischerhafenstädtchen ★**Asilah** ❷, umgeben von schönen **Sandstränden** (wie dem 5 km südlich bei **Tindafel**), hat eine bewegte Geschichte. Bereits Phönizier und Römer schätzten den Naturhafen. An die Portugiesen, die es 1471 bis 1578 besetzten, erinnert die **Stadtmauer**: Über dem Tor **Bab el Jebel** erkennt man noch das Wappen des Portugiesen-Königs Alphons V.

1906 schlug der Bandenführer Ahmed el Raisuli sein Hauptquartier in Asilah auf, ernannte sich zum Pascha und entführte den *Times*-Korrespondenten Walter Harris, was ihm 14 000 Pfund Lösegeld einbrachte. Während des Protektorats kollaborierte Raisuli dann zwar mit den Spaniern, erhielt aber zugleich geheime Unterstützung vom deutschen Kaiser, der ihn zum Sultan machen wollte. 1924 nahmen ihn schließlich die berberischen Freiheitskämpfer des Rif-Aufstandsführers Abd el Krim gefangen. Im **Palais Raisuli**, dem feudalen Wohnsitz des Paschas, finden alljährlich im August vielbeachtete Jazz-, Klassik- und Folklorekonzerte statt. Der neue **Jachthafen** zieht im Sommer viele Segler an. An den Häusern der ★**Medina** weisen bunte Wandmalereien darauf hin, dass auch zahlreiche marokkanische **Künstler**, die das besondere Flair der Stadt zu schätzen wissen, Asilah als Domizil gewählt haben.

Südlich von Asilah führt von Souk Tnine de Sidi al Yamani eine Piste zum **Cromlech von Msoura** ❸, einem prähistorischen, um einen Grabhügel von 55 m Durchmesser herum errichteten Steinkreis mit 167 **Menhiren**; der größte ist 5 m hoch.

Links: Ein Gnaoua-Tänzer empfängt Besucher der Chellah-Nekropole in Rabat mit einer kurzen Vorführung seiner Kunst.

» Karte S. 87, Info S. 101

★Lixus

Kurz vor Larache erreicht man am Ufer des **Oued Loukos** die sehr schön gelegenen, nur wenig besuchten Ruinen des antiken ★**Lixus** ❹. Die einstige Hafenstadt, von den Phöniziern schon im 7. Jh. v. Chr. gegründet, gliederten die Römer 42 n. Chr. in ihre neue Provinz Mauretania Tingitana ein. Zur Römerzeit befand sich der Hafen mit Fischkonservenfabriken an der unteren Stadtmauer. Im Osten der Unterstadt sieht man die einzigen Überreste eines römischen **Theaters** in Marokko sowie die **Thermen** mit einem ★**Neptunmosaik**. Die **Oberstadt** (Akropolis) ist durch eine Mauer abgegrenzt und beherbergt die Basilika und das Tempelviertel.

★Larache

★**Larache** ❺ (arab.: *El Araish*) liegt erhöht am Südufer der **Loukos-Mündung**. Spanier befestigten 1618 den **Hafen**, bauten einen Mauerwall und die (gut erhaltene) **Storchenburg**. Als sie 1689 wieder abzogen, wurde Larache zum Piratennest. Die geschädigten Seefahrtsnationen – Frankreich, Österreich und Spanien – rächten sich für das Kapern ihrer Schiffe und Versklavung der Besatzungen, indem sie 1829 und 1860 die Burg vom Meer aus beschossen.

In der Protektoratszeit, von 1912 bis 1956, modifizierten die spanischen Besatzer das Stadtbild; die *Plaza de España*, heute ★**Place de la Libération** genannt, verbindet die muslimische Altstadt mit der Spanier-Neustadt des frühen 20. Jahrhunderts. Um diesen gärtnerisch verzierten Platz gruppieren sich Straßencafés und Restaurants.

Durch das Tor **Bab el Khemis** kommt man in die besuchenswerte **Medina** und zum ★**Socco de la Alcaiceria**, dem ehemaligen Seidenmarkt, einem originellen kleinen Marktplatz.

Lang und breit ist der ★**Sandstrand** auf der Nordseite, den u. a. ein Golfhotel flankiert.

★Moulay Bousselham

Auf der A1 gelangt man rasch nach ★**Moulay Bousselham** ❻. Das Dorf mit dem über tausend Jahre alten Grabmal des Lokalheiligen Moulay Bou Selham liegt romantisch an der vogelreichen **Lagune Merja Zerga** (Naturschutzgebiet). Der herrliche ★**Sandstrand**, Bootstouren zur ★**Vogelbeobachtung**, Lokale, Hotels, Campingplatz und Surfwellen laden zu einem Aufenthalt ein.

Ksar el Kebir ❼ ist das Marktzentrum des fruchtbaren Loukos-Tals. Hier fand 1578 die für Portugal fatale *Dreikönigsschlacht* statt, die den Kreuzzug des jungen portugiesischen Königs Sebastiao scheitern ließ; 25 000 Soldaten und drei Herrscher (ein katholischer und zwei muslimische) starben dabei. Sebastiao ertrank auf der Flucht im Loukos. Sein Tod hinterließ ein Machtvakuum in Portugal, das dann von Spanien annektiert wurde. Die Stadt, die im 12. Jh. als Handelsort bedeutender als Fes war, besitzt eine sehenswerte **Medina** mit alten **Fondouks** (Karawansereien).

Weiter in südlicher Richtung, führt die Nationalstraße 1 durch den lebhaften Marktort **Souk el Arba** ❽, der heute das Handelszentrum des **Gharb**, Marokkos ertragreichster Agrarlandschaft am **Oued Sebou**, bildet.

Kenitra (448 000 Einw.) wurde 1913 von den Franzosen gegründet, die dort einen Hafen anlegten, neben dem sich Holzverarbeitungs- und Nahrungsmittel-Industrie angesiedelt hat.

Ein Abstecher führt in den kleinen Ort **Mehdia** an der **Sebou-Mündung**, der eine **Kasbah** aus dem 17. Jh. mit monumentalem Tor besitzt; direkt am Atlantik liegt der bei Marokkanern beliebte Badeort **Mehdia-Plage** ❾ mit seinem schönen Sandstrand.

20 km nördlich von Rabat, am Abzweig zum ★**Plage des Nations**, lohnt das große ★**Musée Belghazi** ❿ wegen seiner reichen Sammlung von islamischer Kunst, Trachten, Möbeln und Schmuck einen Besuch.

» Karte S. 87, Info S. 101

TANGER
★Cap Spartel
★Grottes d'Hercule
Cotta
★Asilah
Tindafel
Cromlech de Msoura
Souk-el-Had-el-Gharbia
Souk-el-Arba-Ayacha
★Lixus
★LARACHE (EL-ARAISH)
Tleta-Rissana
O. Makhazen
O. Loukos
Ksar-el-Kebir
Barga
★Moulay-Bou-Selham
Lagune Merja Zerga
Reserve Nat. Merja Zerga
Arbaoua
Basra
Lalla-Rhano
Souk-el-Arba
Souk-Tleta-du-Rhab
Mechra-Bel-Ksiri
Banasa
Allal-Tazi
Dar-Gueddari
O. Sebou
Sidi-Yahya-de-Rharb
SIDI-SLIMANE
Mehdia-Plage
KÉNITRA
Dar-Bel-Amri
Sidi-Kacem
FORÊT DE LA MAMORA
★Plage des Nations
★SALÉ
★Musée Belghazi
★★RABAT
O. Beth
El-Kansera
Aïn-el-Jemâa
Bir-Chaffi
Barrage d'El-Kansera
Sidi-Allal-Bahraoui
Témara Plage
TÉMARA
Bou Regreg
Tiflèt
Skhirat Plage
Skhirat
Aïn-el-Orma
Tamesma
Aïn-el-Âouda
Khemissèt
★CASA-BLANCA (DAR-EL-BEIDA)
MOHAMMEDIA
Bouznika
PAYS ZAËR
Had-Brachoua
Mâaziz
Sebt-des-Aït-Ikkou
Ben-Slimane
AÏN-SEBAÂ
Jebel Mouchchene 1086
Ouljet-es-Soltane
O. Grou
Sidi-Hajjaj
Sidi-Bettache
Rommani
El-Harcha
Souk-Tleta-des-Ziaïda
Bouskoura
Mediouna
Oulmès
Had-Rhoualem
ZAÏANE
Aéroport Casablanca Mohammed V.
Souk-Jemaâ-des-Mellila
Col-de-Khaloua (845)
Berrechid
El-Gara
Ez-Zhiliga
El-Khatouat
Riah
OCEAN ATLANTIQUE
NÖRDLICHE ATLANTIKKÜSTE
1 - 13
0 25 50 km
© Nelles Verlag GmbH, München

★Salé

Die Stadt ★**Salé** ⓫ am Nordufer der Bou Regreg-Mündung ist – im Gegensatz zu ihrer moderneren Schwesterstadt Rabat am anderen Flussufer – eine in tausend Jahren gewachsene Händlerstadt. Ihre weitläufige, gut erhaltene Altstadt umgibt eine aus dem 13. Jahrhundert stammende **Merinidenmauer** mit acht imposanten **Stadttoren**.

Basarflair liegt über den engen Gassen der **Medina**, die man durch die Öffnung des früheren Bab el Khebbaz betritt. Die **Rue Bab el Khebbaz** führt zur *kissaria*, dem Tuch- und Stoffmarkt, und weiter zum lebhaften **Souk el Kebir**, auf dem im 17. Jh. Piraten ihre berüchtigten Sklavenmärkte abhielten. Heutzutage wird dort einheimisches Kunsthandwerk angeboten: Teppiche, Töpferwaren, Babuschen, Schmiede- und Tischlerarbeiten. Wenn man auf der Rue Bab el Khebbaz 100 m zurückgeht und nach Westen abbiegt, gelangt man zum **Souk el Ghezel**, dem Wollmarkt. Auf dem von Bäumen beschatteten Platz wird um Rohwolle gefeilscht, und nachmittags um 16 Uhr werden hier Textilien versteigert. Im benachbarten **Souk el Merzouk** kann man Goldschmieden, Korb- und Mattenflechtern bei der Arbeit zusehen.

Am reich verzierten Tor des **Fondouk Askour** vorbei, kommt man über die **Rue de la Grande Mosquée**, in der Kaftansticker ihre Werkstätten haben, zur maurischen Pforte der ★**Medersa Abu el Hassan**. Diese fast 700 Jahre alte Koranhochschule ist das architektonische Kleinod von Salé. Rund um den Innenhof der Medersa läuft eine Galerie mit runden Säulen, die vollständig mit bunten Fliesenmosaiken verkleidet sind. Kunstvoll mit Gipsstuck umrahmt ist die Mihrabnische im Betsaal, welcher von einer geschnitzten Zedernholzkuppel überdacht wird.

Rechts: „Baywatch" am Surferstrand von Rabat (im Hintergrund: die Schwesterstadt Salé).

★★RABAT

Als moderne Hauptstadt mit historischem Kern zählt ★★**Rabat** ⓬ zum UNESCO-Welterbe. Schon seit 1200 v. Chr. wussten phönizische Seefahrer die Bou Regreg-Mündung als natürlichen Hafen zu schätzen. Im 1. Jh. n. Chr. bauten die Römer den Hafen aus und gründeten die Stadt *Sala Colonia*, die aber nur bis ins 4. Jh. bewohnt war. Im 10. Jh. n. Chr. bauten auf dem steilen Oudaia-Felsen über dem Atlantik muslimische *zenata*-Berber einen *ribat* (Ordensburg), um die *kharedschiten,* aufständische, von der Sunna abtrünnige Sektierer in Schach zu halten. Im 12. Jh. wählten die in Marrakesch residierenden Almohaden Rabat zum Sammelplatz für ihre Truppen, die hier für die Spanienfeldzüge eingeschifft wurden. Große Pläne hatte der Almohadenführer Yacoub el Mansour (1184-99): Er taufte die Stadt *ribat el fath* (Ordensburg des Sieges) und erbaute die mächtige Oudaia-Kasbah, an der noch im 19. Jh. Belagerer scheiterten. El Mansour zog von hier nach *el andalus* (Spanien) und schlug 1195 das Heer des kastilischen Christenkönigs Alfons VIII. Mit der reichen Beute aus diesem Feldzug wollte er Rabat zur Hauptstadt ausbauen; seine Hassan-Moschee sollte die zweitgrößte der Welt werden. Der frühe Tod des Herrschers 1199 verhinderte aber ihre Fertigstellung. Die gut erhaltene, mehr als 5 km lange Almohaden-Mauer zeugt von der Großzügigkeit des Stadtentwurfs.

Die frommen Sultane der *beni merin*-Dynastie (Meriniden) errichteten im 13. Jh. außerhalb dieser Mauer, neben den römischen Ruinen von Sala Colonia, die Chellah: eine *zawiya* (Sitz einer Muslim-Bruderschaft) mit Koranhochschule und Grabmoschee. Später verfiel die Stadt; der maurische Reisende El Wassan (1520 von Papst Leo X. „Leo Africanus" getauft) besuchte um 1515 Rabat und zählte nur noch 100 bewohnte Häuser.

Die katholischen Glaubenseiferer in Spanien konnten nicht ahnen, wieviel

» Karte S. 87, Stadtplan S. 91, Info S. 101

Foto: Berthold Schwarz

Ärger sie sich dadurch einhandelten, dass sie 1609 die letzten Muslime und Juden von der iberischen Halbinsel vertrieben: Flüchtlinge aus der estremadurischen Stadt Horgachos ließen sich in der Almohaden-Kasbah von Rabat nieder. Bald darauf gingen auch andalusische Exilanten an Land, die die entvölkerte einstige Almohadenstadt in Beschlag nahmen und durch den Bau der Andalusiermauer die besiedelte Fläche auf ein Viertel des früheren *ribat el fath* reduzierten. Erst im 17. Jh. entstand so die spanisch geprägte Medina.

Die Flüchtlinge verdienten ihr Brot mit Seeräuberei, die sich zunächst in einer Art heiligem Krieg nur gegen spanische und portugiesische Schiffe richtete. Lösegeldzahlungen für christliche Gefangene sorgten für einen beachtlichen Wirtschaftsaufschwung. Im Jahr 1627 machten sich die Korsaren dann vom Sultan unabhängig und riefen die **Piratenrepublik Bou Regreg** aus. Dem 16-köpfigen Staatsrat stand ein jährlich neu gewählter *kaid* vor; 1638 wurde der holländische Freibeuter Jan Janssen Staatschef – ein Kuriosum der marokkanischen Geschichte. Daniel Defoe ließ seinen Romanhelden Robinson Crusoe als Kaperopfer hier zwei Jahre Haft verbringen. Professionell bildeten die Piraten ihren Nachwuchs aus: In der Oudaia-Kasbah entstand eine Kapitänsschule. Kaperschiffe aus Bou Regreg gefährdeten die christliche Seefahrt bis nach Neufundland. Strafexpeditionen der Europäer scheiterten, da der Piratenhafen an der versandeten Bou Regreg-Mündung nur für die wendigen, flachbodigen Schiffe der Freibeuter befahrbar war und die Kasbah vom Atlantik her nicht eingenommen werden konnte. Ab 1666 verdienten die Alaouiten-Sultane bei der Piraterie mit; Moulay Ismail verdammte gekaperte Europäer erst zum Mauerbau in seiner neuen Residenz Meknes und kassierte dann auch noch Lösegeld.

Nach Moulay Ismails Tod 1727 litt Rabat unter dem Streit unter seinen vielen Söhnen um die Thronfolge. Die Macht der Piraten schwand. An der Südecke des almohadischen Mauerrings ließ

» Stadtplan S. 91, Info S. 101

Foto: Markus Kothe (Fotolia)

Sultan Sidi Mohammed Ben Abdallah 1776 einen Palast anlegen, der den arabischen Alaouiten-Sultanen als sichere Etappe auf dem gefährlich gewordenen Weg von Marrakesch zur damaligen Residenzstadt Fes diente.

Die Bou-Regreg-Piraten erbeuteten ihr letztes Schiff 1829, einen österreichischen Frachter. Zur Vergeltung beschossen europäische Kriegsschiffe die marokkanischen Atlantikhäfen und machten so der Piraterie ein Ende.

Eine neue Stadt in alten Mauern

Erst die Franzosen leiteten 1912, nach der Unterzeichnung des Protektoratsvertrags, die Entwicklung Rabats zur modernen Großstadt mit heute 1,4 Mio. Einwohnern ein. General Lyautey bestimmte Rabat zur Hauptstadt, und der neu eingesetzte Sultan Moulay Youssouf folgte ihm von Fes hierher. Den beiden ungleichen Herrschern war die heilige Stadt Fes, umringt von kriegerischen Berberstämmen, zu unsicher geworden. Rabat bot Schutz, mildes Klima und sichere Verkehrswege. Der kleine Hafen wurde allerdings nicht nennenswert ausgebaut; der General bestimmte Casablanca zum Wirtschaftshafen. Der Planer Henri Prost löste elegant Lyauteys Auftrag von 1914, eine **Ville Nouvelle** zwischen Palast und Medina als Verwaltungsstadt anzulegen, und zwar überwiegend innerhalb der Almohadenmauern aus dem 12. Jh.

Die Hauptachse der Neustadt ist die Avenue Mohammed V. Sie beginnt als Altstadtgasse in der **Medina**. In der von Touristen wenig besuchten Altstadt findet man in der **Rue Souika** und in der ★**Rue des Consuls** (1) typische Souvenirs wie Babuschen, Teppiche oder Töpferwaren. In der Rue des Consuls residerten einst die europäischen Konsuln, die Lösegeldverhandlungen mit den Bou-Regreg-Piraten führen mussten. Nahebei, im Südosten der Altstadt, liegt das Ex-Judenviertel, die **Mellah**.

Die ★**Avenue Mohammed V** (2) wird, vorbei an der **Markthalle** der Altstadt, ab der **Andalusiermauer** zu einer modernen Geschäftsstraße der Ville Nouvelle, mit Boutiquen, Airline-Büros und Banken. An der neomaurischen **Hauptpost** erweitert sich die Avenue zu einem palmengesäumten Boulevard, flankiert vom modernen **Parlamentsgebäude**. Am **Bahnhof** vorbei führt sie zur Moschee **Jemaa es Sunna** (18. Jh.).

Nahe der Moschee zeigt das neue (3) **Musée Mohammed VI d'art moderne et contemporain** marokkanische Kunst der Gegenwart; ein Projekt, das der König ins Leben gerufen hat.

Östlich der Moschee kann man sich im ★**Archäologischen Museum** (4) **(Musée de l'histoire et des civilisations)** an der Rue al Brihi weiterbilden: Von Steinzeit-Schädeln und jungsteinzeitlichen Felsgravuren aus dem Atlas über punische Münzen und römische Bronzen aus Volubilis bis zu Keramik aus islamischer Zeit reicht die bestsortierte

Oben: Das Wahrzeichen von Rabat ist das unvollendete Minarett der Hassan-Moschee.

» Stadtplan S. 91, Info S. 101

4 Atlantikküste

Antikensammlung des Landes. Wertvolle Exponate sind u. a die Bronzebüste des romanisierten berberischen Königs Juba II., ein angriffslustiger Bronzehund, die Bronzebüste von Marcus Porcius Cato dem Jüngeren, die Bronzestatue eines Epheben (Jünglings) und die Ptolemäus-Marmorstatue.

Das Almohaden-Tor ★**Bab er Rouah** (5) stammt aus dem 12. Jh. Das „Tor der Winde" mit zwei vorgezogenen Basteien ist eher eine Torfestung: Vier hintereinander gestaffelte, über Eck versetzte Verteidigungszonen verhinderten das Durchbrechen von Angreifern. In den Räumen der Torwache finden Kunstausstellungen statt. Die Dachterrasse des Tors bietet einen Blick auf die Neustadt, den benachbarten Palast und die südwestlich anschließende **Universität**. Dort treffen die geistigen und politischen Strömungen von Orient und Okzident aufeinander. Während hier einerseits Frauenrechtlerinnen eine zeitgemäße Modifikation der Scharia fordern, was auch das Königshaus anstrebt, sind andererseits stranggläubige Studenten eher dem Jihad zu- und der Einehe abgeneigt. Religiös Orientierte ebenso wie Linke thematisieren jedoch die soziale Benachteiligung breiter Schichten.

Zentrum der Macht – der ★Königspalast

Geht man auf der Avenue Moulay Hassan etwas zurück, öffnet sich zur Rechten ein Tor zum **Palastbezirk**. Er beginnt mit einem breiten **Mechouar** (Paradeplatz), im Osten begrenzt von einem Hain afrikanischer Tulpenbäume, deren orangefarbene Blüten die Form von Tigerkrallen haben. Davor steht die **Moschee el Faeh**, die am Freitag vom königlichen Hofstaat zum Mittagsgebet aufgesucht wird. Wenn der König an der Prozession teilnimmt, reitet er hoch zu Ross zur Moschee und fährt in einer prunkvollen Kalesche zurück zum ★**Dar el Makhzen** (6) (Königspalast). Die weitläufige Anlage, erbaut im 18. Jh., erweitert im 19. und modernisiert im 20. Jh., beherbergt neben den königlichen Gemächern die Amtsräume des Premierministers, das *habous* (Religionsministerium), Gerichtsgebäude, die Gardekaserne und die Eliteschule *college imperial*, in der die Prinzen erzogen werden. Ungefähr 2000 Palastbeamte leben hier, zu deren orientalischer Tracht auch der rote *fez* gehört. Das **Tor** zum Machtzentrum Marokkos ist streng bewacht.

Vom Palasteingang nach Osten führt eine Straße, an der pentagonalen Kuppel des Verteidigungsministeriums vorbei, aus dem Palastbereich heraus zum Ministerienviertel. Auf der Av. Yacoub el Mansour nach Südwesten ist es nicht weit zum Almohaden-Tor **Bab Zaer** (7). Der Stamm der Zaer weigerte sich gerne, dem Sultan Steuern zu zahlen und überfiel gelegentlich dessen Städte – Rabat liegt nur 60 km vom bergigen Stammesgebiet der Zaer entfernt.

★★Chellah – die Totenstadt der Meriniden

Die merinidischen Wüstensöhne, die 1248 die geschwächten Almohaden aus Fes vertrieben und bis 1269 den ganzen Maghreb eroberten, mauserten sich unter dem Einfluss höfischen Wohllebens von rauen Nomaden zu kultivierten Städtern. Das bezeugt das reich ornamentierte ★**Tor** der merinidischen Totenstadt ★★**Chellah** (8) (s. Bild S. 84) die ursprünglich als *zawiya* angelegt war. Vor dieser Kulisse zeigen trommelnde Gnaoua-Tänzer ihre Trancetänze – und freuen sich über ein Trinkgeld. Die ummauerte Nekropole aus dem 14. Jh. enthält auch die Ruinen der Römerstadt Sala Colonia, nur 500 m entfernt vom Bab Zaer der Almohadenmauer.

Je vier Zinnen, getragen von Stalaktiten-Konsolen, krönen die beiden Basteien des Hufeisenbogentors der Chellah. Die massige Ziegelmauer wird durch

Rechts: Das Mausoleum für Mohammed V. von 1971, erbaut auf dem Terrain der Hassanmoschee.

Foto: Berthold Schwarz

ornamentale Kunstgriffe – eine Spezialität maurischer Baumeister – erleichtert: Die Zwickel der Bogenfüllungen sind mit Arabesken ausgefüllt; zwei Halbsäulchen im oberen Bereich, die keine echte Stützfunktion haben, nehmen dem breiten Mauerwerk die Schwere.

Die hohen Mauern schirmen heute eine **Gartenidylle** von der Großstadthektik ab. Unter den blühenden Stauden, die den zu den Gräbern führenden Weg säumen, fallen die weißen trompetenähnlichen Blüten des Stechapfels (*datura*) auf. Unterwegs kann man einen Blick auf das **Ausgrabungsgelände** des römischen **Sala Colonia** werfen. Die antike Stadt war der am weitesten vorgeschobene Außenposten im Südwesten des römischen Reichs und besaß einen gut ausgebauten Flusshafen. Ein eigens errichteter *limes*, nur wenige Kilometer weiter südlich, sollte die Bürger vor Überfällen der *mauri* und *numidi* schützen. Weiter bergab gelangt man zu einem Olivenhain mit zahlreichen **Heiligengräbern**, die der Volksislam in magische Verbindung mit der benachbarten **Quelle der Heiligen Aale** bringt. Um ihrem Wunsch nach Kindersegen Nachdruck zu verleihen, opfern Frauen den Aalen gekochte Eier, die ein leibhaftiger *marabout* verkauft. An dieser Stelle soll zur Römerzeit eine Therme und später ein muslimisches *hammam* (Badehaus) gestanden haben.

Die hohen Stampflehmmauern nordöstlich der Quelle bergen die Ruine der **Grabmoschee der Meriniden**. Nur eine schlichte Marmorleiste, bedeckt mit Arabesken und Koransuren, markiert das **Grab** des „Schwarzen Sultans" **Abu el Hassan**, dessen zwanzigjährige Regierungszeit sein Sohn Abu Inan 1351 gewaltsam beendete. Daneben ruht die Lieblingsfrau des Sultans, die zum Islam übergetretene Engländerin *chems ed duna* (Morgenröte). Die Merinidensultane – v. a. der ebenfalls hier begrabene **Abu Inan** – förderten die sunnitische Lehre in Marokko und bauten dazu im ganzen Land Koranhochschulen. Solch eine (verfallene) **Medersa** liegt neben der Grabmoschee. Die einstigen Wohnzellen der *tolba* (Studenten) gruppie-

» Stadtplan S. 91, Info S. 101

Foto: Berthold Schwarz

ren sich um einen gefliesten Innenhof, dessen Mitte ein Becken für die rituelle Reinigung bildete. Das mit Fliesenmosaiken verkleidete ★**Minarett** nutzen **Störche** zum Nisten.

★Hassan-Turm und ★★Mausoleum von Mohammed V.

Auf dem Weg von der Chellah zum Hassanturm, im Südosten der Neustadt, liegt das **Botschaftsviertel**. Aus der Protektoratszeit stammend, nimmt die frühere Residenz des General Lyautey, die heutige **Französische Botschaft** in einem Park zwischen der Avenue Mohammed V. und der Avenue Roosevelt den größten Raum ein. Die beiden historischen Persönlichkeiten nahmen die Franzosen keineswegs nur auf dem Stadtplan in die Zange: Der Präsident der USA sicherte berits 1944 dem Sultan die amerikanische Unterstützung für die marokkanische Unabhängigkeitsbewegung zu – die Alliierten brauchten die Hilfe des Sultans.

Oben: Koranleser am prunkvollen Grab von Mohammed V. Rechts: Typisch für die Oudaia-Kasbah sind andalusisch weiß-blaue Fassaden.

Die Avenue de Fes führt zur unvollendeten **Hassan-Moschee**. Sie hätte, 1191 begonnen, die Krönung von Yacoub el Mansours Residenzstadt werden sollen: die mit 25 500 m² überbauter Fläche für 40 000 Gläubige größte Moschee des Maghreb. Wegen Yacoubs Tod 1199 blieb sie aber unfertig. Der 19-schiffige Grundriss umfasst ein Rechteck von 183 m Länge und 139 m Breite. 16 Eingangstore waren vorgesehen. Ein kleiner Teil der 312 Säulen und 112 Pfeiler des Gebetssaales wurde wiederhergestellt, ebenso der *mihrab* (Gebetsnische) in der *kibla* (Gebetsmauer). Der ★**Hassan-Turm** (9), das Wahrzeichen von Rabat, sollte 87 m hoch werden – bei einer Minaretthöhe von 44 m jedoch legten die Maurer die Kelle für immer aus der Hand. Vorbild war das Koutoubia-Minarett in Marrakesch.

Berittene **Gardesoldaten** bewachen das prunkvolle ★★**Mausoleum von Mohammed V.** (10) (und Hassan II.), das

 » Stadtplan S. 91, Info S. 101

an der Südseite der Moschee-Ruine liegt. Vom vietnamesischen Architekten Vo Toan geplant, wurde der Grabbau mit Carrara-Marmor, Blattgold und mit Onyx verziert. In der marmornen Außenfassade des Pavillons wiederholt sich das Flechtwerkornament des gegenüberliegenden Almohadenminaretts. Die Gebeine des 1961 verstorbenen Sultans wurden 1971, nach Fertigstellung des Baus, in einem Sarkophag aus weißem Onyx hierher überführt; seinen Sohn Hassan II. hat man 1999 hier bestattet. Das in der Farbe des Propheten grün gehaltene Pyramidendach unterstreicht die arabisch-scherifische Abstammung der Alaouiten-Herrscher.

★Oudaia-Kasbah – das Piratennest

Über die Place Sidi Maklouf kommt man, vorbei an der Andalusier-Mauer der Medina, zum Fluss, dessen Ufer neu gestaltet wurden. Weiter auf der Avenue Al Marsa erblickt man bald die mächtigen Mauern der ★**Oudaia-Kasbah** (11) (siehe S. 89). Die Festung aus der Almohadenzeit (12. Jh.) erhielt ihren heutigen Namen im 17. Jh., nach den arabischen *Oudaia*-Söldnern, die Moulay Ismail dort ansiedelte. Von der Place Souk el Ghezel (früher Wollmarkt) gelangt man zum **Schmuck-Nationalmuseum** (Musée National des Bijoux) im unteren Bereich der Kasbah, in einem **Wesirspalast** des 17. Jh. Ausgestellt ist u. a. arabischer und berberischer Brautschmuck. Nebenan lädt der **Andalusische Garten** zum Lustwandeln ein.

Den Eingang zur Kasbah bildet das monumentale ★**Oudaia-Tor** aus dem 12. Jh. Dahinter kann man auf der **Rue Jemaa** einen Streifzug durch die malerisch weiß und blau getünchte einstige **Piratenstadt** unternehmen. An der El Atiq-Moschee (12. Jh.) vorbei gelangt man zu einem Platz am Nordende der Festung, 60 m über dem Meer; der ★**Panoramablick** umfasst den Strand, die Flussmündung und die Schwesterstadt **Salé**. Auf der **Rue Bazzo** abwärts

Foto: Berthold Schwarz

kommt man zum **Maurischen Café**, wo man bei Minztee und Gebäck die Aussicht auf den Bou Regreg genießt.

★Flusspromenade und Strände

Die neue ★**Flusspromenade** (12) östlich der Kasbah animiert zum Bummeln entlang dem Bou Regreg; **Fischrestaurants** und **Cafés** laden zum Verweilen ein. **Ruderboottaxis** setzen wie im Mittelalter zum Flussufer der Schwesterstadt Salé über, das einen Freizeitpark und eine Marina aufweist.

Beiderseits der **Bou Regreg-Mündung** existieren Sandstrände. Dort versuchen sich viele als **Surfer**, besonders am ★**Stadtstrand** (13) von Rabat, am Fuß der Kasbah, wo auch das gute Fischlokal **Borj Eddar** lockt. Dort gibt es Cafés und **Surfshops** mit Ausrüstungsverleih.

Beliebte Strandausflugsziele sind **Témara-Plage** (15 km südlich), **Skhirat** mit dem königlichen **Sommerpalast** (30 km südlich) und ★**Plage des Nations** (20 km nördlich).

» Stadtplan S. 91, Info S. 101

★CASABLANCA

Viele Städte Marokkos blicken auf eine lange Vergangenheit zurück – die Historie der dynamischen Wirtschaftsmetropole ★**Casablanca** ⓭ hingegen weist bis zum Jahr 1912 kaum Highlights auf. Altehrwürdige Königsstädte wie Rabat, Marrakesch, Fes und Meknes bewahren die Erinnerung an strenggläubige Dynastien; „Casa" aber verkörpert vor allem die Neuzeit, voll vom pulsierenden Leben einer modernen Großstadt und dabei reich an ★**Art-Déco-Bauten** der 1920er und 1930er Jahre, wie man sie noch am Boulevard Mohammed V., an der Avenue Hassan II. oder am Boulevard El Meskini sieht.

Die erste Siedlung auf dem Gebiet des heutigen Casablanca war die Berbersiedlung *Anfa*, im 8. Jh. von arabischen Historikern erwähnt. Der kleine Getreidehafen wurde im 14. Jh. zum Seeräubernest und deshalb 1468, 1515 und 1575 von den Portugiesen zerstört. Nach der letzten Eroberung legten diese hier die Hafenfestung *casa branca* an, die sie bis 1755 gegen Berber und Araber verteidigten. Erst gegen Ende des 18. Jh. gründete Sultan Mohammed ben Abdallah wieder eine muslimische Stadt, in der aber Europäer Faktoreien unterhielten und Wolle sowie Getreide exportierten. Die portugiesische Bezeichnung *casa branca* arabisierte man bald zu **Dar el Beida** (Weißes Haus); ins Spanische übersetzt wurde daraus *casa blanca*.

Als die Franzosen den für Dampfschiffe geeigneten Tiefwasserhafen von Casablanca 1912 zum Haupthafen des Landes machten, stieg die Einwohnerzahl rapide an: von 25 000 anno 1912 auf eine Million im Jahr 1960, und man schätzt heute, dass in der Stadt ungefähr 3,5 und in der verstädterten Region etwa 5 Millionen Menschen leben.

Rechts: Casas kleine Altstadt wird von den Hochhäusern der modernen Millionenstadt überragt.

★Stadtzentrum

Vom Flughafen zum Zentrum sind es 35 km. Die Besichtigung von Casa beginnt man am besten am **Hafen**. In der Nähe liegen internationale Hotels und der **Gare Casa Port** ① (Hafenbahnhof; völlig modernisiert im Jahr 2014 wiedereröffnet). Dort gibt es auch Parkplätze. Medina und Kolonialstadt besichtigt man besser zu Fuß. Für Fahrten ins Strandviertel Ain Diab nimmt man am besten eines der preiswerten Taxis.

Vom Hafen führt der palmengesäumte **Boulevard Félix Houphouet-Boigny** in die Stadtmitte. Die breite Geschäftsstraße bietet eine reiche Auswahl an marokkanischem Kunsthandwerk. Zur Rechten beginnt die kleine ★**Medina** ② mit ihren verwinkelten Gassen, Überresten der **Stadtmauer** (16. Jh.) und einer **Kissaria** (Schmuckmarkt). In der **Derb Omar** entströmt kleinen Lokalen der Duft von Bratfisch, *kefta* (Hackfleischbällchen) und *kebab* (Fleischspießchen). Im Ramadan gibt es *harira*-Suppe und *chebakia* (Honiggebäck). Frischer Minztee verführt zu einer Pause. Rotgewandete Wasserverkäufer mit quastenbesetzten, breiten Strohhüten, behängt mit Ziegenschläuchen, machen mit Glöckchen Durstige auf sich aufmerksam.

Der Boulevard Félix Houphouet-Boigny endet am Hauptverkehrsknoten, der **Place des Nations Unies** ③. Links zweigt die **Avenue des Forces de l'Armee Royale** ab, in der Luxushotels wie das traditionsreiche **Royal Mansour** (mit großem, elegantem Wintergarten), Sheraton und Farah konkurrieren. Straßencafés, Kinos, Banken und Reisebüros findet man rund um den „Platz der Vereinten Nationen", den die Spiegelfassade des **Hyatt Regency** dominiert. Von der Wand der Hotelbar *Casablanca* blickt Humphrey Bogart auf die Cocktailtrinker herab. „Authentischer" gestylt (der Film wurde ja in Hollywood gedreht) ist **Rick's Café**, ein beliebtes Altstadt-Restaurant

 » Karte S. 87, Stadtplan S. 98-99, Info S. 101

Foto: Thomas Stankiewicz

mit Piano-Bar – oft mit Live-Jazz – unter amerikanischer Leitung, am Nordrand der Medina (Bd. Sour Jedid 248).

Über die Avenue Hassan II. gelangt man zur besonders sonntags vielbesuchten ★**Place Mohammed V.** (4). Der große **Springbrunnen** in der Mitte wird abends farbenprächtig angestrahlt, begleitet vom Gurren der Tauben und Musik. Den repräsentativen Platz, auf dem heute **Wasserverkäufer** in Rifi-Tracht als Fotomotiv posieren, legte General Lyauteys Stadtplaner Henry Prost um 1920 als Verwaltungszentrum der Europäer-Neustadt an. Hier stehen die wichtigsten Amtsgebäude der Protektoratszeit, erbaut in einer Art neomaurischem Stil: die **Präfektur** mit ihrem Uhrturm, der **Justizpalast** mit seinen gewichtigen Säulenreihen, dazwischen in der Ecke das **Französische Konsulat** mit dem Reiterstandbild von Marschall **Lyautey** (bemerkenswert, dass man den einstigen Protektoratsherrn immer noch weiterreiten lässt), dazu die **Hauptpost**, das **Zollgebäude**, **Nationalbank** und **Stadttheater**.

Man muss nur den Boulevard Rachidi an der Südseite des Platzes überqueren, um in den ★**Parc de la Ligue Arabe** (5) (vormals Parc Lyautey) zu gelangen, den größten Park Casablancas. Am Rand ragt die Ex-Kirche **Sacré Cœur** auf (erbaut 1930 für die damals 40 000 Katholiken), die heute – ohne Kreuz – als Kulturzentrum dient. Der „Park der Arabischen Liga" ist beliebt bei Jung und Alt. Blumenbeete, Palmen und schattenspendende **Prichardiya-Bäume** verbreiten eine beschauliche Atmosphäre. Studenten finden hier Ruhe zum Studium ihrer Lehrbücher, die sie im Auf- und Abgehen lesen. Cafés, Eisdielen und Restaurants bieten Erfrischung; Kinder toben sich auf Spielplätzen aus.

Wenn man durch die elegante **Fußgängerzone** (6) der Stadt bummeln will, kehrt man zurück zum Justizpalast und folgt auf seiner Rückseite der **Rue du Prince Moulay Abdallah** nach Norden (ab dem Bd. de Paris autofrei). Modebewusste Marokkanerinnen shoppen hier in teuren Boutiquen.

» Stadtplan S. 98-99, Info S. 101

Die Hauptschlagader von „Casa“ ist der **Boulevard Mohammed V.**, der von der Place des Nations Unies nach Osten zum *gare des voyageurs* (Hauptbahnhof) führt. Auf beiden Seiten des belebten Boulevards gibt es Geschäfte, Restaurants, Eissalons, Cafés, Konditoreien und Kinos; Schuhputzer bieten lautstark ihre Dienste an. Die Hauptattraktion ist die Markthalle des ★**Marché Central** (7) an der Ecke Rue Chaouia (täglich bis 13 Uhr): Den Käufer erwarten Fleisch- und Wurstwaren (für Christen auch vom Schwein), Geflügel und Käse, Obst und Gemüse, Meeresfische und Schalentiere; appetitlich dargeboten von freundlichen Händlern. Auch unter den Arkaden an der Außenseite der Markthalle gibt es kleine Läden, Bistros und Patisserien. Das Angebot der **Blumenstände** ist farbenprächtig; der Blütenduft vermischt sich mit dem Aroma von Kaffeebohnen und Gewürzen.

Zudem hat jeder Stadtteil einen Markt; besuchenswert ist der kleine **Markt** (8) im Stadtviertel **Maarif**, wo zur Protektoratszeit Spanier und Italiener wohnten. Nahebei, am Boulevard Zerktouni, ragen die Zwillingstürme des 115 m hohen **Twin Center** auf. Die ★**Villa des Arts** von 1934 (Bd. Brahim Roudani 30), ein hübscher Art-déco-Bau, präsentiert zeitgenössische Kunst.

2,5 km südlich erinnert das **Musée du Judaïsme marocain** (9), im Stadtteil Oasis, mit Objekten aus marokkanischen Synagogen und volkskundlichen Exponaten daran, das Juden seit 2000 Jahren im Land präsent sind und deren Bevölkerungsanteil erst seit der Unabhängigkeit dramatisch geschrumpft ist.

Einen Abstecher lohnt auch die moderne katholische Kirche ★**Notre Dame de Lourdes** (10) (am Boulevard de la Résistance) wegen ihrer herrlichen blauen ★**Glasfenster** von Gabriel Loire (1956), dem damaligen Glasermeister von Chartres, die u. a. Maria mit Pilgern aus aller Welt zeigen. Den Vorplatz ziert die **Lourdes-Grotte**, in der Gläubige Kerzen anzünden.

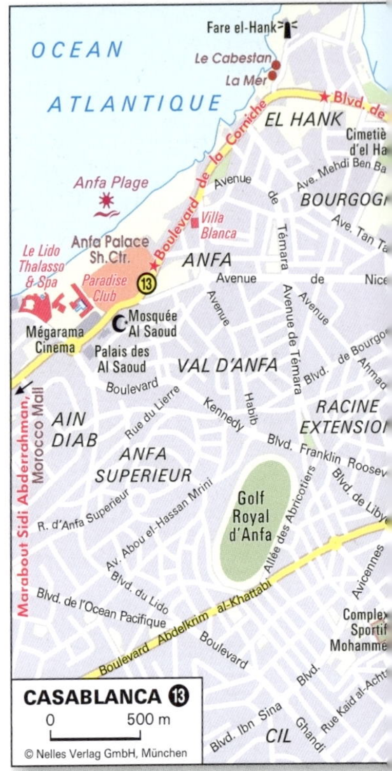

Nouvelle Medina (Habous)

Der stadtplanerische Versuch, marokkanische Vorstellungen von einem Geschäftsviertel mit europäischen zu verbinden, ist in der **Nouvelle Medina** (*habous*) gelungen. Dieser neomaurische Stadtteil im Südosten wurde 1923 angelegt, als die Medina von Casablanca zu klein geworden war, um die rasch wachsende marokkanische Bevölkerung aufzunehmen. Erklärtes Ziel französischer Stadtpolitik war ja, Europäer und Muslime in getrennten Vierteln unterzubringen, um Spannungen zu vermeiden. In den Gassen südlich der beiden Moscheen **Sidi Mohammed** und **Moulay Youssef** reihen sich unter

 » Stadtplan S. 98-99, Info S. 101

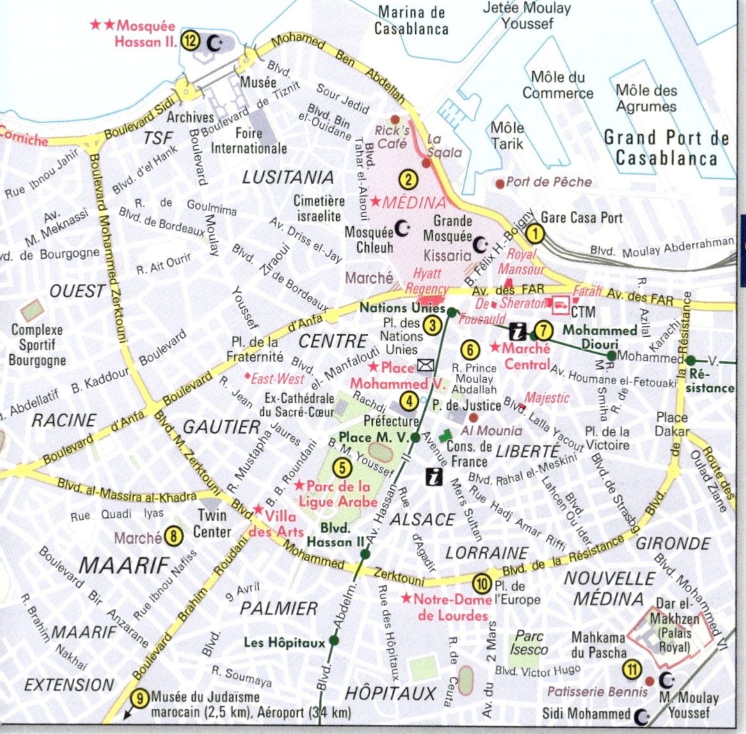

schattigen Arkaden kleine **Läden** aneinander, in denen Händler ihre Waren anpreisen: Jellabahs und Posamentenstickereien, Mineralien und Fossilien, kupferne Kannen und Teller, silberne Armreifen und Dolche, Kästchen und Schalen aus Thuja-Holz. Redegewandte Teppichhändler zeigen Neugierigen gerne ihre handgeknüpften Stücke. Hinter der Moschee Moulay Youssef kreuzen sich schachbrettartig die Gassen, die allein dem Handwerk vorbehalten sind: Schreiner und Schneider stellen hier die Waren her, die auf der anderen Seite der Moschee an überwiegend einheimische Kunden verkauft werden.

Eine Attraktion kulinarischer Art ist in der Rue Fkih el Gabbas / Av. 2 Mars Nr. 112 die **Patisserie Bennis**, deren *bastilla* (Blätterteigpastete mit Taubenfleisch) stadtbekannt ist; probieren sollte man auch die *cornes de gazelle* („Gazellenhörnchen" mit Marzipanfüllung).

Nördlich der Sidi Mohammed-Moschee wurde 1941 bis 1956 das sehenswerte Gerichtsgebäude **Mahkama du Pascha** (11), errichtet. Die Innenräume zeigen einen Querschnitt durch das traditionelle Kunsthandwerk: sie sind mit geschnitzten Zedernholzdecken, Gipsstuckaturen, bunten Fayence-Mosaiken und kunstvoll geschmiedeten Gittern reich verziert. Daneben liegt der 1912 für Sultan Moulay Youssef erbaute **Königspalast** in einem ummauerten Park; nur das **Tor** ist zu besichtigen.

» Stadtplan S. 98-99, Info S. 101

Foto: Berthold Schwarz

★★Moschee Hassan II. und ★Corniche

Wieder zurück am Hafen, sollte man einen Ausflug entlang der Corniche, der zur Freizeitmeile ausgebauten Küstenstraße, unternehmen. Man nimmt dazu am besten ein Taxi und fährt auf dem Boulevard des Almohades an den kanonenbestückten Mauern der Medina entlang nach Westen.

Ein Stück ins Meer hineingebaut ist die Hauptsehenswürdigkeit der Stadt: die 1993 eingeweihte ★★**Moschee Hassan II.** (12), deren 200 Meter hohes Minarett alles überragt und seinen Laserstrahl 30 km weit in Richtung Mekka schickt. Das Volk hatte seinem König das Gebetshaus zum 60. Geburtstag „geschenkt"; die Spenden – eine halbe Milliarde Euro – zogen Beamten im ganzen Land ein. Diese erdbebensichere Moschee plante der französische Architekt Michel Pinceau. Sie ist die drittgrößte der Welt (nach Mekka und Medina) und bietet in ihrem Inneren 25 000 Gläubigen Platz. Bei schönem Wetter öffnet sich das über 1000 Tonnen schwere Schiebedach (Führungen täglich ab 9 Uhr, außer Freitag).

Gegenüber der Moschee liegt der **Parc des Expositions** (Messegelände). Weiter westwärts kommt man an der **Moschee Ibn Saud** vorbei; nebenan prangt ein Palast des früheren saudischen Königs. Marokko hat bei Golf-Arabern das Image eines klimatisch angenehmen und sehr freizügigen Urlaubsziels mit einem interessanten Nachtleben.

Entlang der aufwändig neu gestalteten Atlantikpromenade ★**Corniche** (13) ist viel geboten: Cafés, Fischlokale, elegante **Beach Clubs** (z.B. **Tahiti** mit dem Restaurant Les Pilotes; Sables d'Or; Le Lido; Anfa Plage; Kon Tiki), Hotels, Diskos, das Großkino **Mégarama** und Nachtbars.

Landeinwärts vom **Leuchtturm** von **El Hank** beginnen oberhalb der Küstenstraße die Hügel des Villenviertels **Anfa**, die eine herrliche Aussicht auf die Küste und den Atlantik bieten. Anfa ist das teuerste Wohnviertel der Stadt, hier stehen traumhafte **Villen** mit üppigen Gärten und Pools, einen Golfplatz, Pferde- und Hunderennbahn. In der Nähe liegt der Sportkomplex Mohammed V. mit dem **Fußballstadion**, das 80 000 Zuschauern Platz bietet.

Fließend ist der Übergang zum vornehmen Wohnviertel **Ain Diab**. Dort beginnt der lange braune Sandstrand **Plage de Sidi Abderrahman**. Das Schwimmen ist hier wegen Strömungen und Felsen nicht ungefährlich. Gläubige pilgern auf einer Brücke hinüber zum Heiligengrab ★**Marabout Sidi Abderrahman** (Bild S. 82), das weißgekalkt auf einem Felsen im Meer thront.

Weiter südlich folgt die moderne **Morocco Mall** mit Aquarium, IMAX-Kino, Restaurants und Supermarkt – das bislang größte Einkaufszentrum im Maghreb.

Oben: Eine Gebetsstätte der Superlative – Casablancas Hassan-Moschee am Atlantik.

» Stadtplan S. 98-99, Info S. 101

Rabat

Délégation Régionale, Av. d'Alger 22, Tel. 0537 660663, rabat@tourisme.gov.ma.
Nationales Tourismusbüro, Rue Zalaga, Tel. 0537 674013.
Veranstaltungsmagazin (franz.) **Rabat de A à Z**.

INTERNATIONAL: **Le Bistrot de Pietri**, nettes Ambiente, gefragte Musikbar (oft Live-Konzerte), guter gegrillter Fisch, Rue Tobrouk 4, Tel. 0537 707820.
FISCH: **Borj Eddar**, beliebtes, gut besuchtes Fischlokal am Strand, direkt unterhalb der Kasbah, gutes Fisch-Tajine, u. a. Seezunge, Fisch-Brochettes, passende Weißweine, relativ moderate Preise, Tel. 0537 733148.
MAROKKANISCH: **Le Petit Beur**, klein und gut, Tajine u. Bastilla, Rue Damas 8, Tel. 0537 731322.
Dinarjat, gute Küche, stilvoller Patio, in der Medina, Rue Belgnaoui 6, Tel. 0537 704239.
Dar Rbatia, Traditionshaus in der Medina, Live-Andalusi-Musik, Rue Ferran Khechan.
Koutoubia, gute Tajines, Rue Pierre Parent 10, Tel. 0537 760125.
GARKÜCHEN: Nahe **Bab el Had** und **Bab el Bouiba** an der Südwest-Ecke der Medina kann man gut und preiswert essen.

Archäologisches Museum, Mi-Mo 10-18 Uhr.
Mausoleum Mohammed V., tgl. 9-18 Uhr.
Chellah, täglich 9-18 Uhr.
Schmuck-Nationalmuseum, in der Oudaia-Kasbah, Mittwoch-Montag 9-16.30 Uhr.
Forêt Urbaine Ibn Sina, herrlicher, schattiger Park beim *Hotel Sofitel Rabat Jardin des Roses*.

BAHN: **Rabat-Agdal**, Rue Abderralmane el Ghafik, **Rabat-Ville** (Zentrum), Av. Moh. V, Tel. 0537 701469. www.oncf.ma.
BUS: an der Ausfahrt nach Casablanca hinter dem Tor Bab el-Had.
FLUG: **Aéroport de Salé**, 10 km in Richtung Meknes, Tel. 0537 709710, Taxiverbindung. **Royal Air Maroc**, Av. Moh. V, Tel. 0537 709766, Fax 0537 708076.

Hôpital Ibnou-Sina, Souissi, Tel. 0537 672871.

Casablanca

Délégation Régionale, Rue Omar Slaoui 55, Tel. 0522 279533/11/77, casablanca@tourisme.gov.ma. **Nat. Tourismusbüro**, Bd. Moh. V, Tel. 0522 221524.

MAROKKANISCH: **Al Mounia**, beliebtes Gartenlokal, exzellente *pastilla*, Rue P. M. Abdallah 95, Tel. 0522 222669.
La Sqala, stilvoll, hervorragender Couscous, Gartenhof, 8-23 Uhr, an der Kanonenmauer, Bd. des Almohades, Tel. 0522 260960.
FRANZÖSISCH: **A ma Bretagne**, Gourmet-Spitzenlokal am Meer, Ain Diab, Bd. Sidi Abderrahman, Tel. 0522 362111/12.
INTERNATIONAL: **Rick's Café**, unter amerikanischer Leitung, Gerichte vom US-Steak bis zur marokkan. Seezunge, Ambiente erinnert an den Film Casablanca (der permanent im Nebenzimmer läuft), stilvoll restauriertes Altstadt-Patiohaus, mit Piano-Bar, am Nordrand der Medina, Bd. Sour Jedid 248, Tel. 0522 274207.
LIBANESISCH: **Le Beyrouth**, gute Vorspeisenplatte, Rue Karatchi 7, Tel. 0522 308798.
FISCH: **Port de Pêche**, renommiertes Fischlokal am Hafeneingang, Tel. 0522 318561.

Moschee Hassan II., Führung obligatorisch, in diversen Fremdsprachen, Sa-Do 9, 10, 11 und 14 Uhr. Für die Schuhe bekommt man eine Tüte zum Mittragen. **La Villa des Arts**, prächtige Villa im Art-Déco-Stil, Kunstausstellungen, Di-Sa 9-19 Uhr, Bvd. Brahim Roudani 30.
Museum für Hebräische Kunst, Mo-Fr 10-18 Uhr, Rue Chasseur Jules-Gros 81.

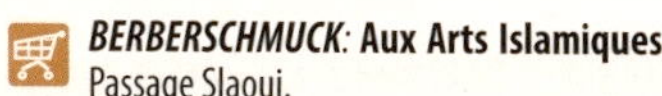
BERBERSCHMUCK: **Aux Arts Islamiques**, Passage Slaoui.

BAHN: **Gare Casa-Port**, am Hafen, Züge nach Fes, Tanger, Paris, Tel. 0522 271837. **Gare Casa-Voyageur**, Bd. Bou Hamad, Züge nach Marrakesch, Tel. 0522 243818. www.oncf.ma.
BUS: **CTM-LN Gare Routière** (Busbahnhof), Rue Leon l'Africain 23, n Marché Central, Tel. 0522 458800, Fernbusse und Flughafenbus.
FLUG: **Aéroport Mohammed V**, Tel. 0522 539040, 34 km v. Zentrum, Taxi ca. 300 Dh.

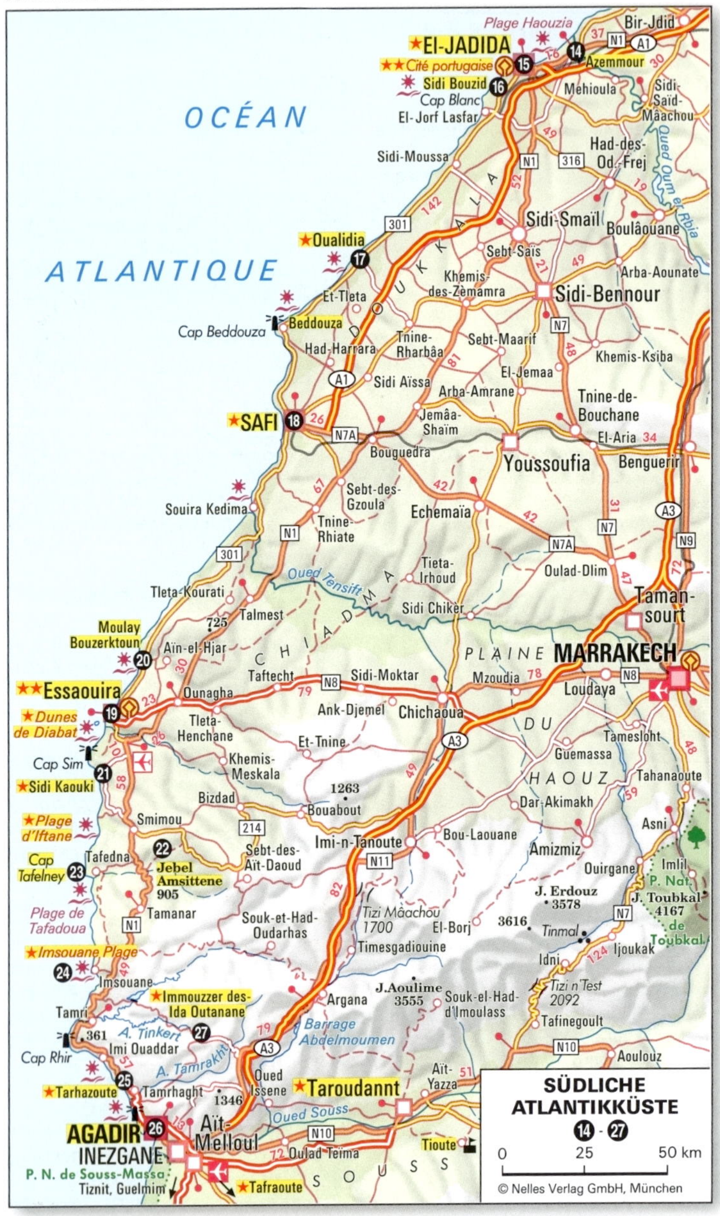
Plage Haouzia
Bir-Jdid
El-JADIDA
Cité portugaise
Azemmour
Sidi Bouzid
Mehioula
Sidi-Saïd-Mâachou
Cap Blanc
El-Jorf Lasfar
OCÉAN
Had-des-Od.-Frej
Sidi-Moussa
Oued Oum er Rbia
DOUKKALA
Sidi-Smaïl
Boulâouane
Oualidia
Sebt-Saïs
ATLANTIQUE
Arba-Aounate
Khemis-des-Zemamra
Sidi-Bennour
Et-Tleta
Cap Beddouza
Beddouza
Had-Harrara
Tnine-Rharbâa
Sebt-Maarif
Khemis-Ksiba
El-Jemaa
Sidi Aïssa
Arba-Amrane
Tnine-de-Bouchane
SAFI
Jemâa-Shaïm
El-Aria
Bouguedra
Youssoufia
Benguerir
Sebt-des-Gzoula
Souira Kedima
Echemaïa
Tnine-Rhiate
Tieta-Irhoud
Oued Tensift
Oulad-Dlim
Tleta-Kourati
Sidi Chiker
Taman-sourt
Talmest
Moulay Bouzerktoun
Aïn-el-Hjar
CHIADMA
PLAINE DU HAOUZ
MARRAKECH
Taftecht
Sidi-Moktar
Mzoudia
Loudaya
Essaouira
Ounagha
Ank-Djemel
Chichaoua
Dunes de Diabat
Tleta-Henchane
Et-Tnine
Tamesloht
Guemassa
Cap Sim
Khemis-Meskala
Sidi Kaouki
Tahanaoute
Bizdad
1263
Bouabout
Dar-Akimakh
Smimou
Plage d'Iftane
Asni
Imi-n-Tanoute
Bou-Laouane
Amizmiz
Cap Tafelney
Tafedna
Sebt-des-Aït-Daoud
Jebel Amsittene
905
Ouirgane
Imlil
P. Nat. de Toubkal
J. Erdouz 3578
J. Toubkal 4167
Plage de Tafadoua
Tamanar
Souk-et-Had-Oudarhas
Tizi Mâachou 1700
El-Borj
3616
Tinmal
Timesgadiouine
Ijoukak
Imsouane Plage
Idni
Imsouane
Immouzzer des Ida Outanane
J.Aoulime 3555
Souk-el-Had-d'Imoulass
Tizi n'Test 2092
Tamri
Argana
Tafinegoult
Cap Rhir
361
A. Tinkert
Barrage Abdelmoumen
Imi Ouaddar
Aoulouz
A. Tamrakht
Aït-Yazza
Tarhazoute
Tamrhaght
Oued Issene
Taroudannt
1346
Oued Souss
AGADIR
Aït-Melloul
INEZGANE
Oulad Teïma
Tioute
P. N. de Souss-Massa
Tiznit, Guelmim
Tafraoute
SOUSS
SÜDLICHE ATLANTIKKÜSTE
14 - 27
0 25 50 km
© Nelles Verlag GmbH, München

VON CASA NACH AGADIR

Azemmour

An der Mündung des **Oum er Rbia** in den Atlantik liegt die von einer Stadtmauer umgebene Kleinstadt **Azemmour** ⓮, deren gepflegte, weißgekalkte Häuser sich im Fluss spiegeln – ein malerischer Anblick, der sich bei der Anfahrt über die **Oum er Rbia-Brücke** bietet. Die Bewohner leben vom Fischfang und den Agrarprodukten des fruchtbaren Oum er Rbia-Tals – Gemüse, Getreide und Zitrusfrüchte – und halten dienstags und freitags ihren Markt ab. Azemmour gehörte mit den Hafenstädten El Jadida, Safi, Essaouira und Agadir zu den gut befestigten Stützpunkten der Portugiesen, die hier ihre Schiffe mit Tauschwaren – Gold und Stoffen – für den Sklavenhandel an der schwarzafrikanischen Elfenbeinküste beluden.

Azemmour hat eine gut erhaltene **Medina**, die man über die **Rue Allal ben Abdallah,** die **Place du Souk** und das Tor **Bab el Souk** (Markttor) erreicht. Hinter dem Tor liegt die **Kissaria** (Stoffmarkt). Wendet man sich hier nach Norden, kommt man zur Ruine des **Dar el Baroud**, dem Pulverhaus der 1514 von Portugiesen erbauten Kasbah. Dieser älteste Stadtteil wurde nach der Rückeroberung 1541 durch die Saadier zur **Mellah** (Judenviertel) bestimmt. Die **Portugiesenmauer** mit ihren Bastionen und Kanonen kann man über eine Treppe am Nordostende erklimmen.

Von der Place du Souk zweigt nach Norden eine Straße ab, die an der Kasbah-Mauer entlang zum **Marabout Sidi Ouadoud** (1,5 km) führt. Von dort bietet sich ein schöner Blick auf die Oum er Rbia-Mündung. Zurück an der Place du Souk, gelangt man in nordwestlicher Richtung zum feinsandigen Atlantikstrand von **Haouzia** (2 km), wo es auch Fischlokale gibt.

Foto: Pierre Charrire (Fotolia)

Rechts: Azemmour war von 1514 bis 1541 portugiesisch – dia alte Stadtmauer erinnert daran.

★El Jadida / ★★Cité Portugaise

★El Jadida ⓯ liegt am Atlantik und ist bekannt für preiswerte, gute **Fischrestaurants**, die sich z. B. entlang der Avenue de Suez nahe der Mazagan-Zitadelle aneinander reihen.

1502 bauten Portugiesen an der Stelle des phönizischen Rusibis einen Stützpunkt, den sie 1506 zu einer Festungsstadt erweiterten und fortan *Mazagão* nannten (franz.: *Mazagan*). Mazagão konnte sich 1541 gegen die Angriffe der Berber und des Saadier-Heers verteidigen, denen alle übrigen portugiesischen Atlantikstützpunkte zum Opfer fielen. Erst 1769 musste Lissabon unter dem Ansturm des Alaouiten-Heers die Festung aufgeben. Die Portugiesen sprengten beim Abzug Teile ihrer Festungsstadt, die die Muslime bis 1822 mieden – bis sie als *El Jadida* („die Neue“) wiederbevölkert wurde.

Die **★★Cité Portugaise** (heute UNESCO-Welterbe) wurde daher den Juden der Nachbarstadt Azemmour als Wohnviertel aufgezwungen. Über die

» Karte S. 102, Info S. 113

Foto: zanskar (iStockphoto)

Rue Mohammed el Hachmi Bahbah (früher: Rua da Carreira) betritt man die frühere Portugiesenstadt.

Einen Überblick über die mittelalterliche Festung verschafft man sich bei einer Rundwanderung auf dem Wehrgang der imposanten ★**Stadtmauer**. Der **Mauerspaziergang** beginnt an der Treppe, die von der **Rue Mina** (rechts hinter dem Stadttor) abgeht und zur **Heiliggeist-Bastion** führt. Nach Kreuzritterart wurden den vorspringenden Eck-Bollwerken fromme Namen zugeordnet. Von oben kann man erkennen, dass das Erstürmen der Mauern durch vorgelagerte, heute trockengefallene Wassergräben erschwert wurde. Über die **Engels-Bastion**, die eine gute Aussicht auf den Fischerhafen und die Altstadt bietet, kommt man zur **Porta do Mar**, dem früheren Meerestor der Portugiesen. Von hier aus lässt sich der Rundgang auf der Mauer zu den Bastionen **St. Sebastian** und **St. Anton** fortsetzen. Man kann aber auch hinuntergehen und durch die Gassen bummeln. Die einst jüdischen Häuser besitzen Balkons und Fenster – anders als die fast fensterlosen der muslimischen Altstadt. Die verwaiste **Synagoge** im Nordosten, ein im 16. Jh. als katholische Kirche erbautes Barock-Gebäude, ist am Davidstern zu erkennen.

In der Rue Mohammed el Hachmi Bahbah ist der Abstieg in die ★**Citerne Portugaise** ein Muss, die 1541, im Jahr der stärksten Bedrängung errichtet, zeitweise nicht nur als Zisterne, sondern auch als Waffenkammer und Bunker diente. Ihr herrliches, original spätgotisches **Kreuzrippengewölbe**, das 25 Säulen stützen, spiegelt sich fotogen in der Wasserfläche am Boden.

Oben: Die fotogene Zisterne der portugiesischen Festungsstadt Mogador in El Jadida. Rechts: Safi ist seit Jahrhunderten berühmt für seine dekorative Keramik.

Von El Jadida nach Oualidia

Von El Jadida sollte man direkt an der Küste Richtung Safi weiterfahren und nach 5 km den schönen breiten

» Karte S. 102, Info S. 113

Foto: Ansud (iStockphoto)

★**Sandstrand** an der Bucht des beliebten Badeorts **Sidi Bouzid** ⓰ besuchen (Promenade mit Fischlokalen). Südlich des weißen Heiligengrabs schließt sich ein kleinerer, ruhigerer Strand an.

Nach 20 km erreicht man den **Leuchtturm** am **Cap Blanc**, wo sich eine gute Aussicht bietet. Der große **Industriehafen** von **El Jorf Lasfar** dient zum Export des **Phosphats**, das bei Youssoufia abgebaut wird und nach wie vor Marokkos wichtigster Devisenbringer ist.

Auf der Straße vom Cap Blanc nach Oualidia fährt man an einer bewirtschafteten Lagunenlandschaft entlang. Hier gedeiht in **Foliengewächshäusern** Frühgemüse, das in Europa gute Preise erzielt. In **Salinen** wird aus Meerwasser Salz gewonnen. **Kliffs** und fossile Strandterrassen zeugen von enormen Schwankungen des Meeresspiegels in der Vergangenheit.

Das Hinterland dieses Küstenabschnitts wird **Doukkala** genannt; ein traditionelles Getreideanbaugebiet im Mittelalter eingewanderter arabischer Stämme.

★Oualidia

Über einer hübschen, von Felsen umrahmten, sandigen ★**Lagune** liegt das Fischerdorf ★**Oualidia** ⓱, dessen Bewohner von Austernzucht und marokkanischem Sommertourismus leben. Neben dem schönen ★**Sandstrand** direkt am Meer und dem geschützten, kinderfreundlichen, flachen in der **Lagune**, einer alten Kasbah und einem ex-königlichen Sommerpalast gibt es hier gute **Fischrestaurants**, einen Campingplatz und Hotels unten am Meer. Mobile Händler offerieren am Strand ★**Austern** ausgesprochen preiswert.

35 km südlich passiert man die Steilküste und den **Sandstrand** von **Beddouza,** wo auf einem Felsen am Wasser das Heiligengrab des **Sidi Chachkal** mit seiner weißen Kuppel thront. Das **Cap Beddouza** markiert ein **Leuchtturm**.

★Safi

★**Safi** ⓲ (380 000 Einwohner) bauten die Portugiesen 1480 zur Hafenfes-

» Karte S. 102, Info S. 113

tung aus. Nach deren Vertreibung 1541 behielt die Stadt ihre Bedeutung als Handelsstadt und besitzt heute einen der wichtigsten Häfen des Landes: Im **Fischereihafen** werden Sardinen verarbeitet, der **Industriehafen** mit Anlagen zur Phosphorsäure-Produktion ist per Bahn an die Phosphatabbaugebiete der Meseta angebunden.

Bekannt ist die Handwerkskunst der Töpfer von Safi, die sich am nordöstlichen Stadtrand neben der Zawiya Sidi Abderrahman angesiedelt haben. Im ★**Töpferviertel** stehen noch alte Öfen, in denen die farbenfrohe, irdene Keramik gebrannt wird, die man in den benachbarten Läden kaufen kann.

Sehenswert sind die ★**Medina** und die **Mellah**, die beide innerhalb der **Portugiesischen Mauern** aus dem 16. Jh. liegen. Hinter dem Altstadttor **Bab Chaabah**, an dem oft Gaukler Schaulustige um sich scharen, beginnt die belebte Einkaufsstraße ★**Rue du Souk**, die bergab (unterwegs Seitengasse zur ★**Portugiesischen Kapelle** von 1519) zum **Boulevard du Front du Mer** führt. Den Blick aufs Meer verhindert die Bahntrasse. Dahinter liegen der alte Hafen und das Seeschloss **Qasr el Bahr**, das im 16. Jh. Sitz des Gouverneurs aus Lissabon war. Im Osten der Medina ragt die portugiesische Festung **Kechla** auf, die das sehr gut bestückte ★**Keramikmuseum** beherbergt.

Weiter südwärts überquert man bei **Talmest** den **Oued Tensift**, der aus der Haouz-Ebene bei Marrakesch kommt. Diese Gegend heißt **Chiadma**. Hier siedeln arabische Stämme, ins Berberland eingewandert im 13. Jh – längst sind sie keine gefährlichen, kriegerischen Nomaden mehr, sondern seßhafte Bauern, die aber teils noch Kamele halten, mit deren Hilfe manche Kleinbauern im Frühjahr pflügen. Die arabischen Chiadma, Rehamna und Oulad Bou Sbaa dieser Region knüpfen **Teppiche**: niederflorige *gtifa, kelims* und langflorige *chichaoua*-Teppiche, verziert mit *wasm*-Symbolen (Tierbrandzeichen).

Rechts: Blick von der Hafenfestung auf Essaouira.

» Karte S. 102, Stadtplan S. 106, Info S. 113

Foto: Tolga Altuntas (iStockphoto)

★★Essaouira

Die malerische alte Hafenstadt ★★**Essaouira** ⓳ (*Mogador*) lockt mit einer kreativen **Kunstszene**, dem **Gnaoua-Festival** im Juni und einer für Kitesurfer und Kinder idealen, weiten, seichten ★**Sandbucht** mit langer **Promenade**. Auf den **Purpurinseln** davor sollen einst Phönizier und romanisierte Berberkönige den kostbaren Farbstoff aus Schnecken gewonnen haben.

1506 errichteten die Portugiesen am Atlantik die kleine Hafenfestung Mogador, aus der sie aber 1541 vertrieben wurden. Sein heutiges Erscheinungsbild verdankt Essaouira dem Sultan Sidi Mohammed, der es 1760 von dem Franzosen Theodore Cornut, einem Schüler des berühmten Festungsbaumeisters Vauban, neu planen ließ. Daher hat die Medina von Essaouira – ungewöhnlich für eine orientalische Altstadt – rechtwinklig aufeinander stoßende, relativ breite Straßen. Auch die Hafenbastionen zeigen europäischen Baustil. 1765 bestimmte Sidi Mohammed Essaouira zum Hauptexporthafen Marokkos, was viele jüdische Händler anzog, die den Fernhandel zwischen Timbuktu und England organisierten. Heute ist es eine aufgeschlossene, v.a. bei Individualurlaubern beliebte Stadt mit einem auch im Hochsommer angenehmen Klima.

Essaouira zählt zu Recht zum UNESCO-Welterbe. Sehenswert ist der alte ★**Fischerhafen** ① mit der ★**Porte de la Marine** ② von 1769 und dem ★**Fischmarkt**. Dort grillen improvisierte „Restaurants" im Freien für ca. 1 Euro Gebühr den auf dem Markt gekauften Fisch. Von der ★**Scala du Port** ③, der mit alten Bronzekanonen bestückten Hafenfestung, genießt man die schöne Aussicht auf Schiffe und Küste; von der nördlichen ★**Scala de la Kasbah** ④ sieht man zudem die Altstadt.

In der ★★**Medina** macht Bummeln Spaß – ab der **Place Moulay Hassan**, dem gastronomischen Brennpunkt mit niveauvollen Cafés, auf der **Avenue S. Moh. ben Abdallah** zu den **Souks** ⑤ mit Schmuckbasar, Gewürzmarkt, Fisch- und Gemüsemarkt. In vielen Gassen

Foto: Berthold Schwarz

stellen **Maler** und **Intarsienschnitzer** ihr Kunsthandwerk aus; die ★**Holzeinlegearbeiten** sind hier am Herstellungsort am günstigsten: hübsche Kästchen, Schalen oder Tische aus **Berberthujaholz** (Sandarak), Zedern-, Oliven-, Arganien-, Zitronen- und Rosenholz, verziert mit Arabesken und geometrischen Ornamente aus Silberfäden, Perlmutt und kleinen Holzteilchen. In der Rue Laalouj, einer Querstraße der Medina-Hauptstraße, zeigt das **Museum Sidi Mohamed Ben Abdallah** (6) eine Sammlung solcher verzierter Holzgegenstände, zudem Schmuck, Chiadma-Teppiche, Waffen, Münzen, Trachten, Gnaoua-Musikinstrumente sowie phönizische und römische Keramik.

In der **Mellah** ist die **Haim-Pinto-Synagoge** (7) zu besichtigen.

Weniger besuchte **Naturstrände** finden sich 20 km nördlich in **Moulay Bouzerktoun** (20), wo sich vereinzelt Surfer tummeln; südlich von Essaouira in den ★**Dünen von Diabat** (dort existiert noch eine Palastruine, die Jimi Hendrix einst besungen haben soll) sowie auch am **Cap Sim**.

Die Straße 2201 erschließt den langen, oft windigen Sandstrand von ★**Sidi Kaouki** (21) (mit Hotels und Lokalen).

Oben: Die Früchte des Arganbaums werden begehrt – nicht nur von Arganölkooperativen. Rechts: Ideal für Surfanfänger – der Strand des Fischerdörfchens Imsouane.

Zwischen Essaouira und Agadir

Südlich von Essaouira, in den regenarmen Ausläufern des Hohen Atlas, beginnt das Vegetationsgebiet der dornigen **Arganbäume** mit ihren orangefarbenen Früchten, die das begehrte ★**Arganöl** liefern – angeboten von unterstützenswerten ★**Frauenkooperativen** (solche haben sich u. a. bei **Smimou** und **Tidzi** gebildet, teils mit deutscher Hilfe). Ein beliebtes Fotomotiv in dieser Gegend: **Ziegen** klettern wegen der Früchte und Blätter oft bis in die höchsten Äste der trockenheitsresistenten Arganbäume, die selbst mehrjährige Dürren überstehen können.

» Karte S. 102, Info S. 113

Foto: Berthold Schwarz

5 km vor dem Sonntagsmarkt **Smimou** führt die Straße 2222 zum Meer (Richtung Sidi Kaouki); nach 5 km zweigt die (am Ende sehr schlechte) Piste zum einsamen **Plage d'Iftane** (mit Fischerbehausungen) ab. Hinter Smimou führt von der N1 eine Piste zu den **Thuja-Wäldern** am Aussichtsberg **Jebel Amsittene** ㉒ (905 m).

10 km südlich von Smimou erschließt eine Straße den **Plage de Tafedna** am **Cap Tafelney** ㉓, wo Fischer vom Stamm der Hahah-Berber leben. 22 km südlich von Tamanar lohnt ein Abstecher zu dem schönen Fischer- und Surferstrand ★**Imsouane Plage** ㉔, der für Surfanfänger geeignet ist (Surfschule, einfache Hotels, kleine Fischlokale). In der Nähe – u. a. nördlich, an der Straße – sind Fossilien zu entdecken.

Bei **Tamri** windet sich die N1 zum Tal des **Assif n'Srou** hinab, wo **Bananen** gedeihen und ein breiter **Sandstrand** lockt. Die Mündung ist ein Schutzgebiet für den seltenen Waldrapp. Weiter südwärts entlang der ★**Steilküste**, vorbei am **Cap Rhir** (**Leuchtturm**, Abzweig zum Meer), wird es immer trockener; Wolfsmilchgewächse und dornige Arganbäume säumen die Straße; Überweidungsschäden sind offensichtlich.

In Richtung Agadir locken schöne **Sandstrände** bei **Aghroud** und **Imi Ouaddar** und vor allem der lange, breite ★**Tarhazoute Plage** (Golfplatz und Hyatt-Hotel nahebei).

In dem Fischer- und Surferdorf ★**Tarhazoute** ㉕ sollte man von der Hauptstraße durch die Gassen zu dem kleinen **Dorfstrand** mit seinen Fischerbooten, originellen Lokalen und Fischverkaufsständen absteigen – von der Straße sieht man die kleine Dorfbucht nicht. In diesem Hotspot für Wellenreiter werden Zimmerund Ferienwohnungen vermietet und Surfkurse veranstaltet. Bei Individualreisenden ist Tarhazoute seit den 1960ern sehr beliebt. Allerdings entstehen ringsum ausgedehnte, hochpreisige Strandresorts.

20 km weiter südlich, vorbei am Strandort **Tamraght** (wegen der Plantagen „Banana Village" genannt), erreicht man Agadir.

» Stadtplan S. 111, Info S. 113

Foto: Berthold Schwarz

★Agadir

Das Seebad ★**Agadir** 26 (600 000 Einwohner im Großraum, überwiegend Schlöh-Berber) wurde nach dem katastrophalen Erdbeben von 1960 völlig neu aufgebaut – an orientalischem Flair mangelt es deshalb. Nur die Ruine der **Kasbah** (1) (gegründet um 1541), in schöner Aussichtslage 240 m über dem Meer, erinnert noch an das alte Agadir; eine holländische Marmorinschrift von 1746 belegt, dass sich hier einst die Niederländer im Rohrzuckerhandel engagierten. Zuvor, von 1505-41, hatten die Portugiesen in Agadir einen befestigten Stützpunkt für ihren Handel mit afrikanischen Sklaven und Gold.

Im größten **Fischereihafen** (2) Marokkos werden Sardinen eingedost, Orangen und Frühgemüse aus dem Sous-Tal exportiert. Nahe der Hafenzufahrt findet man einfache, preiswerte **Fischlokale**. Auf Gutbetuchte zielt der benachbarte **Jachthafen** (3) ab.

Agadir ist gesegnet mit mildem Klima (obwohl der Kanarenstrom kühle Meerestemperaturen und öfter Frühnebel beschert), 6 km ★**Sandstrand**, einem Flughafen, attraktiven Ausflugsmöglichkeiten, Golfplätzen und sonstigen Sportangeboten. Im Küstenwüstenklima erreichen die Tageshöchsttemperaturen im Januar im Schnitt 21 Grad, aber selbst im August oft nur 26 Grad. Ganzjährig empfängt die „Stadt der Sonne“ Touristen; derzeit über 1 Mio pro Jahr.

Die Hotelszene bietet von Wellness- bis zu Luxus- und Sporthotels Unterkünfte für jeden Geschmack. Die meisten befinden sich nahe der drei strandparallel verlaufenden Hauptstraßen **Boulevard du 20 Août**, **Boulevard Mohammed V.** und **Avenue Hassan II**. Die modernsten Hotels mit den größten Pools liegen im südlichen Strandviertel **Founty**. Mit den kleinen Stadttaxis gelangt man schnell und billig überall hin.

Das Nachtleben spielt sich in den Nachtclubs und Lounge-Bars der gro-

Oben: Kamelritt an dem schönen, weiten Sandstrand nahe dem Surferdorf Tarhazoute, 18 km nördlich von Agadir.

» Stadtplan S. 111, Info S. 113

4 Atlantikküste

Foto: Thomas Stankiewicz

ßen Hotels ab. Gezockt wird in **Shem's Casino** (4). Am Meer kann man – außer Baden, Surfen, Relaxen in Beachclubs oder Kamelreiten – auf der breiten, von Restaurants gesäumten ★**Strandpromenade** flanieren. Außerdem lohnen einen Besuch: der kleine **Vogelpark** (5), das **Berbermuseum** (6) in der Fußgängerzone **Passage Ait Souss**, der große Markt ★**Souk el Had** (7) (vormittags, Di-So) im Südosten und der Kunsthandwerkermarkt ★**Medina d'Agadir** (Polizzi) am südlichen Stadtrand in Ben Sarga (5 km). Authentischer ist jeoch der große **Dienstagsmarkt** für das Volk im benachbarten **Inezgane**.

Ausflüge von Agadir

Wer Marokkos Südwesten, Schlöh-Berber-Dörfer, den Anti-Atlas oder einsame Strände erkunden will, sollte einen Wagen mieten. Lohnende Ziele sind außer ★★**Essaouira** (S. 107) die Strände im Süden: ★**Sidi R'bat** und **Sidi Ouassai** im ★**Massa-Nationalpark** (S. 231) sowie ★**Aglou-Plage**, der Strand der Schmuck-Stadt **Tiznit** (S. 232).

Auch ein Ausflug ins Sous-Tal nach ★**Taroudannt** (S. 221) und zur Oase **Tioute** ist an einem Tag zu bewältigen.

Agenturen bieten zudem Busfahrten nach ★★**Marrakesch** (S. 189), zum Samstagsmarkt („Kamelmarkt") von **Guelmim** und nach ★**Tafraoute** (Mittwochsmarkt und Ammelndorf Oumesnat) im ★★**Anti-Atlas** (S. 224).

Auf dem Ausflug zu den Wasserfällen von ★**Immouzzer des Ida Outanane** (27). durchquert man das Tal des Assif Tamrakht, wegen des blühenden Oleanders „**Paradise Valley**" genannt. Der Ort Immouzzer liegt malerisch im Hohen Atlas; in regenreichen Jahren kann man bei den **Wasserfällen** baden, unter Arganien- und Olivenbäumen picknicken oder in **Gartenlokalen** speisen. Im Mai ist Honigfest. Ganzjährig bieten Imker an der Straße hochpreisigen Thymianhonig aus der Region an. Auf Mountainbiker warten hier viele **Bergpisten**.

Oben: Am Strand von Agadir begegnet die orientalische der abendländischen Kultur.

» Stadtplan S. 111, Karte S. 102, Info S. 113

El Jadida

La Portugaise, gute Tajines zu reellen Preisen, in der historischen Portugiesenstadt, gleich gegenüber der Zisterne, Av. de Suez.

Essaouira

Syndicat d'Initiative, 10, Rue du Caire, Tel. 0524 783532, www.essaouira-online.com.

Le Patio, fantasievoll gestylt, marokkanische Küche mit einer Spur Nouvelle Couisine, nur abends, Rue M. Rachid, Tel. 0524 474166.
Caravane Café, franz. Fusion-Küche, Kunstausstellungen, originelles Setting, Rue Caid al Ayad 2, Tel. 0524 783111.
Dar Adil, feine Fischküche und Sushi-Bar, Rue Touahen 63, Tel. 0524 473910.
Beldy, angenehmes, etwas verstecktes Restaurant, Rue Ibn Toumert 6.
Fischgrillstände mit Tischen am Hafen: Der ausgewählte Fisch wird vor dem Gast gegrillt, dazu gibt es frisches Brot und Salat.

Agadir

Syndicat d'Initiative, Bd. Moh. V, Tel. 0528 840695, www.agadir-info.com.

FRANZÖSISCH: **La Langouste**, Krustentiere u. Meeresfrüchte, Chemin Oued Souss, Tel. 0528 823636.
FISCH: **Jour et Nuit**, relativ preiswerte Fischgerichte u. internat. Küche, u. a. gute Seezunge u. Seeteufelspieße, auch Pfeffersteak, leckeres Tiramisu u. Fruchtsalat, großes Terrassenlokal direkt an der nördlichen Strandpromenade.
Café del Mare, internat. Küche, vor Residence Tafoukt, an der Strandpromenade.
La Scala, originelles Gebäude im altportugiesischen Festungsstil, Lobster, Seezunge, Meeresfrüchte, Rue de l'Oued Souss, neben dem Caribbean-Village-Komplex, Tel. 0528 846773.
Mimi la Brochette, Fisch vom Holzkohlengrill, stylisches Restaurant an der Strandpromenade.
Resto Laayoune, eines von vielen **preiswerten Fischlokalen** (kein Alkohol) nahe der Hafeneinfahrt, gut für mittags, z.B. ganzer Thunfisch 70 Dh.
MAROKKANISCH: **La Pampa**, gute *tajine* oder *brochettes;* Couscous nur auf Vorbestellung, Pl. Mohammed VI, Tel. 0528 828018.
Le Bistro Romain, neben typischen marokkanischen Spezialitäten gibt es auch Snacks und Sandwiches, Bd. Hassan II 19, Tel. 0528 848819.
ITALIENISCH: **Mezzo**, originelle Lounge, leckere Pizzen, Av. Hassan II, Tel. 0528 848819.

Jazz-Restaurant, französische Chansons live und feine Menues, Bd. du 20 Août.
Le Flamingo, im Hotel Beach Club.
Papagayo, im Hotel Le Tikida Beach.
Tan-Tan Club, Boulevard des Dunes.

MARKT: **Souk el Had**, Nahrungsmittel, Souvenirs, Arganöl, Gebrauchsgegenstände, Dienstag bis Sonntag vormittags auf dem großen Marktgelände im Südosten.
SUPERMARKT: **Uniprix**, Bd. Hassan II.
Marjane, Megamarkt an der N1 im Süden.
SOUVENIRS: **Ensemble Artisanal** (Festpreise), Rue du 29 Février.

WIND-/ KITESURFEN: Brettverleih am Hotel **Dunes d'Or**.
REITEN: **Ranch Reha** 17 km nördl., Tel. 0528 847549.
GOLF: **Royal Club de Golf**, 12 km, an der Straße nach Ait Melloul, Tel. 0528 831278.
FISCHEN: lässt sich arrangieren in **Rouiss** bei Sidi Bibi, 15 km südl., nahe dem Meer.

FLUG: **Royal Air Maroc**, Av. Général Kettani, Tel. 0528 840145. **Aeroport Agadir – Al Massira** (25 km), Tel. 0528 839122/0528 839132, nur Taxitransfer nach Agadir (ca. 150 DH).
BUS: **CTM, Gare Routière**, Bd. Moh. Cheik Saâdi, Verbindungen mit allen größeren Städten, Tel. 0528 822077. Größeres Fernbusangebot in **Inezgane**, 12 km südlich.

Hôpital Hassan II, Av. Al Moun, Tel. 0528 846686. **Polyclinique**, Bd. M. Youssef, Tel. 0528 824132.
NACHTAPOTHEKE: **Municipalité d'Agadir**, 24 Std. geöffnet, Tel. 0528 820349.

POST: **PTT**, Avenue du Prince Moulay Abdallah.

Berthold Schwarz

Shuwaara, die größte Gerberei von Fes, mit Kalkbecken, Gerb-und Färbtöpfen.

Foto: Berthold Schwarz

FES UND MEKNES
Maurisches Mittelalter

FES

MEKNES

VOLUBILIS

MOULAY IDRISS

★★FES

„Huna Fas!" – „Da liegt Fes!" Selbst der aus Rabat stammende Taxifahrer ist fasziniert von dem großartigen Panoramablick auf die altehrwürdigste Königsstadt Marokkos. In seiner Stimme schwingt eine Begeisterung mit, wie sie schon bei Leo Africanus anklingt, einem 1494 in Granada geborenen, in der Sultans- und Universitätsstadt Fes aufgewachsenen, hochgebildeten Muslim, der im 16. Jh. als Günstling des Renaissance-Papstes Leo X. in Rom eine der ersten Beschreibungen von Fes in einer europäischen Sprache lieferte.

In der Medina von ★★**Fes** ❶ sieht man sich in mittelalterliche Zeiten zurückversetzt. Wie die Bauten scheinen auch die Menschen nicht aus diesem Jahrhundert zu sein – fensterlose Mauern schützen die Intimsphäre der Altstadthäuser, Schleier und *jellabah*-Kapuzen verbergen die Gesichter der Passanten, und auch die Werkstätten der Handwerker würden besser ins 16. Jh. passen.

Fes hat sich im Lauf der Zeit ein dreifaches Image erworben: als „Heilige Stadt" und geistig-islamisches Zentrum des Maghreb mit der Kairawine-Universität, die bedeutende und einflussreiche *ulema* (Religionsgelehrte) hervorbrachte; als Kapitale von Kunsthandwerkern und geschäftstüchtigen Händlern sowie – als Stadt des Widerspruchs: Der Gegensatz zwischen dem Reden und dem Handeln der *fassis*, der Bewohner von Fes, ist beinahe schon legendär. Treffend beschreibt diesen Charakterzug ein marokkanisches Sprichwort, das Paul Bowles in seinem Fes-Roman *Das Haus der Spinne* zitiert: „Du sagst, du gehst nach Fes. Aber wenn du sagst, du gehst nach Fes, dann heißt das, dass du nicht nach Fes gehst. Zufällig weiß ich aber, dass du nach Fes gehst. Warum also belügst du mich – du, mein Freund?"

Links: Bab Boujeloud – ein „Tor zum Mittelalter".

Von Idriss II. bis Mohammed VI.

Als der arabische Sultan Idriss II. beschloss, seiner Dynastie eine Hauptstadt zu errichten, suchte er lange nach einem geeigneten Platz. Die Entscheidung fiel schließlich zugunsten eines Tals im Süden des Jebel Zelagh. Das Gebiet kaufte er für 5000 Dirham zwei Berberstämmen ab. Am 3. Februar 808 soll er selbst den Verlauf der Mauern und die Lage der Stadttore festgelegt haben.

Die neuentstandene Stadt Fes zog Berber und Araber, Christen und Juden gleichermaßen an. Die Berber hatten sich am rechten Ufer des Oued Fes und die Araber am linken Flussufer

» Karte S. 118, Stadtplan S. 120-121, Info S. 143

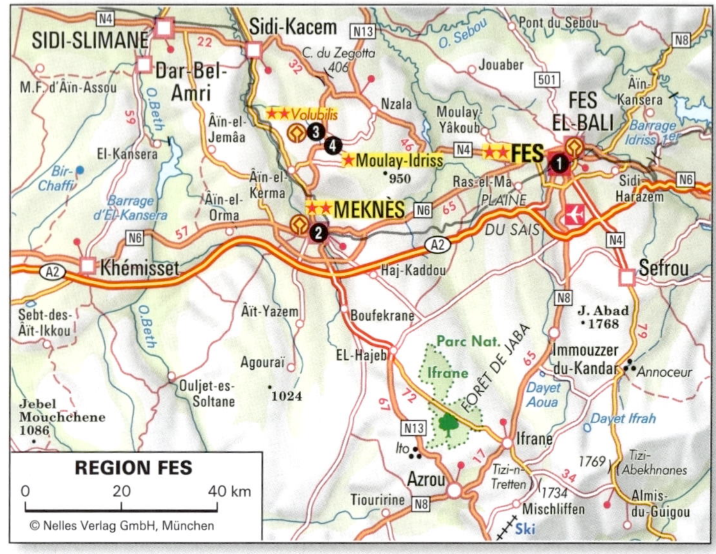

niedergelassen. Zu den Berbern gesellten sich im Jahr 814 ungefähr 300 aus dem andalusischen Cordoba geflohene Familien; der östliche Teil heißt seither Andalusier-Viertel. Eine ähnlich große Anzahl von Flüchtlingen aus dem tunesischen Kairouan erreichte im Jahr 825 die Stadt. Sie ließen sich in einem Viertel am linken Flussufer nieder, das nach ihrem Herkunftsort *Kairawine* genannt wurde. Der Enkel von Idriss II. ließ in jedem der beiden Viertel eine Freitagsmoschee errichten: die Andalusier- und die Kairawine-Moschee.

Während der ersten Jahrhunderte war die Geschichte der Stadt sehr bewegt. Die beiden Stadtviertel wurden wegen unaufhörlicher Rivalitäten und Meinungsverschiedenheiten ihrer Bewohner durch eine Mauer getrennt und bildeten jedes für sich eine eigenständige Stadt. Trotz aller innerer Unruhen und ständiger äußerer Bedrohungen entwickelte sich Fes sehr schnell zu einer relativ wohlhabenden Stadt: Moscheen, *fondouks* (Karawansereien), Bäder und ein neuer, weiterer Festungswall wurden gebaut.

Im 11. Jh. eroberten die Almoraviden die Stadt, ließen die Mauer zwischen den beiden Hauptvierteln niederreißen und vergrößerten die Kairawine-Moschee. Obschon die neue Hauptstadt nun Marrakesch hieß, setzte sich der wirtschaftliche Aufschwung, der unter den Almoraviden im Zusammenhang mit dem florierenden Spanien-Handel begonnen hatte, auch im 12. Jh. unter der Almohaden-Dynastie fort.

Im Jahr 1248 eroberten die Meriniden Fes, die Stadt erhielt wieder ihre alte Bedeutung als Hauptstadt. Die Ära der Meriniden, die zwei Jahrhunderte Ruhe und Ordnung bedeutete, war für Fes eine Blütezeit: Sultan Abu Youssef ließ neben der alten Stadt, **Fes el Bali**, eine neue Stadt, **Fes el Jedid**, bauen. Im 14. und 15. Jh. war Fes mit über 100 000 Einwohnern nicht nur eine bedeutende Handwerks- und Handelsstadt, sondern

Rechts: Von der Bar-Terrasse des noblen Palais Jamai genießt man einen schönen Blick über Alt-Fes bis zum Borj Sud.

» Stadtplan S. 120-121, Info S. 143

Foto: Berthold Schwarz

zugleich auch das geistige und wissenschaftliche Zentrum Nordafrikas. Nach der christlichen Rückeroberung Andalusiens wurde Fes zu Beginn des 16. Jh. als Erbin der spanisch-maurischen Kultur *die* Metropole des westlichen Islam schlechthin.

Mit der Saadier-Dynastie, die in Marrakesch residierte, begann um die Mitte des 16. Jh. der Niedergang der Stadt. Lediglich der Saadier-Sultan Ahmed el Mansour bewies Interesse an Fes und ließ die Bestände der Bibliothek der Kairawine-Moschee erweitern sowie außerhalb der Stadtmauern zwei Festungen errichten: Borj Sud und Borj Nord. Diese dienten allerdings wohl mehr zur Einschüchterung der Bürger, der *fassis*, als zur Verteidigung der Stadt gegen äußere Feinde.

Im Jahr 1666, unter dem Alaouiten-Herrscher Moulay Rashid wurde Fes 1666 wieder Hauptstadt – jedoch nur für sechs Jahre. Er ließ die Cherarda-Kasbah, eine kasernenähnliche Anlage für seine Berber-Truppen, errichten. Weiter veranlasste er die Restaurierung der Medersa Cherratine, der größten Koranhochschule der Stadt. Während seiner kurzen Regierungszeit wurden auch der Grabbau von Idriss II. vergrößert, die Stadtmauern verstärkt und eine Brücke über den Oued Sebou gebaut, die den Karawanen aus Taza den Zugang in die Stadt erleichtern sollte.

Im 18. und 19. Jh. erlebte die Stadt Unruhen, Hungersnöte, Pestepidemien, Belagerungen, Plünderungen und Kriege. Tore wurden niedergerissen und wieder aufgebaut. Nach dem Tod von Sultan Moulay Hassan im Jahr 1894 wurde das Leben am königlichen Hof immer dekadenter und der europäische Einfluss in Marokko immer größer. Mit Moulay Abd el Aziz war ein verzogenes Kind Herrscher geworden. Zwielichtige europäische Berater veranlassten ihn zu immer größerer Staatsverschuldung und Distanz zu den religiösen Führern der Stadt, die ihm darauf ihre Unterstützung entzogen und im Jahr 1908 seinen älteren Bruder Moulay Hafiz zum neuen Sultan ernannten. Dies missfiel jedoch den Berberstämmen der Umgebung,

» Stadtplan S. 120-121, Info S. 143

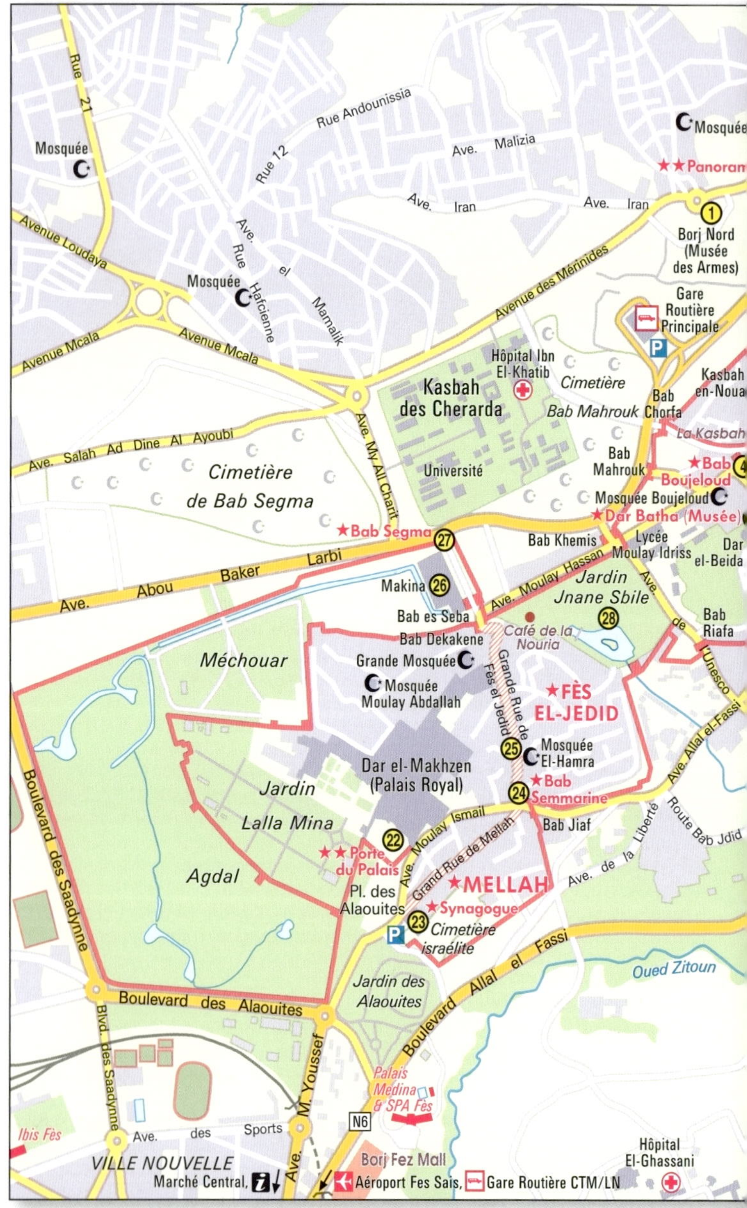
Rue 21
Mosquée
Rue Andounissia
Ave. Malizia
Rue 12
Ave. Iran
Ave. Iran
Mosquée
★★Panoram
1
Borj Nord (Musée des Armes)
Avenue Loudaya
Ave. Rue Hafcienne
Ave. el Mamalik
Mosquée
Avenue des Mérinides
Gare Routière Principale
Avenue Mcala
Avenue Mcala
Hôpital Ibn El-Khatib
Kasbah des Cherarda
Cimetière
Bab Mahrouk
Bab Chorfa
Kasbah en-Noua
La Kasbah
Ave. Salah Ad Dine Al Ayoubi
Ave. My Ali Charif
Université
Bab Mahrouk
★Bab Boujeloud
Cimetière de Bab Segma
Mosquée Boujeloud
★Dar Batha (Musée)
★Bab Segma
27
Bab Khemis
Lycée Moulay Idriss
Dar el-Beida
Ave. Abou Baker Larbi
Makina
26
Ave. Moulay Hassan
Jardin Jnane Sbile
28
Ave. de l'Unesco
Bab Riafa
Bab es Seba
Bab Dekakene
Café de la Nouria
Méchouar
Grande Mosquée
Mosquée Moulay Abdallah
Grande Rue de Fès el Jedid
★FÈS EL-JEDID
Ave. Allal el-Fassi
25
Mosquée El-Hamra
Dar el-Makhzen (Palais Royal)
Jardin Lalla Mina
24
★Bab Semmarine
Ave. Moulay Ismail
Bab Jiaf
Route Bab Jdid
Ave. de la Liberté
22
★★Porte du Palais
Grand Rue de Mellah
★MELLAH
Agdal
Pl. des Alaouites
★Synagogue
23
Cimetière israélite
Boulevard des Saadynne
Oued Zitoun
Jardin des Alaouites
Boulevard Allal el Fassi
Boulevard des Alaouites
Blvd. des Saadynne
Ave. M. Youssef
Palais Medina & SPA Fès
N6
Ibis Fès
Ave. des Sports
VILLE NOUVELLE
Borj Fez Mall
Hôpital El-Ghassani
Marché Central,
Aéroport Fes Sais,
Gare Routière CTM/LN

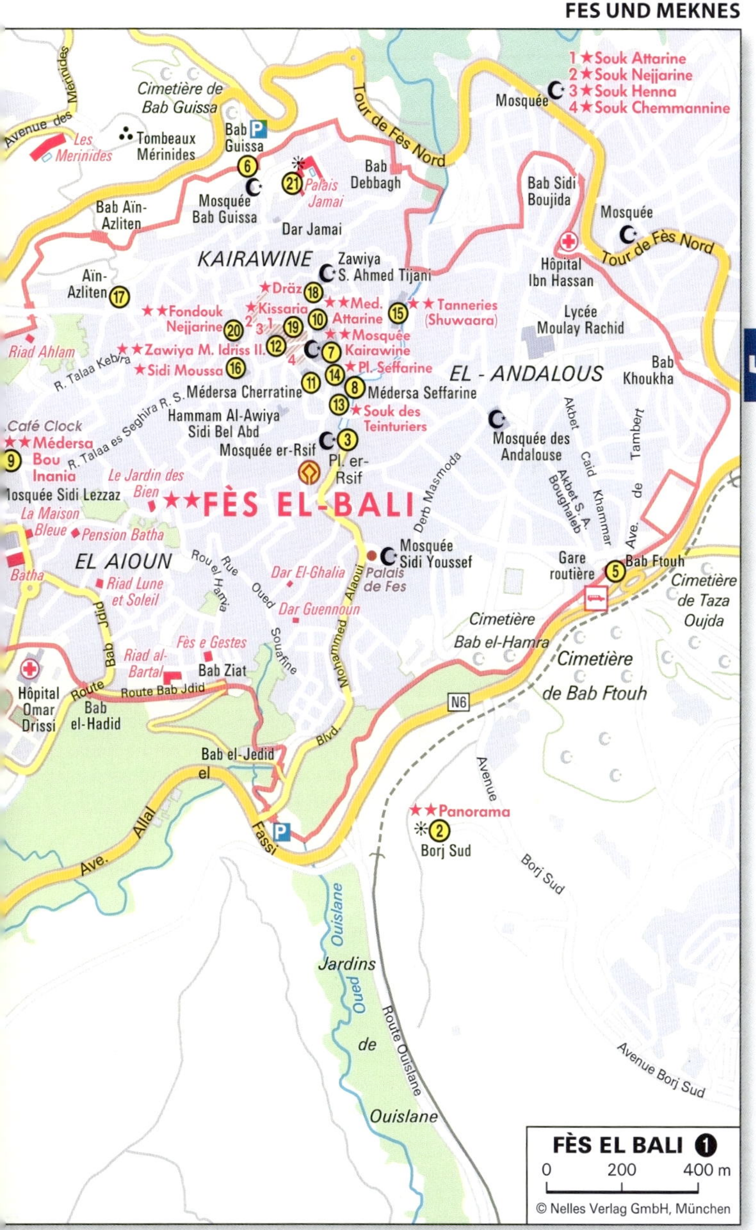
1 ★Souk Attarine
2 ★Souk Nejjarine
3 ★Souk Henna
4 ★Souk Chemmannine
Cimetière de Bab Guissa
Avenue des Mérinides
Les Merinides
Tombeaux Mérinides
Bab Guissa
Tour de Fès Nord
Mosquée
Palais Jamai
Bab Debbagh
Mosquée Bab Guissa
Bab Aïn-Azliten
Dar Jamai
Bab Sidi Boujida
Hôpital Ibn Hassan
KAIRAWINE
Zawiya S. Ahmed Tijani
Aïn-Azliten
★Dräz
★Kissaria
★★Med. Attarine
★★Tanneries (Shuwaara)
★★Fondouk Nejjarine
★★Mosquée Kairawine
Lycée Moulay Rachid
Riad Ahlam
★★Zawiya M. Idriss II.
★Pl. Seffarine
★Sidi Moussa
R. Talaa Kebira
EL - ANDALOUS
Bab Khoukha
Médersa Cherratine
Médersa Seffarine
Hammam Al-Awiya Sidi Bel Abd
★Souk des Teinturiers
Café Clock
★★Médersa Bou Inania
R. Talaa es Seghira
R. S.
Mosquée er-Rsif
Pl. er-Rsif
Mosquée des Andalouse
Akbet Caid Khammar
Akbet S. A. Boughaleb
Ave. de Tambert
Derb Masmoda
Mosquée Sidi Lezzaz
Le Jardin des Bien
★★FÈS EL-BALI
La Maison Bleue
Pension Batha
Mosquée Sidi Youssef
Palais de Fes
EL AIOUN
Batha
Rue el Hanya
Rue Oued Souafine
Dar El-Ghalia
Riad Lune et Soleil
Dar Guennoun
Bab Jdid
Blvd. Mohammed Alaoui
Gare routière
Bab Ftouh
Cimetière de Taza Oujda
Cimetière Bab el-Hamra
Cimetière de Bab Ftouh
Fès e Gestes
Riad al-Bartal
Bab Ziat
Route Bab Jdid
Hôpital Omar Drissi
Bab el-Hadid
N6
Bab el-Jedid
Ave. el Allal Fassi
Avenue Borj Sud
★★Panorama
Borj Sud
Oued de Ouislane
Jardins
Route Ouislane
Avenue Borj Sud
FÈS EL BALI 1
0 200 400 m
© Nelles Verlag GmbH, München
5
Fes und Meknes

die daher 1911 die Stadt belagerten. Dem neuen Sultan blieb als letzter Ausweg, französische Soldaten zu Hilfe zu holen, um seine Macht zu erhalten. Zum ersten Mal betraten christliche Truppen Fes.

Die französische Protektoratsregierung verlegte im Jahr 1912 die Hauptstadt in das leichter kontrollierbare Rabat, und Fes, das einstmals unumstrittenes Zentrum des Landes war, wurde politisch bedeutungslos. Und obwohl Allal el Fassi, der Führer der marokkanischen Unabhängigkeitsbewegung gegen die Franzosen, aus Fes stammte, war die breite Masse der Bewohner der Stadt während des Befreiungskampfes in den 1950er Jahren kaum jemals für die Ziele der Istiqlal-Partei zu mobilisieren.

Agglomeration Fes

Die Entwicklung von Fes wurde durch mehrere Faktoren begünstigt: Das agrarische Umland dieser Stadt, die Sais-Ebene, ist sehr fruchtbar. Die Zedern- und Eichenwälder des Mittleren Atlas, die nicht nur Baumaterial für die Häuser, sondern auch Rohstoffe für viele Handwerksbranchen lieferten, lagen früher nur 30 km entfernt. Zahlreiche Quellen und der ganzjährig wasserführende Oued Fes sicherten die Trinkwasserversorgung. Viele Häuser in der Medina hatten ihren eigenen Brunnen.

Als Warenumschlagplatz für Karawanen, die von Algerien zum Atlantik zogen, und als Etappenziel des Transsahara-Handels vom Niger zum Mittelmeer war für Fes der Aufstieg zur wichtigsten Handelsstadt des westlichen Maghreb geradezu vorgezeichnet. Zahlreiche *fondouks* (Händlerherbergen) in der Altstadt erinnern an diese mittelalterliche Zeit des Wohlstands.

Fes besteht nicht nur aus den historischen Stadtteilen **Fes el Bali**, das im Tal liegt, und **Fes el Jedid**, das auf einem Plateau darüber entstand. In beachtlicher Distanz zu den Wohngebieten der Einheimischen legten die Franzosen während ihrer „Schutzherrschaft" eine großzügig geplante **Ville nouvelle** an. In den letzten Jahrzehnten kamen zu den Altstädten und zur französischen Neustadt noch moderne Wohnsiedlungen hinzu, die einige Armenviertel ablösten. In den 1990er Jahren entstanden dem Stadtbild angepasste Miet- und Eigentumswohnungen. Heute leben in ganz Fes mehr als 1 Million Menschen.

Nur die wenigsten der heute in Alt-Fes wohnenden Menschen sind noch *fassis* im eigentlichen Sinn des Wortes, denn ein großer Teil der alteingesessenen Händlerfamilien ist in die moderne Wirtschaftsmetropole Casablanca abgewandert; ehemalige Landbewohner haben daraufhin in der Medina von Fes deren Häuser und handwerkliche Tätigkeiten übernommen.

★★Medina Fes el Bali

Um einen Überblick über die Altstadt zu bekommen, sollte man zuerst die als „Tour de Fes" ausgeschilderte Rundfahrt um die Medina in Angriff nehmen. Ein unvergessliches ★★**Panorama** bietet sich im Norden beim **Meriniden-Friedhof** (*tombeaux mérinides*), nahe dem heute nur noch als **Waffenmuseum** genutzten Bollwerk **Borj Nord** (1), sowie im Süden von einem *musalla* (Gebetsplatz) am **Borj Sud** (2), das man motorisiert oder zu Fuß vom Bab Ftouh erreicht.

Ganz **Fes el Bali** ist ein Museum, könnte man meinen. Doch weit gefehlt: die Medina lebt! In der Altstadt, die 1976 zum UNESCO-Kulturdenkmal erhoben wurde, lebt und arbeitet über eine Viertelmillion Menschen. Wer sich beim ersten Besuch in den labyrinthischen Gassen nicht nur auf die Farbmarkierungen der verschiedenen Besichtigungswege verlassen will (Blau bezeichnet z. B. die Route „Monumente und Souks"), ist gut

Rechts: Fein ziselierte Messingteller zeugen von dem hohen Niveau des Feser Kunsthandwerks.

» Stadtplan S. 120-121, Info S. 143

Foto: Berthold Schwarz

beraten, einen Führer zu nehmen (Entgelt vor der Führung absprechen!), um den Zauber der Medina ohne Orientierungsstress genießen zu können.

Die engen Gassen, das dichte Gedränge, bereichert durch Esel und Maultiere – in der autofreien Altstadt die einzigen Transportmittel – erschweren das Sichzurechtfinden. Als Faustregel gilt: Alle Wege, die bergab führen, bringen den Besucher in das Zentrum der Stadt, die Wege bergauf leiten den Gast zu den Stadttoren, also Richtung Ausgang. Wenn der Ruf *balek!* (Vorsicht!) ertönt, sollte man den Weg im eigenen Interesse freimachen: Ein Lastenmuli, beladen mit tropfnassen Fellen aus der Gerberei, ist womöglich im Anmarsch und braucht die ganze Gassenbreite!

Die Stadttore sind Ausgangs- und Endpunkte jeder Fes-Visite. Um den Zugang zur Medina zu erleichtern, hat man an mehreren Stellen zusätzlich zu den historischen Toren weitere Öffnungen in die Stadtmauer geschlagen. Ein wichtiger Zugang für den Personenverkehr ist die 1974 geschaffene Stichstraße vom ehemaligen Bab el Had im Süden zum **Platz er Rsif** (3), auf der man mit dem Taxi oder mit dem Bus bis in das Herz der Medina gelangt. Die anliegenden Häuser wurden auf geradezu brutale Art und Weise wegsaniert und der Oued Fes kanalisiert, um diese Zufahrt zu schaffen.

Das ★**Bab Boujeloud** (4) (erst 1913 errichtet) erschließt die Medina von Westen her. In der Gegend um das Tor befinden sich Busbahnhof, Taxistand, billige Hotels für Reisende, Restaurants, Straßencafés und Kinos. Über die Hauptgassen **Talaa el Kebira** und die **Talaa es Seghira** gelangt man geradewegs zur Kissaria und Kairawine-Moschee im Zentrum der Medina.

Das **Bab Ftouh** (5) im Südosten ist das Tor zum Andalusier-Viertel. Durch **Bab Guissa** (6) im Norden, früher das traditionelle Stadttor für die Rifbauern, werden heute hauptsächlich Rohstoffe für die Handwerker angeliefert: Holz, Felle, Oliven und andere Agrarprodukte. Deshalb findet man hier viele Holzverarbeitungs-Betriebe und Ölmühlen.

Foto: Berthold Schwarz

Moscheen, Medresen und Zawiyas

Kaum zu zählen sind die religiösen Bauten, die im Lauf des Mittelalters in Fes entstanden. Die wichtigste Einrichtung ihrer Art ist die ★★**Kairawine-Moschee** (7), die im Jahr 859 angelegt und unter Ali ben Youssouf in der ersten Hälfte des 12. Jh. erweitert wurde. Sie zählt 16 Schiffe mit jeweils 21 Jochen, getrennt durch 15 Säulenreihen mit 270 Stützen und kann 20 000 Gläubige fassen. Im 14. Jh. wurde sie Mittelpunkt einer Universität, in deren Blütezeit bis zu 8000 Studenten aus allen Teilen der damaligen islamischen Welt den Unterricht über islamische Theologie und islamisches Recht besuchten. Die Kairawine war und ist das religiöse Zentrum Marokkos, ihre Korangelehrten sind die höchsten Instanzen in Glaubensfragen. Andere, ebenfalls wichtige Moscheen sind die **Andalusier-Moschee** aus dem 9. Jh. und die merinidische **Cherabliyyine-Moschee** an der Talaa el Kebira. Da Nicht-Muslimen in Marokko das Betreten der Moscheen untersagt ist, kann man nur einen kurzen Blick durch die geöffneten Tore in den Moscheehof werfen.

Oben: Blick in den Hof der Kairawine-Moschee, des traditionellen theologischen Zentrums Marokkos. Rechts: Atrium der Medersa Attarine (14. Jh.).

Leicht zu übersehen, aber auf keinen Fall zu überhören sind die **Koranschulen** für Vorschulkinder, die in Fes als *msid* bezeichnet und fast alle noch genutzt werden. Man erkennt sie an ihren großen Fenstern, die mit Gittern aus kunstvoll gedrechseltem Zedernholz versehen sind. Sie befinden sich an Gassenkreuzungen in der Nähe von Moscheen. Unablässig rezitieren die Kinder unter der Aufsicht ihres strengen Lehrers im Gesang Verse aus dem Koran.

Bereits unter den Almohaden war Fes zum geistig-religiösen Zentrum des Maghreb geworden. Die erste **Koranhochschule** mit Internatscharakter wurde aber erst um das Jahr 1280 gegründet: die **Medersa Seffarine** (8). Die sunnitischen Meriniden bauten – um durch Lehrstätten für die Sunna-Glaubensrichtung dem Vordringen der Kharedjiten und der Schia etwas entgegenzusetzen – mehrere Medresen in Fes, die zum Teil eigenständige Schulen waren, zum Teil aber lediglich als Unterkunft für die Studenten der Kairawine-Universität dienten. Lehrpläne, Organisation und Prüfungen gab es damals nicht. Die berühmtesten Medresen jener Zeit sind die 1351 gegründete Medersa Bou Inania in der Talaa el Kebira und die 1323 entstandene Medersa Attarine neben der Kairawine-Moschee, die heute als Museen gelten und daher besichtigt werden können.

Die ★★**Medersa Bou Inania** (9) (s. Bild S. 47), benannt nach ihrem Stifter, dem Meriniden-Sultan Abu Inan, besticht durch ihre klare Architektur und ihre reiche maurische Ornamentik, die überwiegend aus Gipsstuck-Arabesken, geometrischen Fliesenmosaiken und Zedernholz-Schnitzereien besteht. Eine Ableitung des Oued Fes trennt den mit weißem und rosa Marmor ausgelegten quadratischen Innenhof vom benachbarten Betsaal, welcher den *mihrab* (Gebetsnische) beherbergt.

Etwas kleiner, aber fast beeindruckender und im Dekor noch verspielter ist die ★★**Medersa Attarine** (10): ein Meisterwerk merinidischer Baukunst. Durch ein Tor mit fein ziselierten Bronze-Flügeln gelangt man in einen Innenhof, in dessen Mitte ein marmornes Becken steht, das entfernt an einen Blütenkelch erinnert. Die Fliesenmosaiken der Hofwände stellen Variationen eines in Marokko Salomonssiegel genannten Achtecks dar. Bemerkenswert sind die aus kleinen, gemeißelten Fliesenstücken zusammengesetzten Arabesken im Durchgang zum Betsaal, dessen Zierde ein schwerer Bronzeleuchter von aus dem Jahr 1329 ist. Die Schüler, die in der Koranhochschule Attarine wohnten, kamen vor allem aus den Städten des Nordens, aus Tanger, Larache und Ksar el Kebir.

In der **Medersa Cherratine** (11) von 1670, der größten Medersa von Fes, wohnten Studenten aus Algerien, dem Rif-Gebirge und Ostmarokko. So bevorzugten die Schüler je nach Herkunftsgebiet die Medersa ihrer Landsleute und lebten dort in fast klösterlicher Abgeschiedenheit in ihren kärglichen Zellen.

Die wichtigste **Zawiya** (Muslimbruderschafts-Zentrum) von Fes ist die ★★**Grabmoschee von Moulay Idriss II.** (12), dem Schutzpatron und Gründer der Stadt. Das Gebäude, im 13. Jh. unter den Meriniden errichtet und im 15. Jh. restauriert, ist nach dem Grab von Idriss I. in der Stadt Moulay Idriss das wichtigste Wallfahrtsziel Marokkos. An diesem segensreichen Ort, den viele Frauen besuchen, können Pilger die *baraka* (Segenskraft) des Heiligen erbitten. Nach dem Volksglauben könnte ein Vorhängeschloss, an dem Gitter über dem Opferstock an der Westmauer angebracht, überreichen Kindersegen stoppen – aber dieser Brauch ist heute nicht mehr gestattet.

Foto: Berthold Schwarz

Handwerk und Handel

Das Handwerk und der Handel bilden seit eh und je das ökonomische Rückgrat von Fes. Aufgrund dieser Tatsache hatte früher die Obrigkeit der Stadt, der Pascha und seine Organe, alle Branchen unter die strenge Kontrolle von Marktaufsehern gestellt, die über beinahe alle Belange der Händler und Handwerker verfügten. Die einzelnen Branchen waren in Zünften (*hanta*) organisiert und mussten alle an einem Ort konzentriert produzieren beziehungsweise verkaufen. Sämtliche Bemühungen waren einzig und allein darauf ausgerichtet, die einmal etablierte Organisation von Produktion und Verkauf zu bewahren. Eine freie Marktwirtschaft konnte sich deshalb bis in die Mitte des 20. Jh. in Fes nicht entwickeln.

Viele Handwerksbranchen konnten ihre überlieferten Techniken bewahren, wenn auch Rohstoffe teilweise aus dem Ausland bezogen werden. Vereinzelt und über die ganze Stadt verstreut findet man den Hornkammmacher, den

» Stadtplan S. 120-121, Info S. 143

Foto: Berthold Schwarz

Scherenschleifer und Nadel- oder Ahlenmacher, den Pantoffelmacher, den Drechsler, den Mosaiksteinchenklopfer und viele andere traditionelle Handwerker. Man kann sie gar nicht alle aufzählen, sondern muss sie selbst in der Medina von Fes entdecken. Vor allem lohnt es sich, die Färber, die Kesselmacher, die Gerber und die Weber an ihren gemeinschaftlichen Arbeitsplätzen zu besuchen und zu beobachten, wie sie in einer seit Jahrhunderten gleich gebliebenen Art und Weise ihre Erzeugnisse herstellen.

Nördlich des Platzes Er Rsif verläuft am Westufer des Oued Fes die ★**Gasse der Färber** (13) (*souk des teinturiers*). Heute färben die Handwerker nur noch gelegentlich Wolle und Seide, hauptsächlich aber Kunstfasern. Es wird auch nicht mehr mit natürlichen Farbstoffen, sondern meist mit Chemikalien gearbeitet. In den Häusern an der Straße bereiten die Männer die Farbflotte zum Einfärben von Garnbündeln vor. Das überschüssige Färbmittel wird von Arbeitern mit kurzen Holzstäben aus den Bündeln gewrungen und läuft auf den Pflastersteinen der Gasse zu einem tiefschwarzen Rinnsal zusammen.

Verlässt man die Färber und folgt der Gasse nach Norden, trifft man nach zwei Biegungen auf den ★**Platz Seffarine** (14), den Platz der **Kupferschmiede**. Hier hämmern die Schmiede an großen Kupferkesseln, die an die Landbevölkerung für Festessen verkauft oder vermietet werden. Wichtig ist, dass die Innenseite der Kesselwandung verzinnt wird, damit es später nicht zu Vergiftungen kommt. Am Platz liegt der Eingang zur ältesten Koranschule von Fes, der **Medersa Seffarine** (8) aus dem 13. Jh. Jüngst restauriert, beherbergt sie heute wieder Studenten der Kairawine.

Weiter nördlich, ebenfalls am linken Ufer des Oued Fes, trifft man auf die größte der drei traditionellen **Gerbereien**, die ★★**Shuwaara** (15). Hier veredelt man Rinds-, Schaf- und Ziegenhäute. Die Arbeiter balancieren in kurzen Ho-

Oben: Der Seffarine ist der Platz der Kesselflicker und -verleiher in Fes.

» Stadtplan S. 120-121, Info S. 143

sen auf den Botticchrändern mit Kalk, Taubenmist und Kleie und stehen oft bis zu den Oberschenkeln in den Trögen mit der Gerberlohe. Nicht nur der Dreck, Laugen und Säuren, sondern auch der kaum zu ertragende Gestank erschweren die Arbeit dieser Männer, die einen der in der islamischen Gesellschaft am meisten verachteten Berufe ausüben. Mitten in der Stadt liegt das Gerberhaus ★**Sidi Moussa** (16) (Produktion von Rinds-, Kamel- und Schafleder), und im Nordwesten befindet sich **Ain Azliten** (17) (nur Ziegenleder), die „jüngste" Gerberei, die erst gegen Ende des 19. Jahrhunderts gebaut wurde.

In vielen Gassen der Medina kann der aufmerksame Besucher ein eigenartiges, auffallend rhythmisches Geräusch hören: das Klappern der Weberschiffchen, die beim Jacqard-Webstuhl mit Hilfe einer Leine (Peitsche) von einem Fangkasten in den anderen geschleudert werden. Die **Weber** stellen den Stoff für die beliebten, bodenlangen *jellabahs* her. Häuser und einzelne Räume, in denen ausschließlich Weber arbeiten, werden in Fes *dräz* genannt. Einer der sehenswertesten und ältesten ★**Dräz** (18), in dem auf drei Etagen mehr als 40 Weber arbeiten, befindet sich nördlich der Kairawine-Moschee.

Zwischen der Kairawine-Moschee und dem Mausoleum von Moulay Idriss II. liegt die ★**Kissaria** (19), der zentrale abschließbare Marktbezirk. Hier werden die kostbarsten Waren wie etwa Tücher, Seide, Brokat, Goldstickereien und wertvolle Pantoffeln verkauft. Die Kissaria von Fes brannte mehrmals nieder – das letzte Mal in den Fünfziger Jahren. Ihre Läden sind im Gegensatz zu allen anderen des Souks mit Blechrollläden verschließbar.

Wer sich zwischen 16 Uhr und 19 Uhr in der Nähe der Pantoffelläden aufhält, wird ein eigenartiges Schauspiel bewundern können: Ehrwürdige Herren laufen mit einem Armvoll *babouschen* (Pantoffeln), laut Zahlen rufend, durch die Gasse, die von vielen, nicht minder ehrwürdigen Herren gesäumt wird. Es sind *dallal*, Vermittler zwischen den Handwerkern und den Soukhändlern. Einen Dallal-Markt gibt es auch für Kleidung (vormittags in der Kissaria) und für Leder (nachmittags am Bab Guissa).

Im Umkreis der Kissaria findet man auf freien Plätzen und in vielen Gassen verschiedene *souks*. Im ★**Souk Attarine** etwa, nordwestlich der Kissaria, werden Devotionalien, Kerzen und Gebetsketten verkauft.

Die nach Zedernholz duftende **Gasse der Schreiner** (zwischen Talaa es Seghira und Zawiya Moulay Idriss II.) mündet in den ★**Souk Nejjarine**. Die Zierde dieses Platzes ist der mit bunten Fliesenmosaiken verkleidetete ★**Nejjarine-Brunnen**, am Eingang zu dem sehenswerten ★★**Foundouk Nejjarine** (20), in dessen restaurierten Räumen ein **Holzschnitzkunst-Museum** die schönsten Werke marokkanischer Kunstschnitzer präsentiert.

Auf dem ★**Souk Henna**, einem idyllischen Platz mit einem riesigen Maulbeerbaum nahe der Zawiya Moulay Idriss II., werden – wie der Name schon sagt – Henna, Hygieneartikel, Töpfer- und Keramikwaren verkauft. Obst, Feigen, Datteln und Süßwaren probiert und kauft man am besten im ★**Souk Chemmannine**, südlich der Kissaria gelegen. Hier sind auch kunstvolle Goldstickereien – etwa Koransprüche auf dunklem Samt – zu sehen.

In unmittelbarer Nähe zur Kissaria befinden sich zahlreiche *fondouks*, ehemalige Handelshäuser, die heute vorwiegend von den Großhändlern als Warenlager genutzt werden. Der älteste ist der **Fondouk Sagha** im Ashabine-Viertel, in dem vor allem Wolle gelagert wird. An der Ostseite der Kairawine-Moschee steht der **Fondouk Tetouan**.

Essen, Trinken und Entspannung

Mitten in der Medina kann man billig Typisches von Garküchen essen, etwa *maaquda* (frittierte Kartoffelbreifladen)

» Stadtplan S. 120-121, Info S. 143

Foto: Thomas Stankiewicz

oder *b'sara* (Bohnenpüree). Bequemer und leichter zu finden sind jedoch die Tajine-Terrassenrestaurants am Bab Boujeloud wie das **La Kasbah**. Ruhe und gute Küche findet man im **Jardin des Biehn** in der Akbat Sba, einem restaurierten maurischen Garten mit Bistro. Wer die teureren kulinarischen Spezialitäten von Fes stilvoll genießen möchte: die Restaurants **Dar Tajine** im Süden der Medina oder **Al Firdaous** beim Bab Guissa logieren in historischen Bürgerhäusern. Eine leckere *bastilla* (Blätterteigpastete) bekommt man auch auf der Dachterrasse des **Palais la Medina** (3) am Derb Chami Bouraijoune Rcif, mit schönem Altstadtblick (weitere Restauranttipps: s. S. 143).

Trotz einer Stärkung zwischendurch wird irgendwann auch der interessierteste Reisende müde, und der von den vielfältigen, teils recht exotischen Eindrücken strapazierte Geist verlangt nach Erholung. Von Vogelgezwitscher umgeben und vom Duft eines Blumenmeeres betört wird man im **Garten** (s. Bild S. 119) des **Palais Jamai** (21), einem zum Luxushotel umgebauten Wesirspalast in der Nähe des Bab Guissa. Von dessen **Bar-Terrasse** genießt man eine großartige Aussicht über das Häusergewirr der Medina bis zum Borj Sud. Verlockend, aber teuer ist das Wellnessangebot im hoteleigenen Hammam.

Das Kontrastprogramm zum Palais Jamai wäre der Besuch in einem der alten Cafés im zentralen Ashabin-Viertel, die nur für Männer gedacht sind. Falls Frauen unbedingt in diese Domäne der marokkanischen Männer eindringen wollen, dann nur in männlicher Begleitung. So oder so ist Vorsicht geboten, da dort gelegentlich auch Haschisch geraucht wird.

Der schönste Abschluss eines Tages in Fes el Bali ist der Besuch eines echten *hammam* (Türkischen Bads), der für die Fassis zum Alltag gehört. Vergnügen und Sehenswürdigkeit zugleich bietet das 700 Jahre alte merinidische **Ham-**

Oben: Der Nejjarine-Platz mit Brunnen und Foundouk (heute Holzmuseum). Rechts: 1968 entstanden die kunstvollen Bronzetore des Feser Königspalasts.

Foto: Berthold Schwarz

mam Al Awiya Sidi Bel Abd, südlich der Kissaria. Nach der ausgiebigen Reinigung in den Warm- und Kalträumen und nach der Massage durch den Bademeisters hat man bereits im Ruheraum unter einer Zedernholzkuppel die Anstrengungen des Tages vergessen.

★Medina Fes el Jedid

Die Merinidenstadt ★**Fes el Jedid** ließ Sultan Abu Youssef 1276 oberhalb von Fes el Bali anlegen, um Verwaltung, Gefolge und Armee des Herrscherhofes unterzubringen. Da dieser neue Regierungssitz der Meriniden nicht wucherte, sondern geplant wurde, können sich Ortsfremde noch heute in Fes el Jedid leicht orientieren.

Den Königspalast **Dar el Makhzen** bewohnt der König, wenn er Fes einen seiner häufigen Besuche abstattet – seine Frau Salma stammt von hier. Da die Innenbesichtigung verboten ist, muss man sich mit dem Anblick des prachtvollen fotogenen ★★**Palasttors** (22) im klassisch-maurischen Stil begnügen – die Messingschmiede von Fes haben hier an der **Place des Alaouites** 1968 ein Meisterwerk geschaffen.

Südlich grenzt an den Palast das frühere Judenviertel an, die ★**Mellah**. Die Juden mussten im 14. Jh. Fes el Bali verlassen und wurden hier zwangsweise angesiedelt. Da sie – wie die Christen – als Schutzbefohlene des Sultans Kopfsteuer zahlen mussten, hatte der Herrscher immer direkten Zugriff auf eine seiner wichtigsten und sichersten Einnahmequellen. Die meisten der ehemaligen Bewohner haben die Mellah in den 1960er Jahren in Richtung Israel verlassen. Man kann aber die **jüdischen Wohnbauten** immer noch an den vielen Holzbalkons und schmiedeeisernen Gittern erkennen, da das Leben der Juden im Gegensatz zu dem der Muslime mehr nach außen zur Straße hin orientiert war. Einen Besuch lohnen die restaurierte ★**Synagoge Aben Danan** (23) (17. Jh.) und der **Jüdische Friedhof** im Süden des Viertels; marmorverkleidete Gräber zeugen vom Wohlstand der früheren Mellah-Bewohner.

Am Ende der betriebsamen **Grand Rue du Mellah** (Grand Rue des Merinides) stößt man auf das ★**Bab Semmarine** (24), dem sich eine imposante merinidische **Markthalle** anschließt. Dort kann man Hausfrauen beim Feilschen um Gemüse oder Fisch sehen.

Am Bab Semmarine beginnt die **Grand Rue de Fes el Jedid** (25), die wichtigste Basarstraße des muslimischen Teils von Fes el Jedid, die nach Norden zum Bab es Seba führt. Auf halbem Weg kann man linker Hand einen merinidischen Baukomplex mit **Hammam**, Toilette und Backofen entdecken. Auch Frauen können hier die öffentliche Toilette benützen – eine Seltenheit in der Altstadt.

Am Ende der *souk*-Straße steht das **Bab es Seba**. Dort warten sowohl Tagelöhner als auch Handwerker, die gleich ihre Werkzeuge mitgebracht haben, auf Auftraggeber. Hinter dem Tor, am Nordeingang des Königspalasts, liegt der **Alte Mechouar**, ein Exerzierplatz, der aber erst Ende des 19. Jh. angelegt wurde. Die Westseite dieses von hohen Mauern begrenzten Platzes bildet die **Makina** (26), eine zur gleichen Zeit von Italienern gebaute und gemanagte Waffenfabrik, in der sich heute eine Teppichweberei befindet.

Man verlässt Fes el Jedid von hier aus entweder nach Norden durch das ★**Bab Segma** (27) und stößt so auf die über 300 Jahre alte **Cherarda-Kasbah**, die heute ein Krankenhaus und die theologische Fakultät der Universität beherbergt; oder man wendet sich vom Bab es Seba ostwärts und passiert auf dem Weg zum Bab Boujeloud die aufwändig restaurierten Gärten des Parks **Jnane Sbile** (28), der zwischen Fes el Jedid und Fes el Bali liegt, und das hübsche **Café de la Nouria**.

Vom Park ist es nicht mehr weit bis zum Kunsthandwerks-Museum ★**Dar Batha** (29) in einem Ex-Wesirspalast.

Rechts: Bab Mansour in Meknes, das monumentale Tor zum einstigen Residenzviertel Moulay Ismails.

★★MEKNES

★★**Meknes** ❷ (530 000 Einw.) liegt in einer fruchtbaren, gut bewässerten Ebene zwischen den quellreichen Gebirgen des Zerhoun und des Mittleren Atlas. Anfangs war Meknes nur eine Ansammlung kleiner Dörfer, angelegt im 10. Jh. von Meknassa-Berbern des *zenata*-Stamms aus Ostmarokko, die ihrer Siedlung den Namen *meknassa es sitoun* gaben: „Meknes der Olivenbäume" – Ölbäume und Wein waren hier schon im 1. Jh. n. Chr. unter römischer Herrschaft kultiviert worden.

Die eigentliche Stadtgründung erfolgte dann 1063, als die Almoraviden eine Festung anlegten. Aufgrund der verkehrsgünstigen Lage am Schnittpunkt großer Karawanenstraßen, welche einerseits die islamischen Länder des Ostens mit den atlantischen Ebenen Marokkos und andererseits den Mittelmeerhafen Tanger mit den damals wohlhabenden Sahel-Ländern verbanden, entwickelte sich Meknes zu einer bedeutenden und entsprechend umkämpften Handelsstadt, die aber im Schatten von Fes stand. Der Meriniden-Sultan Abu el Hassan (1331-1351) begann an dieser Stelle den Bau einer Medersa im spanisch-maurischen Stil, die sein Sohn und Thronrivale Abu Inan (1348-1358) vollendete.

Den Rang einer Königsstadt erhielt Meknes jedoch erst im 17. Jh., als Sultan **Moulay Ismail** (1672-1727), einer der bedeutendsten Herrscher der bis heute regierenden arabischen Alaouiten-Dynastie, sie zu seiner neuen Residenzstadt bestimmte. Während seiner 55-jährigen Herrschaft ließ er einer ungeheuren Bauwut freien Lauf: 25 km Stampflehmmauern, 20 monumentale Tore, mehrere Paläste, unterirdische Gefängnisse, Kasernen, Stallungen, Speicher und Aquädukte entstanden allein in Meknes. Etwa 30 000 zu Frondiensten verurteilte Gefangene, darunter 2000 christliche Opfer der Bou Regreg-Piraten, und zahllose schwarze Sklaven

 » Stadtplan S. 120-121, Karte S. 118, Info S. 143

Foto: Berthold Schwarz

mussten für ihn arbeiten – wenn ihre Kräfte versagten, wurden sie angeblich vom Sultan enthauptet und ihre Leichen als Baumaterial mit eingestampft. Damit ihm immer genügend Arbeitskräfte zur Verfügung standen, ließ er seine 15 000 schwarzen und leibeigenen Elite-Soldaten, die er regelrecht „züchtete", auch das Mau Tarik al Marsa rerhandwerk erlernen. Bis heute stellen Nachfahren dieser Soldaten die Leibgarde des Königs.

Der Harem Moulay Ismails soll mehr als 500 Frauen umfasst haben, mit denen der Sultan über 500 Söhne zeugte – seine Töchter wurden bestenfalls nicht gezählt, schlimmstenfalls nach der Geburt erdrosselt. Gern hätte er auch Marie-Anne von Bourbon, die spätere Prinzessin de Conti, eine uneheliche Tochter Ludwigs XIV., zur Frau genommen, doch Frankreichs Hof nahm seine Werbung nicht ernst.

Zu Moulay Ismails größten Herausforderungen gehörte die Befriedung der aufrührerischen Berberstämme im Atlas, die sich nicht nur weigerten, dem arabischen Sultan Steuern zu zahlen, sondern auch seine Städte angriffen. Deshalb ließ er an strategisch wichtigen Punkten seines Herrschaftsgebiets Kasbahs für Reiter-Garnisonen anlegen, wie in Chefchaouen oder Kasbah Tadla.

Die englischen Besatzer von Tanger belagerte er jahrelang, bis sie schließlich 1684 abzogen. Erfolgreich blockte er an der marokkanischen Ostgrenze die türkischen Osmanen ab, die das benachbarte Algerien schon unterworfen hatten und im 17. Jh. die Hegemonialmacht im östlichen Mittelmeer waren; ein unschätzbares Verdienst des Sultans, da Marokko dadurch seine Kultur bewahren konnte: eine Mischung aus arabisch-andalusischen, schwarzafrikanischen und berberischen Elementen.

Nach dem Tod Moulay Ismails entbrannte unter seinen zahlreichen Söhnen ein 30-jähriger verheerender Nachfolgekrieg, in dessen Verlauf die Sultansresidenz wieder nach Fes und zeitweise nach Marrakesch verlegt wurde. Der nun einsetzende Verfall von Meknes wurde noch durch das große

» Stadtplan S. 132-133, Info S. 143

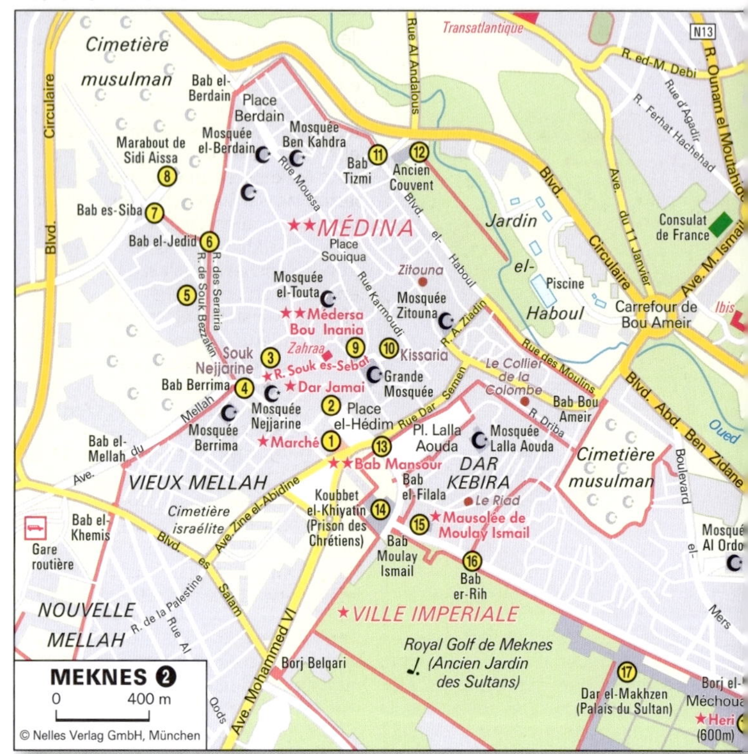

Erdbeben von 1755 beschleunigt, das von Lissabon die Küste entlang bis nach Dakar wütete und zahlreiche Baudenkmäler zerstörte, die bis dahin den Jahrhunderten getrotzt hatten.

Seit 1912 gewann Meknes unter der französischen Kolonialherrschaft nach und nach wieder an Bedeutung, denn die Protektorats-Herren machten die Stadt zu ihrer Hauptgarnison. Dank französischer Siedler, die Kapital und modernes landwirtschaftliches Knowhow mitbrachten, entwickelte sich Meknes bald zu einem prosperierenden Agrarzentrum.

Über dem Südufer des Oued Boufekrane, auf dem Gebiet der Olivenhaine Moulay Ismails, legten die Franzosen nach 1912 die Neustadt (*ville nouvelle*) an – als reines Europäer-Viertel. Der Stadtplaner Henri Prost entwarf die breiten, von Orangen-Bäumen gesäumten Alleen sowie moderne Wohn-, Geschäfts- und Verwaltungs-Gebäude – die mittelalterliche Medina wurde hingegen vernachlässigt und musste zudem den wegen des Wirtschaftsbooms enormen Zuzug ehemaliger Landbewohner verkraften. Marokkaner halten Meknes jedoch für eine der schönsten Städte ihres Landes und loben insbesondere das gemäßigte Klima, die gute Luft, den reichlichen Regen, den guten Wein – in der Rue Ibn Khaldoun residiert **Les Celliers de Meknés**, die größte und bekannteste Kellerei des Landes – und

 » Stadtplan S. 132-133, Info S. 143

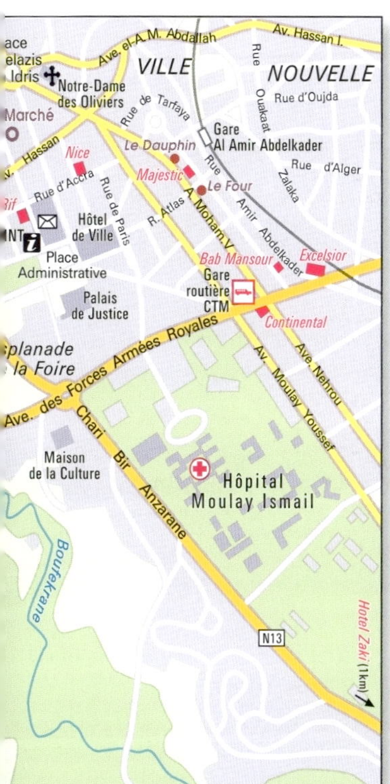

die vielfältigen Arbeitsmöglichkeiten in Industrie und Landwirtschaft.

★★Medina

Das schönste Altstadt-Panorama bietet sich von einer Terrasse vor dem Hotel Transatlantique: Die ★★**Medina**, (UNESCO-Welterbe) auf einem Hügel über dem Nordufer des *Oued Boufekrane* (Schildkrötenfluss), ist umschlossen von mächtigen Lehmmauern mit monumentalen Toren. Ihre weißgekalkten Häuser quellen schon fast über die 300 Jahre alte Stadtmauer hinaus. Die muslimische Altstadt hat enge, verwinkelte Gassen und nach Waren und Handwerks-Sparten gegliederte Souks, die kleiner und weniger vom Fremdenverkehr geprägt sind als die von Fes. Fast fensterlos erscheinen die traditionellen Häuser der Muslime, während sich in der *mellah*, dem ehemaligen Judenviertel, hohe Fenster zur Straße hin öffnen.

Alt-Meknes erschließt man sich am besten in zwei Etappen. Ein erster Rundgang führt durch die *souks*, den Basargassen der Medina (aus Orientierungsgründen am besten mit einem lizenzierten Guide, zu engagieren z. B. im Hotel Rif in der Neustadt), ein zweiter und von der Orientierung her einfacherer Rundgang führt durch Moulay Ismails *ville imperiale* (Königsstadt).

Ausgangspunkt für beide Wege ist der zentrale **Place el Hedim** am Monumentaltor **Bab Mansour el Aleuj** (siehe S. 131 u. S. 136), das die Medina mit dem einstigen Residenz-Viertel verbindet. Diesen Platz nutzte Moulay Ismail im 17. Jh. als Sammelstelle für das Baumaterial, das von weit her bringen ließ; so etwa komplette Marmorsäulen aus Volubilis und Marrakesch. Die große ★**Markthalle** (1) am Platz hält neben frischen Lebensmitteln und Gewürzen (feines *ras-el-hanoud*!), eingelegten Zitronen sowie Oliven jeder Farbe und Größe auch süße Verführungen bereit – Gazellenhörnchen, *chebakia* und Türkischen Honig. Das Restaurant *Pavillon des Idrissides*, gegenüber dem Mansour-Tor, bietet eine **Aussichtsterrasse** mit gutem Platz- und Torblick.

Der Palast ★**Dar Jamai** (2), der das örtliche **Museum** beherbergt, steht an der nordwestlichen Seite des Platzes El Hedim. Errichtet wurde der Bau gegen 1880 unter dem Sultans-Wesir Jamai, der auch das Palais Jamai in Fes (heute ein Fünf-Sterne-Hotel) erbauen ließ. Der ehemalige Wesirspalast besticht vor allem durch seinen gärtnerisch schön bepflanzten *riad* (Innenhof) und ist typisch für vornehme Bürgerhäuser des 19. Jh. In seinen Räumen zeigt das *Musée des Arts Marocains* Holzarbeiten, Keramik aus Meknes und Fes, Teppiche, Stoffe, Stickereien, Koranhandschriften,

Foto: Berthold Schwarz

Silber-, Kupfer- und Eisenwaren. Hervorzuheben sind die Silberarbeiten im syrischen Stil, eine Spezialität der Schmiede von Meknes. Es handelt sich dabei um mit Silberfäden tauschierte (eingelegte) Teller und Gefäße. Sehr schöne Beispiele marokkanischer Innenarchitektur geben die Zimmer im ersten Stock mit ihren kunstvollen Holzstuckaturen.

Hinter dem Dar Jamai führt eine Gasse in die ★**Souks**, in denen neben ländlichen Erzeugnissen vor allem Handwerksarbeiten aus Meknes feilgeboten werden. Hat man die Hauptgasse des Basars, die ★**Rue Souk es Sebat** (3) (Schuhmarkt), erreicht und wendet sich nach links, so kommt man zum **Souk en Nejjarine** (4) (Tischler-Souk), nach dem die nahe **Nejjarine-Moschee** benannt wurde. Sie stammt aus der Zeit der Almohaden (12./13. Jh.), wurde 1757 restauriert und mit einem neuen Minarett versehen. Hinter dem **Bab Berrima** liegt das Quartier Berrima mit der Stadtteil-Moschee gleichen Namens sowie die **Alte Mellah**. Einige jüdische Familien sind von hier in die neue Mellah umgezogen, die weiter südlich am Bab el Khemis (Donnerstagstor) beginnt, doch die meisten Juden sind 1956 nach Israel ausgewandert. Vom Bab Berrima führt die **Rue de Souk Bezzakin** (5) nach Norden; es ist die Straße der Korbmacher und Stoffhändler. Sie folgt teilweise der Medinamauer und endet vor dem **Bab el Jedid** (6) (Neues Tor), dem Platz der Sattler und Eisenschmiede. Von hier ist es nur noch ein kurzes Stück bis zum **Bab es Siba** (7) (Tor des Widerstandes). Dahinter schließlich öffnet sich der Eingang zu den Friedhofsanlagen mit dem **Marabout des Sidi Aissa** (8).

Die für ihre Trancepraktiken weit über die Landesgrenzen Marokkos hinaus bekannte volkstümliche Bruderschaft der **Aissaoua** geht auf den hier begrabenen Ahnherrn Sidi Mohammed Ben Aissa zurück, der auch als Schutzpatron von Meknes gilt. Man rühmte bereits zu Lebzeiten seinen Sanftmut und seine Fähigkeit, allein durch Handauflegen

Oben: Meknes ist als „Stadt der Oliven" bekannt. Rechts: In der Medersa Bou Inania von Meknes.

Schlangenbisse zu heilen. Von seinen Anhängern wird gesagt, sie seien nicht nur immun gegen Schlangengift, sondern sogar imstande, die Reptilien roh zu verspeisen. Bei ihren anlässlich der großen *moussem* im Monat des *mouloud* (Propheten-Geburtstag) durchgeführten Rituale benehmen sie sich wie Tiere: Gruppen stellen Schakale, Katzen, Löwen, Panther, Wildschweine oder Kamele dar. Neben diesen Tierinkarnationen führen die Aissaoua auch Tänze auf, bei denen sie auf scharfen Klingen schreiten und sich, ohne Blut zu vergießen, Eisennadeln durch Wange, Kehle und Schulter bohren.

Am Bab el Jedid folgt man am besten der **Rue des Serairia**, der Straße der Waffenschmiede, nach Süden wieder zurück zum Souk en Nejjarine und gelangt auf der von ungezählten kleinen *hanuds* (Geschäften) gesäumten Rue Souk es Sebat durch dichtes Basar-Gedränge nach Osten.

Kurz vor der **Großen Moschee** erreicht man die kunsthistorische Hauptsehenswürdigkeit von Meknes: die ★★**Medersa Bou Inania** (9) aus dem 14. Jh., eine Koranhochschule, die unter dem Merinidensultan Abu Inan errichtet wurde und in Konzeption und Gestaltung der gleichnamigen Medersa von Fes gleicht. Ihr Eingang wird von einem Vordach aus grünlasierten Ziegeln beschattet; das Tor der hohen Pforte ist mit ziseliertem Kupfer beschlagen. Mitten im Atrium der Bou Inania, das mit bunten Fliesenmosaiken reich verziert ist, steht ein rundes Wasserbecken aus Marmor, das wie eine große Muschel anmutet. An das Ostende des *sahn* (Innenhof) grenzt der von einer Zedernholz-Kuppel gekrönte Betsaal mit dem stuckverzierten *mihrab* (Gebetsnische), der die Mekka-Richtung weist. Im ersten Stock befinden sich die schlichten Wohnzellen, die noch bis 1964 Studenten beherbergten; seitdem hat die Medersa Museumsstatus. Die **Dachterrasse** bietet eine schöne Aussicht über die Dächer der Medina.

Foto: Berthold Schwarz

Weiter ostwärts passiert man den **Souk Kebbabine** und gelangt über die **Rue Sabab Socha** zur **Kissaria** (10), dem Markt der Tuch- und Stoffhändler. Sie mündet in die **Rue Karmoudi**, die als Hauptachse die Medina von Südost nach Nordwest durchzieht. Am Platz **Souiqua** setzt sie sich als **Rue Moussa** fort und führt zum ehemaligen Viertel der *berdain* (Sattler), nach dem die Moschee (die 2010 einstürzte), der Platz und das alaouitische Monumental-Tor **Bab el Berdain** benannt wurden.

Man kann nun an der Außenseite der Stadtmauer entlang, dem Boufekrane-Fluss nach Südosten folgend, zum **Bab Tizmi** (11) (17. Jh.) spazieren, dem Tor des Töpferviertels. Daneben steht das ehemalige **Franziskanerinnenkloster** (12), in dessen Handarbeitsschule bis 1956 Waisen das Sticken und Teppichknüpfen lernten. Zwischen Flusstal und Stadtmauer erstreckt sich der **Park el Haboul** mit heruntergekommenen Zoo, maurischem Café und dem öffentlichen **Schwimmbad**, das vorwiegend Männer besuchen. Wenn man dem Ver-

» Stadtplan S. 132-133, Info S. 143

kehrsstrom folgt, kommt man bald zur **Rue Dar Semen**, der einzigen Straße in der Medina, die von Autos befahren werden darf, und erreicht schließlich wieder die Place el Hedim.

★Ville Imperiale

Den Eingang zum Residenzviertel Moulay Ismails bildet das imposante ★★**Bab Mansour el Aleuj** (13), das gewaltigste Tor von Meknes und Wahrzeichen der Stadt. 1672 begonnen, war sein Baumeister ein zum Islam konvertierter Christ, daher der Beiname el Aleuj, der Abtrünnige – wahrscheinlich ein Kaperopfer der Bou-Regreg-Korsaren. Obwohl sich ein Flechtbandmuster, unterlegt mit farbigen Fliesen, über das Mauerwerk zieht, kann doch die Schwere der Konstruktion nicht verdeckt werden. Die starken Marmorsäulen, welche die beiden vorspringenden Torbasteien tragen, sollen aus Volubilis stammen. Hinter dem Hufeisenbogen beginnt die ★**Ville Imperiale** (oder *Cité imperiale*), deren Grundfläche größer ist als die der gesamten Medina.

Die **Place Lalla Aouda**, hinter dem Bab Mansour, wird im Norden von einer hohen Mauer, im Süden dagegen von dem Wohnviertel **Dar Kebira** begrenzt. Dort befand sich einst das *Dar Kebira* (Großes Haus), der Hauptpalast Moulay Ismails, der 24 Pavillons umfasste, die alle einen eigenen Turm gehabt haben sollen. Der Zahn der Zeit hat von der Anlage jedoch nicht viel übriggelassen.

Hinter dem **Bab el Filala** beginnt der **Wollmarkt**. An der Westecke steht der Pavillon **Koubbet el Khiyatin**, in dem der Sultan ausländische Gesandte empfing. Direkt unter dem Gebäude liegt das **Prison des Chrétiens** (14), ein schauriges unterirdisches Gefängnis, in dem zu Moulay Ismails Zeiten christliche Zwangsarbeiter schmachteten. Wenn man sich vom Pförtner begleiten lässt, kann man sogar noch die schmiedeeisernen Ringe sehen, an denen die bedauernswerten Häftlinge damals angekettet wurden.

Links durch das Bab Moulay Ismail hindurch kommt man auf einen weiten Platz, an dem das ★**Mausoleum von Moulay Ismail** (15) steht. Nach dem Durchqueren des fliesenverkleideten Brunnenhofs hat man die Moscheereinheitsvorschriften zu beachten und an der Schwelle des Betsaals die Schuhe auszuziehen. Die Grabmoschee des absolutistischen Herrschers ist – wie auch das Mausoleum von Mohammed V. in Rabat – eine der wenigen Moscheen Marokkos, die Nicht-Muslimen offenstehen. Man darf sogar einen Blick auf Moulay Ismails Sarkophag werfen, der von zwei Standuhren flankiert wird: Repliken eines Geschenks des „Sonnenkönigs" Ludwig XIV. Standuhren waren damals groß in Mode und sind seither in vielen Moscheen zu finden.

Hohe Mauern flankieren die lange, schnurgerade Straße, die durch das **Bab er Rih** (16) (Tor des Windes) führt. Rechts liegt das **Dar el Makhzen** (17), Teil des alten Sultanspalastes. Die Straße endet am **Borj el Ma** („Wasserfestung", Tor in Flussnähe). Rechts abbiegend erreicht man den **Mechouar** (Audienz-Platz) und fährt dann durch das **Bab en Nouara** (Tor des Wasserrades) an einem Wasserbecken entlang auf den ★**Heri Souani** (18) zu. Im Inneren dieses Getreidespeichers imponieren die mächtigen Gewölbe. Das erste Gebäude wird **Dar el Ma** (Wasserhaus) genannt, denn in seinen großen überkuppelten Nebenräumen befinden sich 40 m tiefe **Zisternen** mit **Schöpfrädern** und Schöpfeimerketten, die einst, von Tieren angetrieben, das Wasser aus der Tiefe förderten. Durch ein hohes Tor ist das „Wasserhaus" mit den **Pferdeställen** Moulay Ismails verbunden, die mit ihren Dimensionen selbst im Verfall noch imponieren; mit vielen gemauerten, 12 m hohen **Bögen**. Das Stalldach ist beim

Rechts: Mächtige Stampflehmmauern tragen das Gewölbe des Dar el Ma (17. Jh.), direkt neben dem Heri-Getreidespeicher.

» Stadtplan S. 132-133, Info S. 143

Foto: Berthold Schwarz

Erdbeben 1755 eingestürzt. Ein Teil davon ist zugänglich, die langen Pfeilerfluchten sind nun reizvolle Fotomotive. 12 000 Araber- und Berberpferde waren zeitweise hier untergebracht, mit denen eine intensive Zucht betrieben wurde: Araberpferde galten als die Besten der Welt und als überlegenes Kriegsmaterial, weswegen es bei Todesstrafe verboten war, sie auszuführen.

Die Zisternen des Dar el Ma wurden einst von dem benachbarten, vier Hektar großen rechteckigen **Agdal** (Wasserbassin) gespeist, das die Wasserversorgung der Ville Imperiale sicherstellte; heutzutage flanieren hier gerne die Studenten der benachbarten **Landwirtschaftsschule**.

Wenn man am Heri gleich links in die erste Straße einbiegt, gelangt man zum **Dar el Beida** (Weißes Haus), einer festungsartigen Palastanlage, erbaut Mitte des 18. Jahrhunderts unter Sultan Mohammed ben Abdallah. Im Jahr 1919 wandelte man den Palast in eine Militärakademie um; heute wird dort die Elite der scherifischen Armee geschult.

★★Volubilis

Der Charme der Ruinen von ★★**Volubilis** ❸ (UNESCO-Welterbe) offenbart sich schon aus der Ferne. Die malerische Lage der einstigen Römerstadt am sanften Osthang des Oued Kroumane-Tals, umgeben von Weizenfeldern, weckt toskanische Gefühle. Olivenöl begründete den Wohlstand der Stadt, und alte Olivenhaine begleiten bis heute die Anfahrt nach Volubilis. In den umliegenden Steineichenwäldern des quellwasserreichen **Jebel Zerhoun** (1118 m) fing man zur Römerzeit Löwen und Panther – als Gegner für die Gladiatoren im Kolosseum in Rom.

Nach ihrem Sieg über Karthago machten sich die Römer auch das Berberreich *Mauretania* tributpflichtig, dessen König Juba II. (25 v. Chr-24 n. Chr.) zeitweise in der Stadt am Zerhoun residierte. Doch nach Aufständen der Berber wegen der Ermordung ihres Königs Ptolemäus durch Caligula in Rom stellte Kaiser Claudius 42 n. Chr. das Reich unter direkte römische Herrschaft und teil-

» Stadtplan S. 132-133, Karte S. 118, Info S. 143

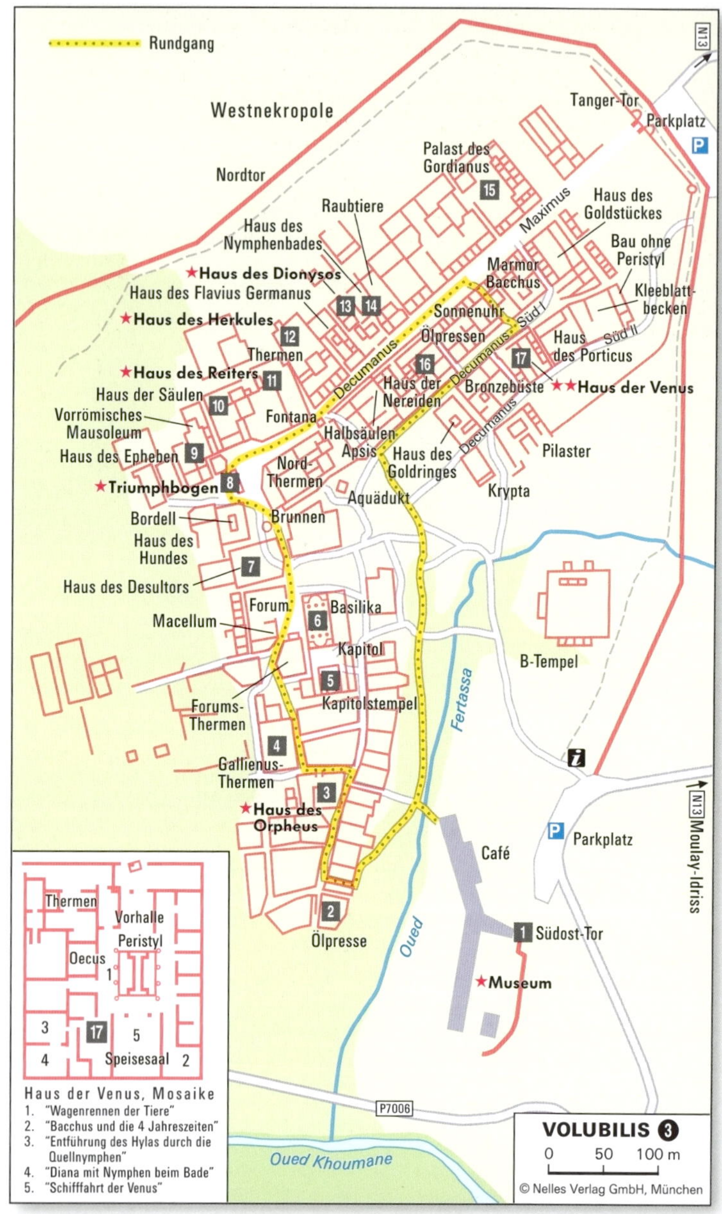
Rundgang
Westnekropole
Nordtor
Tanger-Tor
Parkplatz
N13
Palast des Gordianus
15
Raubtiere
Haus des Nymphenbades
Maximus
Haus des Goldstückes
Bau ohne Peristyl
Marmor Bacchus
★Haus des Dionysos
13
14
Kleeblatt-becken
Haus des Flavius Germanus
Sonnenuhr
Süd I
★Haus des Herkules
12
Ölpressen
Haus des Porticus
Süd II
Thermen
Decumanus
16
Decumanus
17
★Haus des Reiters
11
Haus der Nereiden
Bronzebüste
★★Haus der Venus
Haus der Säulen
10
Fontana
Vorrömisches Mausoleum
Halbsäulen Apsis
Haus des Goldringes
Decumanus
Pilaster
Haus des Epheben
9
Nord-Thermen
★Triumphbogen
8
Aquädukt
Krypta
Bordell
Brunnen
Haus des Hundes
7
Haus des Desultors
Forum
6
Basilika
Macellum
Kapitol
B-Tempel
5
Forums-Thermen
Kapitolstempel
Fertassa
4
Gallienus-Thermen
3
★Haus des Orpheus
N13 Moulay-Idriss
Parkplatz
Café
2
Ölpresse
Oued
1
Südost-Tor
★Museum
Thermen
Vorhalle
Peristyl
Oecus
1
3
17
5
4
Speisesaal
2
Haus der Venus, Mosaike
1. "Wagenrennen der Tiere"
2. "Bacchus und die 4 Jahreszeiten"
3. "Entführung des Hylas durch die Quellnymphen"
4. "Diana mit Nymphen beim Bade"
5. "Schifffahrt der Venus"
P7006
Oued Khoumane
VOLUBILIS 3
0 50 100 m
© Nelles Verlag GmbH, München

te es: Aus der östlichen Hälfte entstand die Provinz *Mauretania Caesariensis* (Nordalgerien); die westliche Hälfte von *Mauretania* wurde zur Provinz *Mauretania Tingitana* (Nordmarokko), deren Prokurator (Gouverneur) je eine Residenz in *Tingis* (Tanger) und in Volubilis unterhielt. Die Region hatte Olivenöl, Getreide, *garum* (Fischpaste), *nigrum* (Korkeichenteer), *thuja*-(Lebensbaum)-Holz, Elfenbein, Pferde und Sklaven nach Rom zu liefern. Volubilis sollte zudem durch vier vorgeschobene Militärlager den Limes im Süden gegen die Atlasberber sichern. Römerstraßen führten nach *Tingis* im Norden, zum Atlantikhafen *Sala Colonia* (Rabat) im Westen und über den Taza-Korridor zur Nachbarprovinz *Mauretania Caesariensis* im Osten. Die 2500 m lange **Stadtmauer** mit 8 Toren und 40 Bastionen wurde erst 169 n. Chr. nötig.

Mit dem Rückzug der römischen Verwaltung nach *Tingis* 285, spätestens aber mit der Gründung Konstantinopels 330 n. Chr. begann unter nun oströmischer, schwacher Herrschaft der Niedergang der blühenden kosmopolitischen Olivenöl-Stadt, in der bei Ankunft von Moulay Idriss 788 n. Chr. Byzantiner, Juden, muslimische und christliche Berber und einige Araber lebten und die erst im 11. Jh. ganz erlosch. Als Moulay Idriss 789 n. Chr. in Sichtweite eine neue Stadt gründete, verlor Volubilis weiter an Bedeutung. Um 1700 musste es dann für die gigantischen Bauvorhaben von Moulay Ismail in Meknes als Steinbruch dienen.

Nahe dem Parkplatz, hinter dem **Südost-Tor** 1, ist ein **Museum** in Bau, das die hier gemachten Funde, auch die in Rabat ausgestellten kunstvollen Bronzestatuen, präsentieren soll.

Den Rundgang unternimmt man, obwohl mit roten Pfeilen markiert, am besten mit einem Führer, um wirklich alle wichtigen **Mosaike** zu sehen, die inmitten wildblumenreicher Gemäuer reizvolle Fotomotive abgeben.

Durch das Südost-Tor betritt man das Gelände, überquert dann den Fertassa-Bach und trifft zunächst auf das steinerne Fundament einer **Ölpresse** 2. Die einst darüber angebrachte, etwa zwei Meter hohe hölzerne Schraubzwinge muss man sich dazu denken; exakt dieselbe Technologie ist aber noch bei dörflichen Olivenbauern im ganzen Land zu besichtigen.

Blickt man von hier zurück Richtung Südosten, sieht man auf einem Ausläufer des Jebel Zerhoun die heilige Stadt Moulay Idriss. Der Gegensatz zwischen römischer und arabischer Stadtplanung ist offensichtlich: Hier in Volubilis zeichnen Haupt- und Querstraßen einen klaren Grundriss in die Fastebene; es herrscht der rechte Winkel. Die Sackgassen der Araberstadt hingegen lassen deren weißgekalkte kubische Häuser wahllos auf dem Felshügel übereinander getürmt erscheinen.

Der gepflasterte Weg führt weiter zum ★**Orpheus-Haus** 3, benannt nach dem **Orpheus-Mosaik**, das den griechischen Sänger zeigt, wie er, Lyra spielend, ein Klagelied auf seine im Hades verschwundene Eurydike anstimmt, umgeben von andächtig lauschenden Wild- und Fabeltieren.

In den benachbarten **Gallienus-Thermen** 4 hat man ein verschlungenes System von Wasserkanälen und Heizschächten freigelegt. Hier genoss der Römer Schwitzstube, heißes Wannenbad, Massagestube und Kaltbad, um anschließend in der *schola* (Wandelhalle) zu philosophieren. Anschließend konnte „Mann" sich im Bordell nebenan (durch ein Phallusrelief markiert) der Sinneslust hingeben.

Vom Anfang des dritten nachchristlichen Jahrhunderts stammt der teilrestaurierte **Kapitolstempel** 5. Die klassische Tetrastylanlage war Minerva, Jupiter und Juno geweiht und ist ein gutes Beispiel für die römische Imperialarchitektur, die den Betrachter in die Front zwingt.

Die fünfschiffige **Basilika** 6 diente als Gerichtsgebäude. Die Sockel auf

Foto: Berthold Schwarz

dem angrenzenden **Forum** trugen Büsten verdienter Bürger. Vom benachbarten **Haus des Desultors** 7 blieben der Nachwelt nur zwei Mosaike erhalten: Ein **Kunstreiter** dreht, rückwärts auf seinem Ross sitzend, eine Ehrenrunde, mit der Rechten den Siegespokal schwingend. Das Bild daneben zeigt einen **Fischer** mit Angel und Netz.

Der ★**Triumphbogen** 8 entstand 217 n. Chr. zu Ehren des Kaisers Caracalla, der allen Freien der Provinzen das römische Bürgerrecht verlieh, Mauretania vom Tribut befreite und die Inflation erfand, indem er den Goldanteil seiner Münzen verringern ließ. Sein Vater, der Soldatenkaiser Septimius Severus, war Berber. Seine Mutter Julia Domna ist auf einem Medaillon rechts oben, unterhalb des Architravs, dargestellt.

Dem **Decumanus Maximus** (Hauptstraße) nach Norden Richtung **Tanger-Tor** folgend, liegt zur Linken das **Haus des Epheben** 9, benannt nach der hier gefundenen 1,5 m hohen Bronzestatue eines jungen Mannes. Der Grundriss der Villa zeigt, dass das römische *atrium* (Innenhof) hier nach griechischem Vorbild zum sonnigen, säulenumstandenen *peristyl* erweitert war.

Auf das benachbarte **Haus der Säulen** 10, mit Säulen in verdrehter Kannelur, folgt das ★**Haus des Reiters** 11 mit dem Mosaik **„Dionysos und die schlafende Ariadne am Strand von Naxos"**: Ein kleiner Amor, der über der Szene schwebt, deutet an, dass es zwischen der kretischen Königstochter und dem Gott des Weines funken wird.

Das ★**Haus des Herkules** 12 zeigt, neben Ganymed und Dionysos, die berühmten Taten des Halbgotts, die **„Arbeiten des Herkules"**: vom „Töten des nemeischen Löwen" über das „Ausmisten der Augiasställe", das „Töten der Hydra" und den „Sieg über die Amazonenkönigin" bis zur „Bändigung des Höllenhunds Cerberus".

Im ★**Haus des Dionysos** 13 zeigt ein Mosaik die **„Vier Jahreszeiten"**.

Oben: Volubilis – Basilika und Forum. Rechts: Mosaik im Haus der Venus – der Held Aktäon überrascht die Jagdgöttin Diana beim Baden an einer Quelle.

» Plan S. 138, Info S. 143

Foto: Berthold Schwarz

Neben dem **Haus des Nymphenbades** 14 – sein Name verweist auf das Mosaikthema – steht die Residenz des Provinz-Prokurators, der **Palast des Gordianus** 15 mit hufeisenförmigem Zierbecken.

Man überquert nun die Hauptstraße, den **Decumanus**, wo unter Arkaden einst Händler aus dem ganzen römischen Reich ihre Waren feilboten. Im **Haus der Nereiden** 16 sind **Meeresnymphen** abgebildet, die Töchter des Meeresgottes Nereus.

Krönender Abschluss der Führung ist die Luxusvilla ★★**Haus der Venus** 17. Das Mosaik „Wagenrennen der Tiere" ist eine Persiflage auf das zirzensische Treiben, mit Vögeln, Pfauen und Enten als Zugtieren. Fünf Medaillons zeigen „Bacchus und die vier Jahreszeiten". Im Nebenraum wird der schöne Argonaut **Hylas**, der Eromenos (junge Partner) des Herkules, beim Wasserschöpfen von **Quellnymphen** entführt, während gegenüber die Jagdgöttin **„Diana mit Nymphen im Bad"** plätschert – heimlich beobachtet vom Jäger Aktäon.

★Moulay Idriss

Marokkos bedeutendstes Wallfahrtsziel ★**Moulay Idriss** ❹ verdankt seine Entstehung einem Familienstreit im fernen Arabien: Die *Aliden*, Nachfahren der Prophetentochter Fatima und ihres Gatten Ali, wurden von den in Bagdad herrschenden *Abbassiden*-Kalifen verfolgt, die nur den Prophetenonkel Abbas zum Ahnen hatten. 786 n. Chr., nach der verlorenen Schlacht von Fakh bei Mekka, floh der Alide Idriss bis ans Westende der islamischen Welt. Die muslimischen *Auraba*-Berber, die in den Ruinen der Römerstadt Volubilis lebten und sich gegen den Herrschaftsanspruch der Araber auflehnten, machten 788 ausgerechnet den Araber Idriss zu ihrem Führer: der Feind ihres Feindes Haroun el Raschid war ihr Freund.

Der *scherif* (Prophetennachfahr) Idriss bewies politisches Geschick, indem er die *Auraba* mit dem Stamm der *Berghouata* vereinte und so den gesamten Nordwesten des Berberlandes beherrschte. Um 790 gründete er Fes,

» Plan S. 138, Karte S. 118, Info S. 143

Foto: Ppictures (Shutterstock)

das dann sein Sohn Idriss II. zum ersten Zentrum städtisch-arabischer Kultur in Marokko ausbaute. Doch Haroun el Raschid, der Kalif von Bagdad, ruhte nicht: 792 gelang es einem seiner Häscher, Idriss zu vergiften. Die Berber begruben ihren *Moulay* (Gebieter) Idriss, den Gründer der ersten arabischen Dynastie Marokkos, am Westhang des Zerhoun-Gebirges in Sichtweite von Volubilis.

Den Überblick über das Mausoleum Idriss' I., die religiöse Mitte der Stadt, ermöglicht der Aufstieg zum Aussichtspunkt in der *khiba*-Oberstadt. Vom Parkplatz der Oberstadt gelangt man zu Fuß, an Bäckerei und *hammam* (Bad) vorbei, zum persisch inspirierten runden **Minarett** der **Moschee Sentissi**, das ein Mekkapilger 1939 stiftete. Die flächendeckende kalligrafische Ornamentik zeigt Variationen der *baraka* (Segenskraft) Mohammeds in kufischer Schrift. Der weitere Anstieg führt an der Grabmoschee des **Sidi Abdallah el Hajam** vorbei zur ★**Aussichtsterrasse**.

Der *horm* (heilige)-Bereich dominiert die *tasga*-Unterstadt. Aus dem Labyrinth der Sackgassen erhebt sich das **Mausoleums Idriss' I.** aus dem 17. Jh.; die Ziegel des pyramidenförmigen Daches sind grün lasiert in der Farbe des Propheten. Zur Rechten schließt sich die Freitagsmoschee mit Minarett an, eine **Zawiya** (Sitz einer Muslimbruderschaft) sowie eine Koranschule.

Eine steile **Treppe** führt hinab zum religiösen Zentrum, durch enge **Altstadtgassen**, in denen **Posamentensticker** und **Kaftannäher** ihre Werkstätten haben. Vor dem Mausoleum bieten **Devotionalienhändler** Kerzen, Amulette und Weihrauch an, Bettler erwarten eine Gabe. Bis 1917 durften Nicht-Muslime die Stadt gar nicht betreten, heute können sie sich dem **Mausoleum** immerhin bis zur **Horm-Schranke** nähern, die Ungläubige und Mulis fernhalten soll. Beim Fotografieren ist Zurückhaltung geboten!

Oben: Stadt Moulay Idriss – das Mausoleum des hier 792 von einem Häscher des Abbasiden-Kalifen Haroun el Raschid ermordeten Arabers Moulay Idriss I. ist das Top-Pilgerziel des Landes.

 » Karte S. 118, Info S. 143

Fes

Délégation Régionale, Place de la Resistance, Tel. 0535 623460, fes@tourisme.gov.ma.

MAROKKANISCH *in der Medina:*
La Kasbah, gute, relativ preiswerte Tajines, Aussichtsterrasse, am Bab Boujeloud, am Beginn einer geschäftigen Medinagasse.
Palais de Fes, schöne Dachterrasse mit Altstadtblick, u.a. Bastilla in verschiedenen Varianten, Rue Makhfia 15 (nahe Place er-Rsif), Tel. 0535 761590.
Dar Jamai, beste Speisen, edles Ambiente, Derb el Miter, Zenjfor. 0535 635685.
Café de la Nouria, Künstler-Treff, hübsche Terrasse, beim Jnane-Sbile-Garten.
MEDITERRAN: **Le Jardin des Biehn**, tolles Ambiente, Garten, tgl. wechselnde kleine Karte, Akbat Sbaa 13, Tel. 0664 6477679.
CAFÉ: **Cafè Clock**, In-Treffpunkt für Kunst und Musik, Derb el Magana 7.

Medersa Bou Inania, 9-12, 13.30-18 Uhr. **Medersa Attarine**, 9-12, 14-17 Uhr. **Museum Dar Batha**, 9-16.30 Uhr.

FLUG: **Royal Air Maroc**, Av. Hassan II. 54, Tel. 0535 620456. **Aeroport Fes-Sais**, 15 km vom Zentrum, nur Taxiverb., Tel. 0535 624800.
BAHN: **Gare de Tanger-Fès**, Rue Imarate-Arabia, Tel. 0535 930333, zu erreichen mit Bus Nr. 19 von der Place Rsif/Medina, Züge nach Tanger, Meknes, Rabat, Casa, Oujda.
BUS: **Gare Routière CTM/LN**, Place Allal al-Fassi, Tel. 0535 732984; alle anderen Linien starten in der Nähe des Bab Boujeloud bzw. in Richtung Rif am Bab Ftouh.

TEPPICHE: Diverse Läden, teils in vornehmen historischen „Palästen" in der Medina Fes el-Bali; Feilschen ist hier nötig!
INT. PRESSE : **Librairie**, Bv. Mohammed V.
MARKT: **Marché Municipal**, Bv. Mohammed V.; frische Lebensmittel, z.B. Rif-Schafskäse.
KUNSTHANDWERK: **Ensemble Artisanal**, Av. Allal ben Abdallah.

Al Khassani, Quartier Dar Mehraz, Tel. 0535 622277.

Meknes

OMNT, Pl. Administrative, Tel. 0535 524426, meknes@tourisme.gov.ma. **Syndicat d'Initiative et de Tourisme**, Esplanade de la Foire, Tel. 0535 520191.

MAROKKANISCH: **Le Riad**, raffinierte Küche, elegante Atmosphäre, in der Ville Imperiale, Ksar Chaacha Dar Lakhina 79, Tel. 0535 530542. **Zitouna**, gute Küche in Palastambiente, Jamaa Zitouna 44, Tel. 0535 530281. **Le Dauphin**, marokkanische Standardgerichte, gelegentlich Fisch, Av. Mohammed V 5.
Le Collier de la Colombe, Panoramalokal in Altstadthaus, Forelle, gute Pastilla, Weinausschank, R. Driba 67, Tel. 0535 555041.
ITALIENISCH: **Pizzeria Le Four**, gute Pizza blechweise, Alkohollizenz, Zankat Atlas/ Av. Mohammed V, Tel. 0535 520857.

Grabmoschee Moulay Ismael, Sa-Do 9-12 und 14-18 Uhr.
Heri, 9-12 und 14-18 Uhr.
Medersa Bou Inania, 9-12 und 14-18 Uhr.

KUNSTHANDWERK: Spezialität von Meknes sind Silberfaden-Einlegearbeiten auf eisernen Ziergegenständen sowie Stickereien. **Ensemble Artisanal**, Bd. Zine el Abidine (Quartier Riad). **Kissaria de Bijoux** bietet Schmuck, **Kissaria de Tissus** Stoffe u. Stickereien; beide in der Medina.

ZUG: Es gibt zwei **Bahnhöfe**, rue Emir Abd el-Kader und Av. des FAR, Tel. 0535 522763; Züge nach Casa/Rabat, Fes, Tanger, Oujda u. Marrakesch.
BUS: **Gare CTM**, Av. des FAR (Straße in Ri. Fes), Tel. 0535 522583, nach Casa, Fes, Ifrane, Rabat, Tanger. Andere Buslinien, auch nach Moulay Idriss: am **Bab el-Khemis**.

Hôpital Moulay Ismail, Av. des F.A.R., Tel. 0535 522805.

Volubilis

Ausgrabungsgelände: 8-17 Uhr. Das neue Museum soll bald fertig werden.

Foto: Berthold Schwarz

MITTLERER ATLAS
Nomaden, Zedern, einsame Seen

VON MEKNES NACH MARRAKESCH
VON FES NACH MIDELT

MITTLERER ATLAS

Der aus Jurakalken aufgebaute **Mittlere Atlas**, den die Marokkaner *el atlas el mutawassit* nennen, zieht sich von Tamelelt aus in nordöstlicher Richtung mit über 400 km Länge bis nach Guercif. Er beginnt im Westen an der *meseta* als sehr regenreicher Tafelatlas (1200 mm/Jahr) und erreicht dort Höhen bis 2400 m. In der gefalteten Zone des Mittleren Atlas, weit im Osten am Rand der Trockensteppe, liegt sein höchster Gipfel, der Jebel Bou Naceur (3340 m). An den Nord- und West-Seiten des Gebirges finden sich Steineichenwälder, in Höhen über 1800 m auch mächtige Atlaszedern. Zahlreiche von Basaltbrocken umgebene Maarseen – von den Berbern *dayet* oder *aguelmane* genannt – zeugen von Gasexplosionen im vulkanisch aktiven Erdzeitalter des Tertiärs. Die im März oft noch verschneiten Weidegebiete über 1600 m werden im Frühjahr von Halbnomaden mit ihren Schaf- und Ziegenherden aufgesucht.

Der Mittlere Atlas ist dünn besiedelt, jedoch reich an forstwirtschaftlich genutzten Wäldern. Dörfer sind rar, Hirten mit Zelten sieht man öfter; nur hie und da bestellen Bauern im Regenfeldbau die mageren Böden der verkarsteten Hochlagen mit Muli und Hakenpflug. Vereinzelt wird in Bruchsteinöfen Kalk und in Meilern Holzkohle hergestellt.

Links: Willkommene Erfrischung im Mittleren Atlas – die Wasserfälle von Ouzoud; im untersten Becken kann man schwimmen.

Leben im Zelt

An breite Kamelrücken erinnern die *khaimas*, die schwarzbraunen Zelte der Nomaden. Die Größe eines solchen Zeltes kann zwischen 15 und 60 m² liegen. Allgemein haben Vollnomaden deutlich größere Zelte als halbnomadische Transhumanten, die zumeist die frostige Winterzeit im Dorf verbringen. Eine *khaima* besteht aus einer etwa zwei Meter langen *akammar* (Firststange), die an ihrer Unterseite mit magischen Symbolen gegen den Bösen Blick verziert ist. Diese Firststange liegt auf zwei Mittelstangen auf, über die die etwa sieben Meter lange *triga* (Hauptspannband) angebracht wird. Diese Konstruktion trägt das Zelt und verleiht der *khaima* ihre typische geschwungene Form. Die Zeltplane besteht aus 70-100 cm breiten *aflij* (Bahnen). Die Bahnen weben Nomaden-Frauen aus schwarzer Ziegenhaarwolle, in die manchmal Palmfasern eingearbeitet werden. Sie lassen bei trockenem Wetter Luft durch, quellen jedoch bei Regen auf und machen so das Zelt wasserdicht. Die Anzahl der *aflij* entscheidet über die Breite

» Karte S. 146, Info S. 153

KÉNITRA
SIDI-SLIMANE
Sidi-Kacem
Dar-Bel-Amri
Mehdiya-Plage
Musée Belghazi
FORÊT DE LA MAMORA
SALÉ
RABAT
TÉMARA
Tamesma
FES EL-BALI
FÈS
MEKNÈS
Volubilis
Moulay-Idriss
Sefrou
Khémisset
Immouzzer du-Kandar
Parc Nat. Dayet Aoua Ifrane
Ifrane
Balcon d'Ito
Azrou
Mischliffen
Boulemane
Oulmès
Ez-Zhiliga
PAYS ZAËR
ZAÏANE
Aguelmouss
Sources de l'Oum er-Rbia
Aguelmane Sidi Ali
Col du Zad
Khénifra
Aguelmane Azigza
KHOURIBGA
PLATEAU DES PHOSPHATES
Oued-Zem
Barrage El-Hansali
Oued Oum er Rbia
Kasbah Tadla
Zeida
Midelt
MOYEN ATLAS
PLATEAU DE L'ARID
Jebel Ayachi 3737
J. Masker 3227
Fkih-Ben-Salah
Souk-Sebt-des-Oulad-Nemâa
BENI MELLAL
Ain Asserdoun
Parc National Haut Atlas Oriental
Lac Tislit
Lac Isli
Imilchil
Afourer
Ouaouizarht
Barrage Bin-el-Ouidane
Cascades d'Ouzoud
Azilal
Assif Melloul
HAUT ATLAS
Demnate
Pont naturel Imi-n-Ifri
Irhil M'Goun 4071
Gorges du Todra
Gorges du Dades
Tinerhir (Tinghir)
Tinejdad
Goulmima
Boumalne-du-Dadès
JEBEL OUGNAT
Mecissi
MITTLERER ATLAS
0 25 50 km
© Nelles Verlag GmbH, München

Foto: Berthold Schwarz

des Zeltes. Die einzelnen Stoffbahnen werden zusammengenäht und über ein Winkelholz und ein Spannseil (meist aus Hanf) an Pflöcken (oft aus Olivenholz) befestigt. An den Enden der *aflij* befinden sich Fransen, die Regenwasser abtropfen lassen. Die häufig reich mit fruchtbarkeitsfördernden Ornamenten bestickten Seiten der Zelte sind sommers aufgeschlagen, im Winter durch zusätzliche Bahnen abgeschottet.

In abgelegenen Gegenden laden gastfreundliche Nomaden manchmal Fremde in ihr Zelt ein: eine gute Gelegenheit, die naturnahe Lebensweise dieser Menschen kennen zu lernen. Ziegen und Schafe sind ihre Haupteinkommensquelle; auf Herde und Zelt passen Hirtenhunde auf, denen man mit größtem Respekt begegnen sollte! Wenn man sie außerhalb der Reichweite ihrer Besitzer antrifft, kann man sie durch eine Geste des Steinaufhebens auf Distanz halten – sie wissen nicht, dass Touristen die absolute Treffsicherheit der Hirten abgeht. Mulis tragen Wasser und transportieren den gesamten Hausrat inklusive Zelt. Die Nomadinnen halten oft Hühner, die in einem Gehege aus Dornengestrüpp leben. In der Nähe des Zelteingangs steht der unverzichtbare Lehm-Ofen, in dem aus frischgemahlenem Gerstenmehl *khobza* (Fladenbrot) gebacken wird.

Oben: Eine Khaima mit magischen Ornamenten am Azigza-See.

Eine *khaima* ist im Prinzip genauso eingeteilt wie ein normales marokkanisches Haus: es gibt Bereiche für den Gästeempfang, Schlafbereiche für Frauen und Kinder und ein Abteil für die Männer. Die warmen Teppiche werden von den Frauen selbst gewebt und geknüpft, wenn tagsüber die Männer das Vieh auf den Weiden bewachen. Wasser bewahren die Nomaden zumeist in *guerbas* (Ziegenschläuchen) auf. In solchen Lederbehältern oder in selbst getöpferten Gefäßen wird auch gebuttert. Natürlich gehört zu jeder Einladung die obligatorische Teezeremonie. Die unverzichtbaren Zuckerhüte werden in schön ornamentierten, oft silbernen Be-

» Karte S. 146, Info S. 153

Foto: Berthold Schwarz

hältern aufbewahrt. Nur der Hausherr hat dafür einen Schlüssel und beweist, dass zumindest in der Vergangenheit Zucker ein kostbares Gut war. Die Zubereitung und das Abschmecken des grünen Tees ist Sache des Patriarchen. Als Imbiss wird gern frisches Brot und selbstgeschlagene Butter gereicht; mit den Worten *bismillah* (in Gottes Namen) wird die Mahlzeit eingeleitet. Natürlich freut sich die Großfamilie – besonders die Kinder – über ein Geschenk zum Abschied. *Schukran* heißt Dankeschön!

VON MEKNES NACH MARRAKESCH

Auf dem Weg nach Marrakesch, der „Perle des Südens", verlässt man **Meknes** ❶ (550 m) auf der Nationalstraße 13, die hinter **El Hajeb** (1050 m) den Westrand des **Mittleren Atlas** erklimmt. Dort beginnt das traditionelle Weidegebiet der Berber-Nomaden vom Stamm der **Beni M'Guild**. Vom **Ito-Balkon** ❷ (1430 m) bietet sich ein herrlicher Blick auf die alten Vulkankegel und Lavaströme des Tigriga-Tals. Man passiert dann **Azrou** ❸ (1270 m ü.M., 67 km), das im Sommer ein sehr angenehmes Klima hat (siehe S. 151).

Oben: Pferde, Schafe und Ziegen schätzen die grüne Weide am Aguelmane Azigza, einem Maarsee mitten im Zedernwald. Rechts: Ein Halbnomade im Mittleren Atlas.

17 km weiter, auf der N8 in Richtung Marrakesch, bietet sich die Gelegenheit, eine reizvolle, kurvenreiche ★**Nebenstrecke** nach Khenifra (80 km) unter die Räder zu nehmen: über die Sommerfrische **Ain Leuh**, durch Stammesland der Beni M'Guild-Berber, zu den Quellen des Oum er Rbia. Durch **Zedernwälder**, in denen *magots*, schwanzlose **Berberaffen** leben, und einsames von Steineichen bestandenes, karstiges Hochland (1800 m ü.M.) gelangt man zum Oberlauf des **Oum er Rbia**, dem wasserreichsten Fluss Marokko. Er entströmt einer langen ★**Schlucht** ❹, die man mit örtlichen Führern erkunden kann. Bei den blauen **Quellen** nahe der Brücke handelt es sich allerdings nicht um den Ursprung des Oum er Rbia, der

» Karte S. 146, Info S. 153

noch zwei Tagesmärsche entfernt ist, sondern um Salzquellen.

Etwa 20 km weiter südlich liegt in einem von Halbnomaden genutzten Sommerweidegebiet der blaue Maarsee ★**Aguelmane Azigza** ❺ (1800 m), umrahmt von grünen Wiesen, stämmigen Atlaszedern und Felswänden, in denen Milane nisten. Am Ostende des Sees kann man unter Steineichen picknicken. Durch ein angrenzendes Trockental, in dem Schaf-Nomaden gerne ihre Zelte aufschlagen, kann man – am Zedernwald entlang – zu einer aussichtsreichen Anhöhe wandern; archaische Kalkbrennöfen säumen den Weg.

Vom Azigza-See erreicht man auf einer schmalen, kurvenreichen Teerstraße nach 25 km die Provinzhauptstadt **Khenifra** ❻ (Sonntagsmarkt) und die Nationalstraße 8, die weiter nach Südwesten führt.

Rund 20 km vor Kasbah Tadla zweigt die Straße R317 Richtung El Ksiba ab, auf der im September viele zum Heiratsmarkt der Ait Haddidou bei **Imilchil** fahren. Auf dieser Bergstraße kann man den Zentralen Hohen Atlas erkunden und über 2800 m hohe Pässe die Todhra- oder die Dades-Schlucht im Süden erreichen.

Zwischen Khenifra und Kasbah Tadla ist der Oum er Rbia, die „Mutter des Frühlings", zu einem großflächigen **Speichersee** aufgestaut worden – unverzichtbar für die agrarische und energiepolitische Zukunft Marokkos.

In **Kasbah Tadla** ❼ sollte man sich die alte **Stampflehmbrücke** über den Oued Oum er Rbia aus der Zeit Moulay Ismails und die Überreste der zu ihrem Schutz angelegten rund 300 Jahre alten **Kasbah** ansehen, die einen schönen Blick auf die Tadla-Ebene bietet.

Die Stadt **Beni Mellal** ❽, 30 km südlich von Kasbah Tadla, am Rand des Mittleren Atlas, ist das florierende Zentrum einer fruchtbaren Ebene, in der auf ausgedehnten Staatsgütern dank Kanalbewässerung Orangen, Zuckerrohr und Gemüse angebaut werden. An der

Foto: Berthold Schwarz

nahen Quelle **Ain Asserdoun** picknicken die Einheimischen gerne, in einem schattigen **Park**. Weiter oben befindet sich die Ruine einer Kasbah, von der sich eine gute Aussicht bietet.

Da die Hauptstraße nach Marrakesch landschaftlich wenig zu bieten hat, ist es reizvoller, 18 km westlich von Beni Mellal auf die Straße R304 in Richtung Afourer und Azilal einzubiegen, die über viele Serpentinen, mit schönem Panoramablick auf die Orangenplantagen der Ebene, wieder in den Mittleren Atlas hinauf zum **Stausee Bin el Ouidane** ❾ führt. Seine 130 m hohe Staumauer wurde in den fünfziger Jahren von französischen Ingenieuren erbaut (Fotoverbot). Die R304 gewinnt danach weiter an Höhe und erreicht – etwa 27 km nach dem Damm – **Azilal** mit seinem Dienstagsmarkt. Von dort führt eine Bergstraße in den Zentralen Hohen Atlas; lohnende Trekkingtouren in Höhen bis über 4000 m kann man von **Agouti** und **Tabant** im **Bouguemez-Tal** aus unternehmen (Tourbeschreibung S. 161, Karte S. 159).

Foto: Berthold Schwarz

Auf dem weiteren Weg nach Marrakesch sollte man unbedingt die im Maghreb einzigartigen ★**Wasserfälle des Ouzoud** ⑩ (Bild S. 132) besuchen. Der Oued Ouzoud stürzt dort in einen 110 m tiefen Talkessel, in dem sich kleine Seen gebildet haben, die über Kaskaden miteinander verbunden sind. Ein schattiger Spazierweg führt von der Abbruchkante der Felswand durch Feigen- und Olivenhaine hinunter zu den natürlichen **Badepools**. Wenn es der Wasserstand des Oued Ouzoud erlaubt, kann man den Fluss überqueren, an den Talhängen entlang zu den **Schluchten des Oued el Abid** wandern und durch die Olivenhaine der nördlichen Hochebene zum bewachten Parkplatz an der **Auberge** zurückkehren. Dahinter liegen, über dem Wasserfall, kleine **Getreidemühlen**, in denen die Bauern des nahen Dorfs Souk Tleta mahlen. Im Dorf existieren noch muligetriebene **Ölmühlen** – fast wie vor 2000 Jahren zur Römerzeit.

Oben: Oum-er-Rbia-Stausee bei Khenifra. Rechts: Die letzten Zedern am Col du Zad im Mittleren Atlas (im Hintergrund: der Hohe Atlas).

Auf der R304 weiter westwärts, bietet sich ein Abstecher über **Demnate** zur ★**Felsbrücke Imi n'Ifri** ⑪ an. Der Oued Ifri, Nebenfluss des Oued Lakhdar, unterquert in einer beidseitig angeschnittenen Karsthöhle den Jurakalk des Hohen Atlas. In den Felsnischen nisten Mauersegler, Krähen und unzählige **Fledermäuse**. Guides begleiten einen auf dem nicht ganz einfachen Pfad.

Von Imi n'Ifri führt eine Piste zu fossilen **Saurierspuren**, die von den Hinterbeinen von Kleinsauriern stammen, die in den einst lehmigen Flussufern nach Beute jagten. Hier wurden auch große Saurierer gefunden. Die Fundorte liegen in einem kleinen Gebiet verstreut und können zu Fuß besichtigt werden (Führer an der Felsbrücke).

Von Demnate aus kann man entweder auf der R208 über **Tamelelt** (großer Sonntagsmarkt) oder auf der kleinen Straße R210, am Nordrand des Hohen Atlas entlang, über Sidi Rahhal weiter nach **Marrakesch** fahren.

» Karte S. 146, Info S. 153

Foto: Berthold Schwarz

VON FES NACH MIDELT

In **Fes** beginnt die Nationalstraße 8, die die bewässerte und deshalb sehr fruchtbare Sais-Ebene durchquert und dann hochsteigt zur Sommerfrische **Imouzzer du Kandar** ⓬ (38 km). Sie liegt in 1350 m Höhe am Steilabbruch des Kandar-Massivs im Mittleren Atlas – in der heißen Zeit ein Refugium für hitzegeplagte Städter aus der Ebene. Die kleine **Markthalle** bietet ein breites Gemüse- und Fleisch-Angebot.

Kurz hinter Imouzzer zweigt eine kleine Straße nach Osten zum **Dayet Aoua** ⓭ ab, auf der man eine **Seen-Rundfahrt** zu den *dayets* **Iffrah**, Iffer, Hachlaf und Jerane unternehmen kann.

An die Savoyer Alpen erinnern die ziegelgedeckten spitzgiebligen Häuser von ★**Ifrane** ⓮, die in den 1930ern, zur Protektoratszeit, in kühlen 1650 m ü.M. entstanden – damals ein Stück Heimat für wohlhabende französische Familien aus Meknes und Fes; im Sommer kühl, im Winter bis zu -24 °C kalt (gemessen 1935) und schneereich. Auch der **Königspalast** ähnelt eher einem französischen Schloss als einer arabischen Sultansresidenz. Bei Gebäck und Obstkuchen in den **Cafés** am zentralen Platz kann man an der Wohlstands-Langeweile der marokkanischen Oberschicht teilhaben, die aus der Franzosen-Sommerfrische eine moderne Villen- und Zweitwohnungskolonie gemacht hat. Die Kinder des marokkanische Geldadels besuchen die elitäre englischsprachige **Amerikanische Universität** und, nach Mitternacht, den **Nachtklub**. Im Stadtpark erinnert ein sieben Meter langer **Steinlöwe** von 1930 daran, dass einst Berberlöwen in den Höhlen der verkarsteten Umgebung hausten.

Eine interessante Nebenstrecke (anfangs R707) auf dem weiteren Weg nach Midelt führt über den Pass **Tizi-n-Tretten** (1934 m) durch ★**Zedernwald** nach **Mischliffen** ⓯, einer **Skistation** mit Schleppliften am **Jebel Hebri** (2104 m).

Fährt man statt über Mischliffen über **Azrou** ❸, so lässt sich unterwegs ein Halt im **Zedernwald** bei der ★**Gouraud-Zeder** einbauen, der mit

Foto: Berthold Schwarz

40 m Höhe und 9 m Stammesumfang größten des Mittleren Atlas (4 km lange Stichstraße). Azrou (1270 m ü.M.), der expandierende Hauptort der Beni M'Guild-Berber, ist bekannt für hochflorige Schafwoll-Teppiche, die man in der **Teppichknüpferschule**, auf dem **Dienstagsmarkt** und im **Centre Artisanal** kaufen kann.

Hinter Azrou steigt die Nationalstraße 13 durch schöne Zedernwälder zu einem 1945 m hohen Pass, an den sich die baumlose **Tighza-Hochebene** anschließt, die sich zum Tal des Oued Guigou neigt. Auf einer Felswand vor dem Ort **Timahdite** (1800 m) nisten Störche. Am Basaltbett des mäandrierenden **Guigou** entlang aufwärts, kommt man in vulkanisch geprägtes Hochland (2000 m) – traditionell Weidegebiet der halbnomadischen Beni Mguild.

Der große Marsee ★**Aguelmane Sidi Ali** ⓰ ist nach dem Berber-Heiligen Sidi Ali ou Mohand benannt, dessen *marabout*-Grab am Südufer des tiefblauen Sees zu finden ist. In den umliegenden sumpfigen Wiesen machen im Frühjahr Zugvögel Station.

Die N13 gewinnt weiter an Höhe und überquert am **Col du Zad** ⓱ (2178 m) den Hauptkamm des Mittleren Atlas, der hier die Wasserscheide zwischen Atlantik und Mittelmeer darstellt. In den bereits stark dezimierten **Zedernwäldern** leben **Magots**, schwanzlose **Berberaffen**. Leider ist diese Makakenart, die bis zu einem halben Meter groß und bis zu 30 Jahre alt werden kann, heute durch rücksichtslose Abholzung und die zunehmende Überweidung ihres Lebensraumes gefährdet.

Vom Col du Zad fährt man durch Zedern- und Steineichenwälder an einer Schlucht entlang, die noch den alten Karawanenweg erahnen lässt, hinab ins Moulouya-Tal. In **Zeida** ⓲ (1450 m) überquert die Straße den **Moulouya-Fluss**, der durch eine trockene Hochebene am Südostrand des Mittleren Atlas fließt und erst nahe der algeri-

Oben: Es gibt schöne Mineralien im Mittleren und Hohen Atlas – diese Calcit-Drusen jedoch sind künstlich gefärbt und so für Sammler wertlos.

» Karte S. 146, Info S. 153

schen Grenze ins Mittelmeer mündet. Am Horizont hebt sich majestätisch der Hohe Atlas mit seinen oft bis Mai schneebedeckten Dreitausendern von der Trockensteppe der **Plaine des Arid** ab; besonders markant: der **Jebel Ayachi** (3737 m). In diesem kargen Weideland schlagen gelegentlich **Nomaden** ihre Zelte auf – lange ist es her, dass ihre kriegerischen Vorfahren, die Meriniden, den halben Maghreb eroberten.

Das in der Protektoratszeit führende, heutzutage etwas angestaubte **Hotel Ayachi** erinnert in **Midelt** ⓳ (s. S. 159), einer Kleinstadt in 1500 m Höhe am Fuß des Jebel Ayachi, noch an die Zeit, als die Bleiminen in der Umgebung profitabel waren, durstige französische Ingenieure hier logierten und die (original erhaltene) Hotelbar frequentierten. Ansonsten hat Midelt (46 000 Einwohner) eine moderne **Markthalle** (Spezialität: afrikanische Äpfel), einen großen **Sonntagsmarkt**, eine nostalgische Bierbar und einige Mineralienläden zu bieten. Die Stadt empfiehlt sich für eine Mittagspause auf halbem Weg in die Wüste und besonders als Basis für **Ausflüge** ins Gebirge (Jaffar, Tattiouine, Ayachi, Aouli-Schlucht; siehe Kapitel „Zentraler Hoher Atlas"); das Hotel Ayachi vermittelt Geländefahrzeuge mit Fahrer.

In der Umgebung gibt es alte **Minen** und Bergwerke, in denen Blei, Mangan, Kupfer, Zinn und Zink abgebaut wurden. Aus den Schächten des Gebiets um **Mibladene** und **Aouli** kommen nur noch ★**Mineralien**, die in Midelt und an den Touristenrouten angeboten werden; zu den schönsten gehört der *Vanadinit*, eine Blei-Vanadium-Verbindung, und der *Anglesit* (Bleisulfat). Interessant sind aber auch kupferhaltige Mineralien wie Kupferkies, *Azurit* und *Malachit* sowie der seltene *Brokantit*, der smaragdgrüne Kristalle bildet. Der dunkle Bleiglanz heißt übrigens in Marokko *khol*, Berberinnen nützen ihn gerne als Lidschatten. Vorsicht beim Kauf: Mineralien können überteuert, gefälscht oder schlicht wertlos sein.

MINERALIEN: Am Straßenrand werden Mineralien angeboten; diese können geklebt, gefärbt oder gefälscht sein, wie auch manche Fossilien – als Designobjekt o.k., aber nicht als Wertanlage.

SKIFAHREN: Schnee liegt meist von Januar bis März. Schlepplifte am Mischliffen und am Djebel Hebri, nahe Ifrane. Skiverleih in den Hotels von Ifrane.

Azrou

Hotel-Restaurant Amros, marokkanische und internationale Küche, schön im Grünen, von Meknes kommend 7 km vor Azrou, Tel. 0555 563663.

Cybercafè La Brise, Internetcafé und viele Infos für die Region, an der Straße nach Meknes.

Beni Mellal

OMNT, Av. Hassan II, Tel. 0523 48 8663, benimellal@tourisme.gov.ma.
Markttage: Dienstag u. Sonntag.

Hotel-Restaurant Al Bassatine, ideal für die Mittagsrast, an der Straße Beni Mellal-Casa, Tel. 0523 482247.

Cascades d'Ouzoud

Hotel-Restaurant Les Cascades, ausgezeichnetes Restaurant mit schöner Aussicht, oberhalb der Wasserfälle, Tel. 0523 459658.

Ifrane

Délégation Régionale, Place du syndicat, Tel. 0535 566821, ifrane@tourisme.gov.ma. **Markttag** ist Mittwoch.

Café-Restaurant de la Rose, in hübschem Ambiente wird neben marokkanischen Spezialitäten auch Forelle serviert, 7, rue des Erables, Tel. 0555 566215.
Boulangerie Le Croustillant, die Konditorei ist weit über Ifrane hinaus berühmt für ihr köstliches Gebäck, hier sollte man z. B. die *cornes de gazelle* probieren, Rue des Lilas.

Astrid Darr

Trekker auf dem Tarkedit-Plateau, unterwegs zum höchsten Berg des Zentralatlas, dem Irhil M'Goun

Foto: Carmen Rohrbach

ZENTRALER HOHER ATLAS
Rund um den Irhil M'Goun

MIDELT UND JAFFAR
IMILCHIL
BOUGUEMEZ-TAL
M'GOUN-TREK

ZENTRALER HOHER ATLAS

Der **Zentrale Hohe Atlas** stellt für Reisebusse ein gewaltiges Verkehrshindernis dar: Vom Tizi n' Tichka-Pass im Südwesten streicht er über 300 km Länge bis zum Talrhemt (Tagalm)-Pass im Nordosten. Der afrikanische Kontinent stieß in den letzten 350 Millionen Jahren mehrmals an die europäische Scholle: In der marokkanischen Knautschzone entstanden so auch die sechs parallel nach Nordosten verlaufenden Ketten des Zentralatlas. Dessen über 4000 m hoch aufgefaltete Jurakalke bedecken ein bis zu 100 km breites Gebiet zwischen Mittlerem Atlas im Norden und Jebel Saghro im Süden.

Markante Gipfel im Zentralen Hohen Atlas sind: im Westen der **Jebel Anrhomer** (3607 m), im Zentrum der **Rat** (3190 m), **Tignousti** (3820 m), **Irhil M'Goun** (4068 m), **Ouaoulzat** (3770 m) und der **Jebel Azourki** (3690 m). Weiter nordöstlich, in der Übergangszone zum Mittleren Atlas, liegen der **Jebel Masker** (3277 m) und der **Jebel Ayachi** (3737 m).

Am Südrand des Gebirges haben die Flüsse M'Goun, Dades, Todhra, Rheris und Ziz spektakuläre *gorges* (Schluchten) geschaffen; ihre Wasser nähren die Flussoasen des Südens. Im Herzen des Massivs ziehen vor allem die **Schluchten des Tessaout** (Wandras), **Tiflout**, **Arous** und des oberen **M'Goun** Kletterer und Wanderer an. Die aufwändige Bewässerungslandwirtschaft der Haouz- und Tadla-Ebene im Nordwesten wird erst durch die Atlas-Flüsse Tessaout, Lakhdar und Assif Melloul möglich; der Zentrale Hohe Atlas ist der Regenfänger und Hauptwasserspeicher Marokkos. Die Niederschläge – und infolgedessen die Vegetation – nehmen jedoch von Norden nach Süden und mit zunehmender Entfernung vom Atlantik auch nach Osten hin drastisch ab. Während noch im März manchmal Schneefälle bis 1000 m die nördlichen Pisten blockieren, toben am Südrand des Gebirges schon die ersten heißen Sandstürme. Bis zu 30 °C können die Temperaturen im Tagesverlauf schwanken: „Ein kaltes Land, in dem es sehr heiß wird", wie schon anno 1912 der französische Generalresident in Marokko, Marschall Lyautey, bemerkte. Im Sommer stehen nachmittägliche Wärmegewitter auf der Tagesordnung.

Die noch vor 1000 Jahren dichten Wälder sind sehr stark gelichtet, im Osten des Jebel M'Goun nahezu ganz verschwunden. In Höhen bis 3000 m zeugen davon noch vereinzelte uralte Schwarze Wacholder-Bäume mit meter-

Links: Der Kadi traut ein Ait Haddidou-Paar auf der Moussem von Imilchil.

» Karte S. 159, Info S. 165

Foto: Marcelmooij (Dreamstime)

dicken Stämmen. Ihr Baumharz liefert den wohlriechenden arabischen Weihrauch. Bis 2500 m ist die immergrüne Steineiche anzutreffen. Die Atlaszeder – in dieser Höhenlage früher weit verbreitet – wächst im Hohen Atlas heute nur noch am Ayachi-Massiv. Bis 2000 m gedeihen Zedern- und Zypressenwacholder, bis 1800 m die Aleppokiefer. Die Berberthuja findet sich nur in tieferen Lagen im Nordwesten. Das stark überweidete Gestrüpp in der Nähe von Dörfern besteht zumeist aus Kermeseichen, Buchsbaum, Lentisken, Ginster und aus Zwergpalmen. An den Flussläufen gedeihen Weide und Oleander, dessen rosa Blüten man bis in 2500 m Höhe bewundern kann.

Die Bauern der Gebirgs-Flussoasen setzen zunehmend Obstbäume: Äpfel, Aprikosen und Pfirsiche, in wärmeren Lagen oft auch Mandelbäumchen. Ein schnellwachsender Holzlieferant ist im Süden die Silberpappel. Auf kunstvoll bewässerten Terrassen werden Gerste, Roggen, Kartoffeln, Steckrüben und Karotten angebaut, in warmen Lagen im Herbst auch Mais. In den nördlich des Hauptkamms gelegenen Hochtälern, von 1800 m bis 2400 m Höhe, ist der Nussbaum zuhause. An den oberen Enden solcher Täler gibt es im westlichen Zentralen Hohen Atlas saftige Hochweiden, von den Berbern *almu* genannt. An den Berghängen ist der Bewuchs allerdings spärlich, die Pflanzen drängen sich zu Dornpolstern zusammen, sind giftig oder stachlig, um Schaf- und Ziegenverbiss zu trotzen.

Die steilen Wände der Gebirgsschluchten sind das Dorado einer bunten Vogelwelt, von Ringeltaube und Gänsegeier bis zum Königsadler. Borsten der vielen Stachelschweine dienen den Berberinnen als Schminkgerät. Füchse, Wildkatzen, Schakale, Luchse, selbst Leoparden sind die Beutejäger des Atlas. In den dichten Wäldern ganz im Nordwesten tummelt sich der *magot* (Berberaffe). An warmen Südhängen leben Eidechsen, Schildkröten und Dornschwanzechsen; Skorpione und Vipern jedoch ebenfalls – zwar sind sie selten, trotzdem aber gefährlich! In den klaren Bergbächen kann man Barben und Forellen fischen.

Mufflon und Gazelle, auf jungsteinzeitlichen Felsgravuren verewigt, sind ausgestorben. Am häufigsten wird der Wanderer weidenden Schafen und Ziegen, Eseln und erstaunlich geländegängigen Maultieren begegnen, in den trockenen Hochlagen des Ostens auch den Dromedaren der Nomaden.

Der Hohe Atlas westlich von Marrakesch ist ein Siedlungsgebiet von *schlöh*-Berber, die *taschelheit* sprechen. Sie treiben Feldbau in den Flussoasen, stellen aber auch Schafherden zusammen, die Dorfhirten auf die sommerlichen Hochweiden begleiten; dort nächtigen die Hirten meist im *azib* (einfache Schutzhütte). Die *beraber* hier im Zentralen Hohen Atlas hingegen (erkennbar am *tamazirt*-Dialekt) sind traditionell

Oben: Magots (Berberaffen) leben in den Wäldern im Nordwesten.

» Karte S. 159, Info S. 165

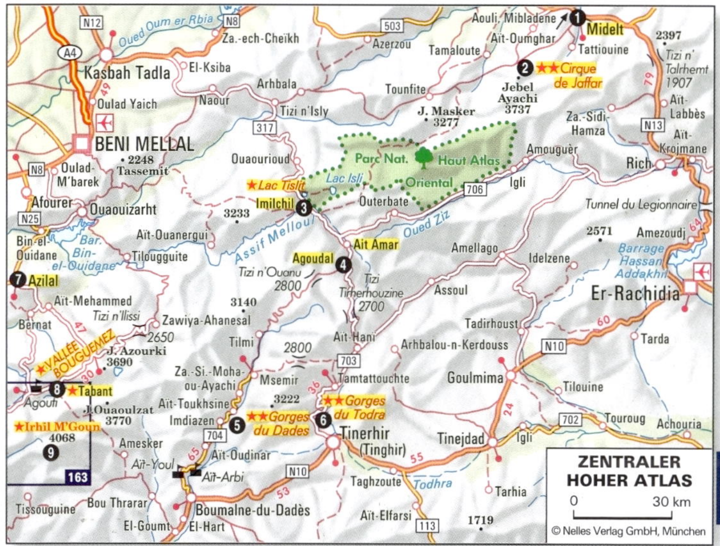

eigentlich *khaima*-(Zelt-)Bewohner – heute allerdings meist nur noch im Sommer. Nach der Frühjahrsaussaat entvölkern sich die mittlerweile aus festen Lehmbauten bestehenden Gebirgsflussoasendörfer halbnomadischer Stämme wie der Ait Haddidou zwischen Imilchil und Rich. Ganze Familien ziehen in dieser Zeit mit Herde, Zelt und Teppichwebstuhl zu den hochgelegenen Weiden zwischen Jebel Azourki und Jebel Ayachi.

Midelt, Jaffar und Ayachi

Am Fuß des bis April schneebedeckten Ayachi-Massivs (3737 m) liegt die ehemalige Bergwerksstadt **Midelt** ❶ (1490 m). Hier beginnt die Trockensteppe der östlichen Hochebenen, die sich bis zur algerischen Grenze hinziehen; der von der Moderne kaum berührte Lebensraum der Nomaden. Bis in die sechziger Jahre hinein lebte Midelt vom Abbau silberhaltigen Bleierzes in **Mibladene** (10 km) sowie in **Aouli** (25 km) in der **Moulouya-Schlucht**. Die Förderung ist heute nicht mehr rentabel, die verfallenden Anlagen dort erscheinen wie eine surreale Filmkulisse. Ehemalige Bergleute steigen gelegentlich noch in die Schächte, um von Sammlern begehrte Mineralien zu suchen. Aber Vorsicht: Was von aufdringlichen Straßenhändlern in Midelt angeboten wird, ist oft wertlos oder völlig überteuert.

Das **Hotel Ayachi** eignet sich als Basis für Ausflüge zum Talkessel **Cirque de Jaffar** sowie zum **Jebel Ayachi**; Geländefahrzeuge können hier bestellt werden. Man verlässt Midelt auf der Straße nach Südwesten, an der **Kasbah Miriam** vorbei (Franziskanerinnen haben hier einst Missionsversuche unternommen). Nach etwa 6 km Teerstraße passiert man eine links abzweigende Piste, die einen Abstecher in die kleine ★**Flussoase** zwischen den Dörfern **Flilou** und **Tattiouine** ermöglicht (von Tattiouine aus Aufstiegsmöglichkeit zum Ayachi, 2 Tage).

Weiter im Westen beginnt beim Forsthaus Miktane der lange, von Steineichen gesäumte, ausgewaschene An-

» Karte S. 159, Info S. 165

Foto: Berthold Schwarz

stieg zum Jaffar-Pass (2250 m, 25 km). Die Passhöhe bietet einen herrlichen Blick auf das Ayachi-Massiv und auf den von alten Zedern umstandenen ★★**Jaffar-Talkessel** ❷. Halbnomaden haben hier ihr Winterquartier in Lehmhäusern, die Familie im obersten Gehöft beherbergt Wanderer und hilft bei Ayachi-Besteigungen. Konditionsstarke Frühaufsteher können den Gipfelgrat (3737 m) in einem ca. zweitägigen Tagesmarsch erklimmen. Am unteren Ausgang des Talkessels lässt sich die enge, 4 km lange **Jaffar-Schlucht** bei Niedrigwasser durchwandern.

Auf dem Rückweg nach Midelt kann man die Miktane-Holperpiste meiden, wenn man ca. 500 m nördlich (d.h. unterhalb) der Jaffar-Passhöhe einer Fährte nordostwärts (abwärts) nach **Ait Oumghar** (Mittwochsmarkt) folgt, wo die Teerstraße beginnt.

Oben: Mittwochsmarkt in Ait Oumghar bei Midelt, mit Blick auf den Jebel Ayachi. Rechts: Durch das Arous-Tal führt ein Weg zum Tarkedit-Plateau und zum M'Goun.

Imilchil

Am grünen Band der mäandrierenden Gebirgs-Flussoase des Assif Melloul, in einer ansonsten vegetationsarmen Ebene in 2100 m Höhe, liegt der Marktort **Imilchil** ❸. Der Samtsagsmarkt hier ist noch recht urig, da er von Berbern und Berberinnen aus den umliegenden Bergdörfern, teils noch in Tracht, besucht wird.

Laut einer romantischen Legende waren die beiden Stammesfraktionen der **Ait Haddidou**, die Ait Brahim vom Oberlauf des Assif Melloul und die Ait Yazza vom Unterlauf, füher verfeindet, und als ein junger Mann der Ait Brahim sich in ein Mädchen der Ait Yazza verliebte, verboten ihre Eltern die Heirat. Da weinten die Liebenden, und aus ihren Tränen entstanden der Lac Tislit (See der Braut) und der Lac Isli (See des Bräutigams). Am fischreichen ★**Lac Tislit** stehen einzelne Bäume, eine Ausnahme in dieser kargen Hochebene, sowie ein einfaches Hotel mit Restaurant.

Im September feiern die Halbno-

» Karte S. 159, Info S. 165

Foto: Astrid Därr

maden vom Stamm der Ait Haddidou – einst gefürchtete Karawanenräuber – 23 km südöstlich von Imilchil einen großen ★★**Moussem** („**Heiratsmarkt**") am Grab ihres Schutzpatrons **Sidi Ahmed Oulmghani,** bei **Ait Amar**, 12 km nördlich von **Agoudal** ❹. Was für Korangelehrte eine vorislamische Unsitte darstellt, ist für die Nomaden ein Erntedankfest mit Gelegenheit zur Partnerwahl: Geschiedene oder verwitwete Berberinnen – erkennbar an der spitzen Haube – suchen selbst den Gatten aus. Der *kadi* (Richter) besiegelt vor Ort aber nur Heiratsverträge für Erst-Ehen. Man erwartet, dass Touristen für Fotos bezahlen; für sie gibt es Hotelzelte.

Zur Weiterreise von Agoudal nach Süden bietet sich die eindrucksvolle, nicht durchgehend asphaltierte R317 an, die über den **Tizi n'Ouanu** (2800 m ü. M.) führt. Anschließend gibt es zwei Varianten: Die anfangs ungeteerte **R704** verläuft ab **Msemrir** oberhalb der großartigen ★★**Dades-Schlucht** ❺ und später, asphaltiert, durch das schöne **Dades-Tal** bis nach **Boumalne**.

Kaum weniger reizvoll ist die durchgehend geteerte **R703**, die über den **Tirherhouzine-Pass** (2700 m) in die spektakuläre ★★**Todhra-Schlucht** ❻ und durch die Todhra-Oase nach **Tinerhir** führt (s. S. 179).

★Bouguemez-Tal und ★Irhil M'Goun

In **Azilal** ❼ im Norden beginnt eine geteerte, an schönen Aussichten (und Kurven) reiche Bergstraße, die über **Bernat** und den **Aghoubar-Pass** (2300 m) bis ins grüne ★**Bouguemez-Tal** führt. Diese Straße soll künftig auch das zwischen Jebel Ouaoulzat (3770 m) und Jebel Azourki (3690 m) geplante Wintersportzentrum erschließen.

Im Hauptort **Tabant** ❽ (El Had, 1850 m), wo der **Sonntagsmarkt** des weiten Tals der Ait-Bouguemez-Berber stattfindet, steht das Berufsbildungszentrum **CFAMM**; hier werden Bergführer ausgebildet und das Handwerk gefördert.

Im Bouguemez-Tal gibt es Herbergen (Gîte d'étappe), die nicht nur Gäste beherbergen und mit Berberküche verwöhnen, sondern auch Wanderungen organisieren. Einen Trek kann man z. B. in **Agouti** beginnen; dort gibt es gute Unterkünfte wie die von einem Bergführer geleitete **Auberge Flilou**.

Mit Führer, Packmuli und Zelt versehen, kann man in einer neuntägigen Rundwanderung eine der schönsten Gegenden des Zentralen Hohen Atlas erkunden und den höchsten Berg dieser Region, den ★**Irhil M'Goun** ❾ (4068 m) besteigen, der oft von November bis Mai mit Schnee bedeckt ist.

M'Goun-Trek

Geht man die beschriebene Runde in umgekehrter Richtung, sind die ersten Tagesetappen weniger anstrengend.

1. Tag (Agouti – Talat Rirhan, 7 Std): Man wandert von **Agouti** (1800 m) ostwärts durch die Felder des weiten fruchtbaren **Ait-Bouguemez-Tals** (deshalb „Tal der Glücklichen" genannt). Ein schöner Blick eröffnet sich auf zwei **Pyramidenberge** mit Heiligengrab und **Speicherburg**. Danach folgt der Talhauptort **Tabant** (El Had, 1850m, Sonntagsmarkt; Bergberufsbildungszentrum CFAMM; Saurierspuren in der Nähe). Gleich hinter Tabant kommt das von Walnussbäumen umgebene Dorf **Ait Imi** (1900m).

Hier beginnt der Anstieg zum Ait-Imi-Pass, südwärts auf einem breiten alten Mulipfad. Vor dem Bau der Tichka-Pass-Straße durch die französische Protektoratsmacht war dies ein bedeutender Karawanenweg, der die Rosenoase Kelaa M'Gouna und das untere Dades-Tal mit der Sultansstadt Fes verband. Die Ait-Bouguemez-Berber profitierten vom lebhaften Warenaustausch durch das von ihnen beherrschte Gebiet. Auf 1950 m Höhe passiert man die Quelle **Arhbalou n'Ait Imi** und erreicht nach insgesamt vier Stunden Aufstieg die Passhöhe des **Tizi n'Ait Imi** (2910 m) mit schönem Blick auf den über 4000 m hohen langgestreckten Kamm des M'Goun-Massivs. Man folgt dem Weg weiter abwärts ins Tal des **Assif M'Goun** und erreicht nach zweieinhalb Stunden das abgeschiedene Dorf **Talat Rirhan** (2250 m, Haus- oder Zeltübernachtung).

Fasst man statt der Rundwanderung eine Nord-Süd-Atlasüberquerung ins Auge, so kann man von hier aus in ca. dreieinhalb Tagen den faszinierenden, an blühendem Oleander reichen Schluchten des **M'Goun-Flusses** über Tarzout, Aguerzaka und Bou Thrarar bis ins Tal der Rosen und weiter nach **El Kelaa des M'Gouna** folgen (Leinenturnschuhe für Flussüberquerungen einpacken!). Ab Bou Thrarar gibt es Sammeltaxis nach El Kelaa.

2. Tag: Am zweiten Tag der Rundtour (Talat Rirhan – Arhbalou n'Assif n'Oulilimt, 6 Std.) wandert man das M'Goun-Tal aufwärts, passiert den verfallenen **Tighremt n'Ait Ahmed** und folgt nun dem Tal des Assif Oulilimt nach Westen. Die Tarhia n'Ait Allal-Schlucht kann durchklettert (20 m Seil nötig!) oder nördlich umgangen werden. Anschließend verbreitert sich das Flussbett; ein zum Zelten geeigneter Platz bietet sich nach sechs Stunden Gehzeit an der Quelle **Arhbalou n'Assif n'Oulilimt** auf 2700 m Höhe an, unterhalb des langgezogenen M'Goun Ostkamms, mit Blick auf die Nordflanke des Hauptgipfels.

3. Tag: Am dritten Tag (Arhbalou n'Laasif – Tilibit n'Tarkedit, 9 Std.) wandert man weiter flussaufwärts bis zu einer Wegkreuzung in 2800 m Höhe. Man folgt nicht dem Pfad, der geradeaus zum Tizi n'Oumsoud und weiter ins Arous- oder ins Tessaout-Tal führt, sondern steigt nach Süden das Tal hoch. Am Ende des Tals gibt es zwei Möglichkeiten: Nach links führt ein Weg hoch zum **Ostgipfel** (3993 m) des M'Goun-Massivs (diese Bergspitze gilt den Berbern als heilig; Pilger kommen hierher, um Fruchtbarkeit für ihre Felder zu erbitten); man folgt dann dem Grat nach Westen und erreicht einen trigonometrischen Punkt, der den Hauptgipfel des

» Karte S. 159, Plan S. 163, Info S. 165

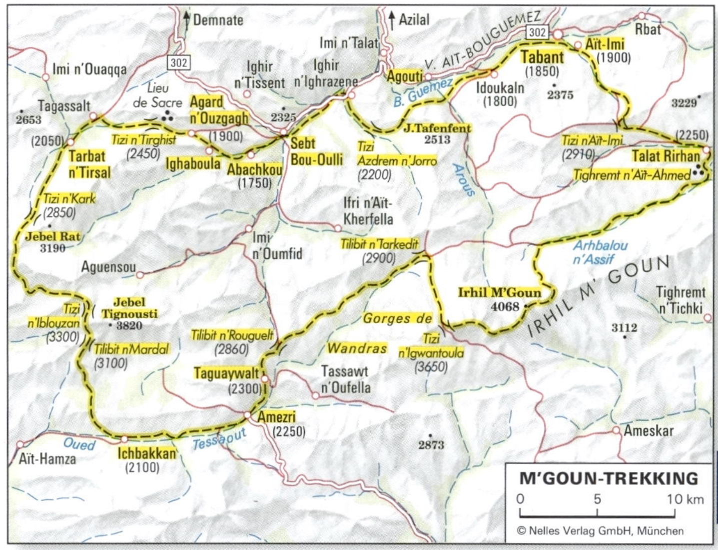

Irhil M'Goun (4068 m) markiert. Die häufiger gewählte Variante ist der direkte Aufstieg zum Hauptgipfel. Hier bietet sich eine herrliche Aussicht: über die Dades-Oase und den Jebel Saghro bis zum Saharavorland und bis zum Ayachi (3737 m) im Osten.

Man wandert auf dem Kamm weiter nach Westen, steigt über den **Tizi n'Igwantoula** (3650 m) nach Norden ab und gelangt schließlich nach dem Tagessoll von neun Stunden zum **Tilibit n'Tarkedit**, einem Plateau mit – für marokkanische Verhältnisse – saftiger Weide am Talende an den Quellen des Oued Tessaout auf 2930 m. Zeltmöglichkeit oder Übernachtung im **Refuge** Tilibit n'Tarkedit (ganzjährig geöffnet).

4. Tag: Am vierten Tag (Tilibit n'Tarkedit – Amezri, 5 Std.) wandert man entlang des Tessaout-Flusses nach Südwesten, bis sich das Tal zur Schlucht verengt. Der Durchgang durch die 15 km lange **Wandras-Schlucht** ist ausschließlich für geübte Kletterer mit 60 m Seil, Haken und Gurt bei Niedrigwasser – und von unten, also von Amezri her – empfehlenswert, da etliche Wasserfälle überwunden werden müssen. Wanderer und Mulis umgehen die Schlucht nördlich, steigen dazu in 3200 m Höhe auf und können durch einen kleinen Abstecher nach Süden zwischendurch einen spektakulären Blick in das canyonartig eingeschnittene Tessaout-Tal werfen. Über 700 m tief hat sich der Fluss in den Dolomitfels eingegraben. Der Weg führt nun leicht bergab zum **Tizi n'Rouguelt** (2860 m), einem breiten Maultierpfad, der seit alten Zeiten einen Atlas-Übergang zwischen Abachkou und dem Bouguemez-Tal im Norden sowie Skoura und dem Dades-Tal im Süden herstellt. Man folgt diesem Weg abwärts nach Südwesten zum Dorf **Tasguaywalt** (2300 m) am Tessaout-Fluss und weiter zum nahen Nachbardorf **Amezri** (2250 m), wo sich der Talgrund erweitert. Auf zahllosen Terrassenfeldern wird überwiegend Gerste angebaut, aber auch Nussbäume gedeihen hier (schlichtes Rasthaus, Zeltmöglichkeit am Fluss).

5. Tag: Am fünften Tag (Amezri – Ichbakan, 4 Std.) wandert man leicht tal-

» Plan S. 163, Info S. 165

Foto: Berthold Schwarz

abwärts am Tessaout-Fluss entlang. Die steilen Talwände rücken zunehmend enger zusammen zu einer beeindruckenden Schlucht, bis sich nach vier Stunden Gehzeit der Talboden wieder erweitert und die **Ichbakan**-Dörfer (2100 m) in Sicht kommen. Das Oberdorf ist hoch über dem Fluss in Schutzlage auf einem Felssporn erbaut. Die Bruchsteinmauern der Wohnburgen wachsen quasi aus dem Fels heraus und vermitteln den Eindruck einer archaischen Burganlage. Auf halbem Weg zum Unterdorf entspringt etwas oberhalb der Terrassenfelder eine muntere Quelle unter Nussbäumen (Zeltmöglichkeit oder Übernachtung im Haus).

6. Tag: Am sechsten Tag (Ichbakan – Tizi n'Iblouzan, 7 Std.) verlässt man die Tessaout-Schlucht, indem man oberhalb des Dorfes über einen Pfad die steile Nordwand hochsteigt (rund 700 m Höhenunterschied) und so eine weite, im Frühjahr wasserreiche Mulde erreicht. Sie wird in nördlicher Richtung, auf den **Jebel Tignousti** (3820 m) zugehend, durchquert. Ein Mulipfad führt hoch zum Pass **Tizi n'Mardal** (3100 m) und an der Westseite des Tignousti weiter zum gegenüberliegenden **Tizi n'Iblouzan** (3300 m). Von der Passhöhe kann man einen Abstecher zum Gipfel des Tignousti (3 Std.) unternehmen. Lagerplatz an einer Quelle, südwestlich unterhalb des Passes.

7. Tag: Am siebten Tag (Tizi n'Iblouzan – Tarbat n'Tirsal, 5 Std.) steigt man von der Quelle wieder aufwärts zur Passhöhe des Iblouzan. Von hier aus wandert man erst nach Nordwesten bergab, dann am Südrand des **Jebel Rat** (3190 m) entlang nach Westen und umrundet das Massiv, indem man dem Pfad nach Norden zum Pass **Tizi n'Kark** (2850 m) folgt. Hier beginnt eine Rinne, die sich bergab zu einem Tal erweitert, in dem das Dorf **Tarbat n'Tirsal** (2050 m) liegt (Rasthaus u. Zeltmöglichkeit am Bachbett).

8. Tag: Am achten Tag (Tarbat n'Tirsal – Abachkou, 5 Std.) folgt man einer

Oben: Halbnomadin mit magischer Kinntätowierung im Zentralen Hohen Atlas.

» Plan S. 163, Info S. 165

Rinne, die nach Osten hoch zum **Tizi n'Tirghist** (2450 m) führt, dem Nordausläufer des Rat-Massivs. Eine **jungsteinzeitliche Kultstätte** liegt östlich des Passes: Auf Felstafeln sind 4000 Jahre alte Abbildungen von Lanzenreitern, Kriegern, Jägern, Panthern und Rindern eingepunzt. Der Zentrale Hohe Atlas diente seit Ende der letzten Eiszeit (vor rd. 10 000 Jahren), die in Nordafrika eine Regenzeit war, Saharabewohnern als Rückzugsgebiet: Jäger und Sammler folgten den Rinderherden, die vor dem Austrocknen der Savanne zurückwichen und an den Flussläufen aufwärts zogen bis zu deren Quellen. Dort kämpften dann rivalisierende Stämme um die Jagdgründe der Hochweiden; die Felsgravuren waren Jagd- und Fruchtbarkeitszauber und beschwörten das Kriegsglück.

Vom Pass steigt man, dem Kerbtal des Assif n'Tirghist folgend, nach Südosten hinunter zum Dorf **Agard n'Ouzgagh** (1900 m). Weiter bergab trifft man auf die verfallene Speicherburg **Ighrem n'Oumlil** und passiert dann die Häuser von **Ighboula**. Man wandert nun durch das Stammesgebiet der Ait Bou Oulli, entlang am Assif Bou Oulli, bis zum Dorf **Abachkou** (1750 m) (Hausübernachtung möglich, Zeltplätze am Fluss).

9. Tag: Am neunten Tag (Abachkou – Agouti, 6 Std.) folgt man dem von Nussbäumen gesäumten Bett des Assif Bou Oulli talabwärts zum Samstagsmarkt von **Sebt Bou Oulli** und weiter auf einem Maultierpfad nach Norden in Richtung des Dorfes Aït Ben Addi. Auf einem kleinen Weg steigen wir in nordöstlicher Richtung hoch, queren einen Wald von Steineichen, folgen der Nordflanke des Djebel Tazzit und erreichen die Hochebene von **Tafenfent** (2200m). Man überquert das Plateau und steigt hoch zum Pass **Azdrem n'Jorro**; hier bietet sich ein herrlicher Blick über das gesamte Ait-Bouguemez-Tal. Auf einem Maultierpfad geht es hinunter in das **Arous-Tal** und weiter über das Plateau Tamzrit zurück zum Dorf **Agouti** (1800m).

OMNT in **Azilal**, es gibt hier Adressen von Bergführern, Avenue Med V, Tel. 0523 458722, azilal@tourisme.gov.ma, siehe auch www.tourisme.gov.ma.

WOCHENMÄRKTE:
Imilchil (Samstag), **Abachkou** (Samstag), **Ait Tamlil** (Dienstag), **Azilal** (Donnerstag), **Gouigou** (Sonntag), **Imilchil** (Samstag), **Midelt** (Sonntag), **Tabant** (Sonntag), **Zawyat Ahansal** (Sonntag), **Boumalne** (Mittwoch), **Msemrir** (Samstag), **El Kelaa** (Mittwoch), **Tilmi** (Mittwoch).

TRANSPORT:
Robuste Kleinbusse (oft Ford Transit) und Lastwagen, die frühmorgens starten, sind die preiswertesten Verkehrsmittel im Zentralatlas; sie steuern insbesondere am Wochenmarkttag den jeweiligen Marktort an.
GRAND TAXI: u.a. ab Azilal bzw. Tabant/Agouti, Skoura, El Kelaa, Boumalne, Tinerhir, Midelt.

TREKKINGAUSRÜSTUNG:
Packsack für Mulitransport, Tagesrucksack, Turnschuhe für Bachdurchquerungen, Bergschuhe, Schlafsack, Zelt, Sonnenhut, Proviant, große Wasserflasche. Rucksackapotheke mit: Lippensalbe, Sonnenschutzmittel, Breitband-Antibiotika, Darmtherapeutika, Antihistamin, Kortison, Elektrolytpulver, Wasserentkeimungsmittel, Schmerzmittel, Elastische Binde, Leukoplast, Ballistol.

ÜBERNACHTUNG in **Gîte d'étappe**: Das Gästehaus **Flilou** liegt am Dorfeingang von **Agouti** (von Azilal kommend links) ist ein Stampflehm- Berberhaus. Die Familie Oulkadi organisiert Trekking mit **Bergführer**, Maultier, Koch und Zelten. Tel. 0672 709957, Tamsilt@menara.ma.
Folgende Dörfer bieten ebenfalls Unterkunft: Ait Imi, Amezri, Arouss, El Mrabtin, Ikhf n'Ighir, Imelghas, Iskattafene, Oulmzi, Tajgagalt, Taghia, Tabant (CFAMM), Tarbat n'Tirsal und Zawyat Oulmzi.

» Plan S. 163

erthold Schwarz

Ksar Ait Benhaddou – Weltkulturerbe und Filmkulisse

Foto: Berthold Schwarz

ZIZ, TODHRA, DADES UND DRÂA
Die Lebensadern des Südens

VON MIDELT NACH ERFOUD
TAFILALET UND ERG CHEBBI
TODHRA-TAL / DADES-TAL
STRASSE DER KASBAHS
OUARZAZATE
DRÂA-TAL

FLUSSOASEN

Wenn man den Hauptkamm des Hohen Atlas nach Süden überquert, erlebt man, wie die Wüste näherrückt: Der Pflanzenbewuchs wird spärlicher; Kiefern und Steineichen, die auf der regenreicheren Nordseite noch dichte Wälder bilden, fehlen bald ganz. Der Hohe Atlas stellt eine Klimascheide dar; er schützt das marokkanische Kernland, die *meseta*, vor den heißen Saharawinden des *chergui* und bringt die feuchten atlantischen Luftmassen zum Abregnen. In seinem Regenschatten erreichen die Niederschläge oft kaum 100 mm im Jahresdurchschnitt; Regenfeldbau ist nicht mehr möglich. Regen und Schnee, die im Hohen Atlas reichlich fallen (über 1000 mm/Jahr), kommen auch dem trockenen Süden zugute: Hunderttausende von Oasenbauern leben von kleinen, bewässerten Parzellen entlang der Flussoasen von Ziz, Todhra, Dades und Drâa. Diese Lebensadern Südmarokkos entspringen im Zentralen Hohen Atlas, den sie durch imposante Schluchten verlassen. Am Rand des ariden Gebirges des Jebel Saghro winden sie sich als grüne Bänder durch schottergefüllte Beckenlandschaften und enden schließlich als ausgetrocknete Wadis in der *hammada* (Steinwüste), im *serir* (Geröllwüste) oder im *erg* (Sandwüste).

Die Kultur arabischer und berberischer Nomaden war einst dominant im gesellschaftlichen Gefüge der Sahara und verhalf kamelzüchtenden Stämmen wie den Tuareg, die die Karawanenwege kontrollierten, zu Reichtum und Macht. Sie befindet sich jedoch im Süden Marokkos – wie in allen Anrainerstaaten der Wüste – seit Anfang des 20. Jh. im Niedergang. Das hat auch mit Kolonialgrenzen zu tun, die einst von den Franzosen willkürlich gezogen wurden, später aber auf die modernen Nationalstaaten übergingen und seither eifersüchtig bewacht werden. Die historischen Nomadenwege zwischen weit auseinander liegenden Weidegebieten, zu denen die Stämme mit ihren Zelten zogen, und die alten Karawanenhandelswege der Sahara sind dadurch blockiert. Zugleich musste das Kamel als Transportmittel dem LKW weichen, wodurch die Nomaden neben dem Handelsmonopol auch an Prestige und die von ihnen gezüchteten Kamele an Wert verloren. Die Austrocknung der Sahara beschleunigt die Verarmung der einst stolzen Kamelritter; was die früher von ihnen unterjochten oder überfallenen Oasen-Bauern nicht gerade bedauern.

Sesshafte Bauern sind die *schlöh*-Berber, die Nachfahren der legendären Masmouda-Berber, die im 12. Jh. die

Links: Der „Säbelhieb" in der Dades-Schlucht.

» Karte S. 170-171, Info S. 185

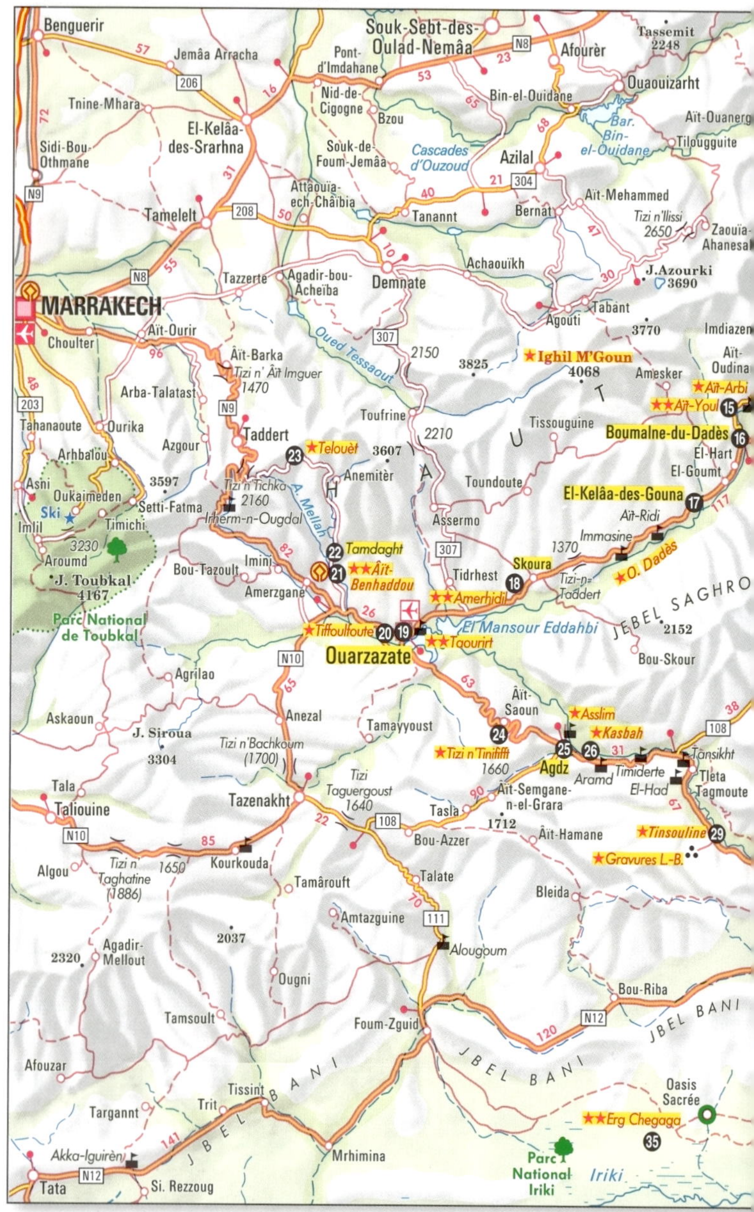

8 Ziz, Todhra, Dades und Drâa

Almohaden-Dynastie gründeten. Ihre Dörfer stehen in den Gebirgstälern des Hohen Atlas und in seinem südlichen Vorland, vom Atlantik bis zu den Quellgebieten von Oued Dades und Oued Todhra. Besonders zahlreich sind in den südlichen Oasendörfern die negroiden *haratin*, Nachkommen ehemaliger Sklaven. In *mrabtin*-Dörfern wohnen die Erben heiliger Männer – oftmals Berber, die sich einen arabischen Stammbaum zugelegt hatten. Wenn der Name eines Dorfes mit *oulad* (arab.: Kinder) beginnt, kamen die Vorfahren der Bewohner wahrscheinlich aus Arabien. Die Grund besitzenden Araber der Oasen sind teils Nachkommen kriegerischer Nomaden (Doui Menia am unteren Ziz; Oulad Yahia und Roha in der Drâa-Region), teils Nachfahren arabischer Händlerfamilien. Viele beanspruchen den Ehrentitel *chorfa*, der auf ihre vornehme Abstammung vom Propheten hinweisen soll. Diese Zugehörigkeit zum islamischen Blutadel begünstigte im 16. Jh. den Aufstieg der Saadier aus dem Drâa-Tal und im 17. Jh. die Machtergreifung der Alaouiten aus dem Tafilalet, die bis heute das Land regieren.

Anders als im Gebirge, wo Bruchstein-Häuser vorherrschen, dominieren in den Oasen Stampflehm-Bauten: In einer Holzschalung wird ein Gemisch aus feuchtem Lehm, kleinen Steinen und geschnittenem Stroh mit Stampfern festgeklopft. Die Schalung wird abschnittsweise waagrecht verschoben und so Quader an Quader gereiht. Da Lehm wasserlöslich ist, muss die Mauerkrone mit Schieferplatten und Palmwedeln vor Regen geschützt werden. In die oberen Bereiche mehrstöckiger Gebäude arbeitet man luftgetrocknete Ziegel in einer Art ein, durch die magische Abwehrsymbole entstehen: Rauten, Dreiecke und Zick-Zack-Muster. Phallische Zinnen auf den Mauern schützen die Bewohner vor dem Unfruchtbarkeit bringenden bösen Blick. Die Zimmerdecken bestehen aus einem Rohr-Geflecht, das auf Silberpappel- oder Palmstämmen aufliegt.

Architektonisch einmalig sind die variantenreichen Wohn- und Siedlungsformen der Flussoasen Südmarokkos entlang der „Straße der Kasbahs" im Dades-Tal. Hier findet man den *ksar* (pl. *ksour*), ein ummauertes Lehmdorf. Besonders schöne, noch heute bewohnte Beispiele solcher Wehrdörfer sind im Tafilalet und im Drâa-Tal zu finden. Als *tighremt* (pl. *tighermatine*) bezeichnet man eine mehrstöckige Sippenburg mit Wohn-, Speicher- und Stallbereich. Gut erhaltene, mit magischen Ornamenten verzierte *tighermatine* stehen an der N10 zwischen Tinerhir und Ouarzazate. Der burgartige Gemeinschaftsspeicher eines Dorfes wird *agadir* (pl. *agadirt*) oder *ighrem* genannt. *Kasbah* (pl. *ksabi*) heißt die Zwingburg eines Feudalherrschers; oft liegen *ksabi* an strategischen Punkten des einstigen Herrschaftsgebiets der Glaoua-Berber, wie in Tinerhir und Taourirt.

Viele der traditionellen Lehmbauten sind dem Verfall preisgegeben, da Nomaden-Überfälle seit der „Befriedung" durch die Fremdenlegion in den 1930er Jahren nicht mehr vorkamen und viele Oasen-Bauern ihre Schutzbauten deshalb nicht mehr instandhalten; manch wohlhabender Burgbesitzer lebt längst in Casa oder im Ausland; einige Feudalherrscher haben beim Machtpoker 1955 aufs falsche Pferd gesetzt, sind deshalb nach der Unabhängigkeit bei Hofe in Ungnade gefallen und haben so ihre Burg verloren. Durch die Nutzung als Touristenhotels konnten einige Kasbahs gerettet werden.

Rechts: Als breites Palmenband windet sich die fruchtbare Ziz-Flussoase vom Hohen Atlas südwärts in Richtung Sahara. Zur Dattelernte im Herbst wird ein großes Fest gefeiert.

★★Ziz-Tal: Von Midelt nach Erfoud

Südlich von **Midelt** steigt die Straße aus der kargen Hochebene **Plaine des Arid** in den Hohen Atlas zum 1907 m

» Karte S. 170-171, Info S. 185

Foto: Berthold Schwarz

hohen **Tizi-n-Talrhemt** (Kamelstuten-Pass) hinauf. Die Hänge sind spärlich bewachsen. Alte verkrüppelte Thujabäume, Wacholderbüsche und Halfagras trotzen der durch Überweidung beschleunigten Erosion.

Hinter dem Marktort Rich erreicht man den Oberlauf des **Oued Ziz**, der im Zentralen Hohen Atlas im Stammesgebiet der Ait Haddidou entspringt. Diese Halbnomaden waren noch im 19. Jh. zugleich gefürchtete Karawanenräuber. Auf seinem Lauf nach Süden hat sich der Ziz-Fluss in den ★**Gorges du Ziz** ❶ eine tiefe Schlucht gegraben. An diesem – für den Nachschub der südlichen Armeeposten strategisch wichtigen – Engpass haben mit Spitzhacken bewaffnete Strafbataillone der französischen Fremdenlegion im Jahr 1930 im Schweiße ihres Angesichts den **Tunnel du Légionnaire** gebaut.

Die Nationalstraße 13 verläuft auf halber Höhe der Schlucht und eröffnet weiter flussabwärts immer wieder reizvolle Ausblicke auf das Grün der von Dattelpalmen gesäumten Oasenfelder und die ockerfarbenen Lehmdörfer.

Kurz vor Er Rachidia wird der Ziz von der **Barrage Hassan Addakhil** aufgestaut. Der Damm schützt die Dörfer an seinem Unterlauf vor Überschwemmungen und ermöglicht die kontrollierte Bewässerung der Dattelpalmenhaine des Tafilalet – allerdings nur, wenn die Winterregen im Gebirge ausreichend waren.

Am Südrand des Hohen Atlas liegt die Provinzhauptstadt **Er Rachidia** ❷ (1060 m, rd. 100 000 Einwohner), die unter dem Namen *Ksar es Souk* ab 1916 zur Garnisonsstadt der Fremdenlegion ausgebaut wurde. Heute ist die marokkanische Armee ein wichtiger Arbeitgeber in der Stadt, die auch als Bildungszentrum fungiert. Das kleine **Museé Sijilmassa** an der großen Avenue Moulay Ali Cherif zeigt Historisches aus dieser geschichtsträchtigen Oasenregion. **Straßencafés** laden zur Rast ein. In der **Markthalle** kann man den Reiseproviant auffrischen.

20 km weiter südlich liegt in einem Palmenhain am Rand der Ziz-Oase die

» Karte S. 170-171, Info S. 185

Foto: Berthold Schwarz

★**Source bleue de Meski** ❸, eine erfrischende Quelle, die ein in den 1950er Jahren von Legionären gebautes Schwimmbecken speist. Den benachbarten, von Palmen beschatteten Campingplatz belagern fast ständig Basaristen und Dorfkinder.

Meski selbst ist ein guter Ausgangspunkt für eine ★**Wanderung** in der ★★**Flussoase des Ziz**: Dort kann man abseits der „Reisebus-Rennstrecke" in idyllischer Umgebung die Lehmarchitektur abgelegener Dörfer und die traditionellen Anbaumethoden der Oasenbauern (siehe unten) kennen lernen. Man überquert den Fluss und erreicht die **Ruine** des verlassenen ★**Alt-Meski**, das über dem westlichen Ufer liegt. Nun kann man flussabwärts links- oder rechtsseitig an den *souagi* (Bewässerungskanälen) entlang wandern, durch paradiesische Gärten mit reicher Vogelwelt, vorbei an malerischen *ksour* wie z. B. **Zouala** und an Heiligengräbern. Nach gut vier Stunden erreicht man beim Dorf **Oulad Aissa**, unterhalb des markanten ★**Aussichtsparkplatzes**, die Nationalstraße 13. Diese führt, vorbei an einigen fotogenen ummauerten Lehmdörfern, weiter bis nach Erfoud.

Oben: Palmen beschatten in den Flussoasen Getreide- und Gemüsefelder. Rechts: Eine gute Dattel soll hellbraun, weichfleischig, saftig und glänzend sein; am besten schmecken Königsdatteln.

Oasenwirtschaft

Die Bauern legen in der Flussoase dreistöckige Kulturen an: Am Boden werden Gerste, Weizen, Saubohnen, Gemüse und Futterpflanzen angebaut. Die zweite Etage bilden Obstbäume, wie etwa Aprikosen, Quitten, Granatäpfel und Pflaumen. Das dritte Stockwerk bilden die Wipfel der zahlreichen Dattelpalmen.

Da nur die weiblichen Palmen Früchte tragen, setzt der Oasenbauer oft 30-50 weibliche um einen männlichen Baum. Um dieses Verhältnis aufrecht zu erhalten, werden die Palmen durch Stecklinge vermehrt. Auch der Bestäu-

» Karte S. 170-171, Info S. 185

bung hilft der Mensch nach: Die männlichen Blütenstände werden für eine gewisse Zeit in die Baumkronen der zu bestäubenden weiblichen Palmen gehängt oder gleich zur Hand-Bestäubung verwendet. Im Frühjahr sind auf den *souks* männliche Blütenstände besonders ertragreicher Sorten im Angebot. Bereits im Alter von drei bis sieben Jahren bringt der Baum erste Ernteerträge. Vom 40. bis zum 80. Lebensjahr erreicht eine Dattelpalme ihr Ertragsoptimum von bis zu drei Zentnern Datteln pro Baum. Danach werden die meisten Bäume gefällt und als Baumaterial verwendet.

Saftdatteln, wie bei uns zu Weihnachten, sind in Marokko eher selten; hier legt man Wert auf stärke- und mehlhaltige Früchte. Durch den hohen Zuckergehalt konserviert sich die Dattel praktisch von selbst und kann deshalb monatelang gelagert werden. Die Früchte werden nach der Ernte, die Ende Oktober stattfindet, auf den Dreschplätzen nachgetrocknet, damit das Restwasser verdunsten kann.

Die Dattelpalmen vertragen die salzreichen Böden Südmarokkos gut, benötigen aber viel Wasser: 6000-8000 m^3 pro ha und Jahr. Die sehr frostempfindliche *Phoenix dactylifera* verlangt zudem eine Jahresdurchschnittstemperatur von etwa 21 °C. In den Flussoasen ist seit den 1980er Jahren die Idylle der Oasengärten durch kranke Dattelpalmen gestört; die Palmpilzkrankheit *bayoud* hat sich ausgebreitet.

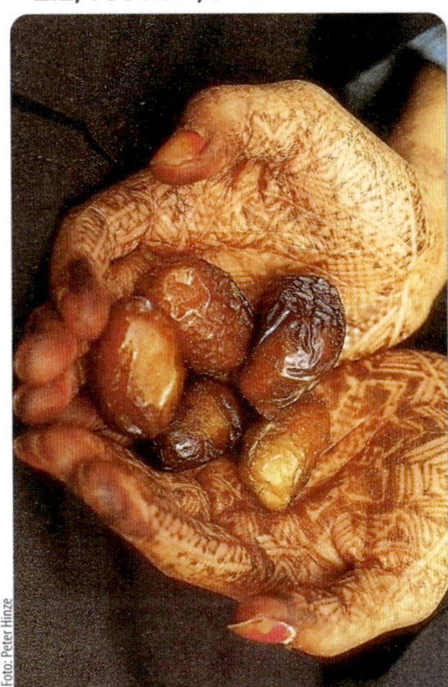
Foto: Peter Hinze

★Tafilalet und ★★Erg Chebbi

Die N13 verläuft, von Meski südwärts, weiter am Oued Ziz entlang, an den pittoresken *ksour* ★**El Jedid** ❹, **Ait Amira** und ★**Maadit** ❺ vorbei, und erreicht nach 56 km bei **Erfoud** ❻ das große Oasengebiet des ★**Tafilalet**. Über 700000 Dattelpalmen gedeihen dort; die Ernte im Oktober wird traditionell mit einem großen, farbenprächtigen Dattelfest gefeiert. Erfoud ist wie Rissani ein Hauptort der „Tafilali", die vom arabischen Beduinenstamm der Beni Hilal abstammen. Zwar hat die relativ moderne Stadt Erfoud selbst außer seinem Marktplatz, der zum **Samtagsmarkt** lebendig und sehenswert wird, und einigen Steinschleifereien kaum Attraktionen, ist aber wegen seiner Hotels und Landrover-Vermieter eine Touristendrehscheibe und ein guter Standort für den sehr zu empfehlenden Ausflug zu den Sanddünen des Erg Chebbi (auch mit PKW machbar). Man fährt – wegen der Hitze frühmorgens oder spätnachmittags – am Ostfort (**Borj Est**) vorbei auf der anfangs asphaltierten **R702**, die später zur Wüstenpiste wird, nach Südosten und passiert eine ★**Fossilien-Fundstätte** in der *hammada* links der Straße.

In dieser heute lebensfeindlichen Felsschuttwüste befand sich im Erdaltertum ein warmes Meer mit Korallenriffen. Im Devon, vor 410-355 Millionen Jahren, lebten dort Seelilien, Stockkorallen, längliche **Orthoceren** und spiralförmig gewundene **Goniatiten** (Alt-

» Karte S. 170-171, Info S. 185

Foto: Berthold Schwarz

Ammoniten). Die am häufigsten hier gefundene **Trilobiten-Art** sind bis zu 15 cm langen Exemplare der Gattung Phacops.

Die **Fossilien** werden meist einzeln und poliert angeboten, aber auch in ganzen Tafeln zu Tischplatten verarbeitet (eine **Fabrikbesichtigung** ist in Erfoud möglich, 500 m westlich des Hotels Salam). Arbeitsplätze anderer Art sind rar im Tafilalet, und daher folgen die Fossilienhändler mit wehenden Turbanen den Touristen-Autos oft kilometerweit auf Fahrrädern und Mofas.

Von weitem erkennt man schon die hohen, rötlich leuchtenden *barchane* (Sanddünen) des ★★**Erg Chebbi** ❼. Am Fuß der über 100 m hohen Sandberge – sie sind steil genug zum Sand-Skifahren oder Boarden – gibt es einige phantasievolle Unterkünfte, die auch über Berberzelte für romantische Wüstennächte verfügen.

Oben: 355 Mio. Jahre alte Goniatite und Orthoceren findet man südöstlich von Erfoud im Devon-Gestein. Rechts: Im Erg Chebbi, nahe Merzouga.

Bei einem Spaziergang über die Dünen des fast schon unheimlich geräuschlosen Sandmeeres kann man auch Tiere sehen: die schwarzen Sandlaufkäfer hinterlassen winzige Spuren auf der leicht gewellten Oberfläche. Nomadenkinder spielen gerne mit dem **Apotheker-Skink**. Man nennt ihn auch „Sandfisch", denn er ist stromlinienförmig gebaut und besitzt eine glatte, glänzende Haut; setzt man das Reptil auf lockeren Sand, verschwindet es mit schlängelnden Bewegungen blitzartig von der Oberfläche und bewegt sich unter dem Sand fort. Der Skink kann Nasen- und Ohröffnungen verschließen. Seine Lider sind durchsichtig; er hat quasi eine Sandbrille. Der „Sandfisch" wird bis zu 30 cm groß und legt keine Eier, sondern bringt lebende Junge zur Welt. Sein pulverisiertes Fleisch gilt als Aphrodisiakum. Wer eine der hochgiftigen **Hornvipern** aus der Nähe sah und anschließend noch davon berichten kann, hat Glück gehabt.

Im Wüstendorf ★**Merzouga** ❽. Seine in dieser Gegend kaum zu erwarten-

» Karte S. 170-171, Info S. 185

Foto: Berthold Schwarz

den Oasengärten erhalten über einen Kanal Wasser aus dem 140 km entfernten Staudamm bei Er Rachidia. Hier kann man von komfortablen Hotels aus die nahen ★★**Sanddünen** zu Fuß oder per **Kamel** erklimmen. Im Ort lockt das **Morocco National 4x4 Auto Museum** mit der originellen Allradkollektion eines Scheichs aus Abu Dhabi.

Westlich von Merzouga bildet sich im Frühjahr, wenn es viel geregnet hat, der **Dayet Srji**, ein See in der Wüste. Ihn besuchen – das ist keine Fata Morgana – Schwärme von rosa Flamingos. Die schwarze Wüste, die roten Sanddünen, das blaue Wasser und die spärlich begrünten Ufer mit den rosafarbenen Vögeln zählen zu den schönsten Eindrücken der marokkanischen Sahara.

Mit den Dünen von Merzouga durch die Asphaltstraße N13 verbunden ist ★**Rissani** ❾, der neben Erfoud wichtigste Ort im Tafilalet, von dem die Teerstraße N12 westwärts durch Steinwüste bis ins Draatal führt. Am Ortsrand liegt das **Mausoleum Moulay Ali Cherif**. Neben einer neueren Moschee birgt die Anlage das Grabmal des Gründers der Alaouiten-Dynastie, die seit dem 17. Jh. Marokko beherrscht. In der Umgebung finden sich alouitische Wesirs-Paläste aus dem 19. Jh.: Der ★**Ksar Abbas**, der ★**Ksar Oulad Abd el Halim** und der prächtige ★**Ksar el Fida** (mit Museum) sind einen Besuch wert. Rissani selbst hat einen lebhaften ★**Markt** (sonntags, dienstags, donnerstags). In der Nähe dieses *souk*-Geländes liegt der ummauerte ★**Ksar** von Rissani, der noch bewohnt ist. Durch das einzige **Tor** in der Wehrmauer erreicht man einen kleinen Platz mit Brunnen, Hammam und Moschee. Von dort abzweigend kann man durch überbaute, dunkle Gassen, die in der Sommerhitze angenehm kühl sind, einen Rundgang machen, der einen Einblick in die *ksar*-Architektur der westlichen Sahara bietet.

Bis ins frühe 20. Jh. begann und endete in Rissani eine Karawanenroute, die durch die Sahara zum Niger führte. Hauptumschlagplatz von Edelsteinen, Edelhölzern, Sklaven, Gold und Elfenbein war bis zum 19. Jh. der sagen-

» Karte S. 170-171, Info S. 185

Foto: Berthold Schwarz

umwobene Ort **Sijilmassa**, dessen spärliche Ruinen nördlich von Rissani sichtbar sind. Da die Stadt aus Lehm war, blieb nach ihrer Eroberung durch Atlasberber im Jahr 1816 nicht viel übrig. Die Schilderungen mittelalterlicher Reisender wie Leo Africanus berichten vom enormen Reichtum der Karawanenstadt, den sie auch den ausdauernden Kamelen verdankte.

Wüstenschiffe

Der Körper des **Kamels** (eigentlich: einhöckriges Dromedar) ist an das Wüstenklima perfekt angepasst: Sein „Luftfilter" sitzt auf einem hohen Hals, der die Nasen-Schleimhäute etwa zwei Meter hoch über dem bis über 70 °C heißen Wüstenboden hält. Die Hufe des Kamels sind so breit ausgebildet, dass man von „speziellen Sandreifen" sprechen könnte; mit seinem „permanenten Allradantrieb" ist ein Dromedar an steilen Dünen Jeeps überlegen.

Am Zustand des Höckers lässt sich wie an einer „Tankanzeige" die Verfassung eines Kamels ablesen: ist der Höcker prall gefüllt, so ist das Tier voll einsatzfähig; hängt er dagegen schlaff zur Seite, wird es für das Tier höchste Zeit, Nahrung und Wasser aufzunehmen. Der Kamelhöcker besteht aus Fett, das in Notzeiten über den Stoffwechsel zu Wasser umgebildet wird. Aus einem Kilogramm Fett entsteht dann etwa ein Liter Wasser. Der Wasserhaushalt ist lebenswichtig: das Kamel kann beim Ausatmen ca. 30 % der Atemluft-Feuchtigkeit durch spezielle Membranen zurückgewinnen und notfalls zwei Wochen ohne Wasser auskommen (der Mensch höchstens drei Tage). Dann aber kann das Tier innerhalb kurzer Zeit bis zu 135 l Wasser trinken. Der größte Teil des Wassers wird in den roten Blutkörperchen gespeichert, die sich dabei bis auf das 240-fache ihres Minimalvolumens ausdehnen. Im Darm des Kamels befinden sich Bakterien, die

Oben: „Kamelnomade" vor der Todhra-Oase, im Hintergrund der Hohe Atlas. Rechts: Berber begrüßen einen Ehrengast in der Todhra-Schlucht.

» Karte S. 170-171, Info S. 185

Stickstoffprodukte aufnehmen, welche andere Säugetiere nur über die Blase loswerden. So kann das „Wüstenschiff" Wasser sparen, da es weit weniger Urin ausscheiden muss. Während ein zweibeiniger Karawanenbegleiter bei einem Anstieg seiner Körpertemperatur um 3,5 °C den *huris* im Paradies schon recht nahe ist, verkraftet das Kamel bis zu neun Grad mehr, muss daher weniger schwitzen und spart so „Kühlwasser". Der unempfindliche Gaumen ermöglicht es dem Wiederkäuer, die Dornbüsche der Wüste zu fressen, ohne sich zu verletzen. Es lässt sich reiten, trägt bis zu vier Zentner schwere Lasten und liefert außerdem Milch, Fleisch und Wolle. Übrigens: Den „arroganten" Blick des Kamels erklären die Araber damit, dass nur dieses Tier den hundertsten Namen Allahs weiß.

Foto: Berthold Schwarz

★Rhettara-Kanäle

Um vom Tafilalet wieder zur klassischen „Straße der Kasbahs" zu kommen, fährt man von Erfoud aus auf der R702 über **El Jorf ⑩** Richtung Tinejdad. An dieser Strecke liegen einige ehemals ummauerte Dörfer. Unterwegs erscheinen in der Wüstensteppe lange Reihen von bis zu drei Meter hohen Hügeln: Sie gehören zu mittlerweile verfallenden unterirdischen **★Rhettara-Kanälen**, die früher die Oasen mit Grundwasser aus den nahen Ougnat-Bergen versorgten. Die Lehmhügel sind Einstiegs- und Aushub-Schächte zu den waagerecht unter der Erde verlaufenden Kanälen. Einige sind für Besucher erschlossen. Die Straße folgt dem Tal des **Oued Rheris**, der im Hohen Atlas entspringt. In der Gegend weiden Nomaden ihre **Kamele**; oft kann man Herden an den Viehtränken direkt an der Straße sehen. Da die große Zeit der Karawanen längst vorbei ist, wandern heutzutage die meisten Tiere in die Fleischtöpfe.

In **Tinejdad ⑪** trifft man auf die Nationalstraße 10, die am Südrand des Hohen Atlas verläuft und die sehenswerte Oase Figuig im Osten, an der algerischen Grenze, mit Agadir verbindet. 10 km westlich lohnt das **Musee des Sources de Lalla Mimouna** einen Besuch. 55 km westlich von Tinejdad erscheint die **Kasbah** von **Tinerhir ⑫**, die zu Beginn des 20. Jh. am Austritt des Todhra-Flusses aus dem Hohen Atlas von der mächtigen *glaoua*-Sippe errichtet wurde, um die Bauern der Flussoase zu unterjochen und den Karawanenweg nach Fes zu kontrollieren.

★★Thodra-Schlucht

Nördlich von Tinerhir erreicht man über die Asphaltstraße R703, die herrliche Blicke in das tiefeingeschnittene **★★Todhra-Tal** mit seinen Oasengärten bietet, die spektakuläre **★★Todhra-Schlucht ⑬**, deren Wände fast 300 m aufragen und bis auf 10 m zusammenrücken: ein Dorado für Kletterer. Hier nisten seltene Vögel. Die beiden Hotelrestaurants mitten in der Schlucht sind geschlossen, seit ein Felsbrocken eines der beiden Häuser getroffen hat.

Foto: Berthold Schwarz

★★Dades-Schlucht

Busse und PKW müssen von der Todhra-Schlucht nach Tinerhir zurückkehren, um Boumalne zu erreichen. Nur erfahrene MTB-/Enduro-/Jeepfahrer sollten die **„Gorges-à–Gorges"-Piste** von der Todhra-Schlucht zur Dades-Schlucht riskieren (unbedingt vor Ort den aktuellen Zustand erfragen!): In **Tamtattouche** verzweigt sich die Straße; nordwärts führt die gut ausgebaute R703 weiter über Ait Hani nach Imilchil, links zweigt die verfallene, teils steinige Piste ab, die nach Westen über einen 2650 m hohen Pass nach **Msemrir** (Samstagsmarkt) im ★★**Oberen Dades-Tal** führt. Dort verläuft eine der atemberaubendsten Asphaltstraßen, die Marokko zu bieten hat: die ★★**R704**, die von **Boumalne** (65 km) heraufkommt. Sie begleitet den Dades flussabwärts auf seinem Weg nach Süden und steigt hinter dem archaischen Bruchstein-Dorf **Zawiya Sidi Moha ou Ayachi**, am Anfang der kilometerlangen tief eingeschnittenen ★★**Dades-Schlucht** ⓮, wieder in über 2000 m Höhe auf. Die Ausblicke sind überwältigend: Tief unten schlängelt sich das blaue Band des Flusses an steil abfallenden Felswänden entlang, die ihren horizontal geschichteten geologischen Aufbau klar erkennen lassen und teils merkwürdige Formen annehmen (u. a. „Schildkröte"). Die Berge des Hohen Atlas im Hintergrund tragen im Frühling weiße Schneehauben.

Nach einer kurvenreichen Abfahrt wird der Fluss auf einer Brücke überquert. Auf schmalen Uferterrassen, an deren Ränder **Silberpappeln** wachsen, bauen die Berber Gerste und Gemüse an; eine mühselige Arbeit ist die Instandsetzung der Feldmauern nach dem Frühjahrs-Hochwasser. An den malerischen Dörfern **Ait Toukhsine** und **Imdiazen** vorbei, erreicht man schließlich den schmalsten Abschnitt des Tals, der ★**Säbelhieb** (s. Bild S. 168) genannt wird. Die Straße durch

Oben: Die verfallenden Wohnburgen von Ait Arbi, vor dem „Gehirn des Atlas" (Oberes Dades-Tal).

 » Karte S. 170-171, Info S. 185

diesen markanten Engpass verläuft nur knapp über Wasserhöhe. Dahinter steigt die Asphaltstraße hinauf zu einer aussichtsreichen 1950-m-**Anhöhe** über der **Schlucht**. Die steile Serpentinen-Abfahrt nach Süden ist eine Herausforderung für die Bremsen, ein Minztee in einem der kleinen Hotels bei **Ait Oudinar** beruhigt die Nerven. Der geschäftstüchtige Wirt der Auberge direkt an der **Brücke** bietet Ausflüge an.

Talabwärts, hinter **Ait Ali** (Sonntagsmarkt), bietet sich ein schönes Fotomoti: die verfallenden **Tighermatine** (Wohnburgen) von ★**Ait Arbi** am linken Ufer des Dades, die vor einer bizarr verwitterten Gesteinsformation stehen, welche ★„**Gehirn des Atlas**" oder „Affenpfoten" genannt wird.

Einige Kilometer südlich thront die ★★**Kasbah Ait Youl** ⓯ (s. Bild S. 48) malerisch über einer Flussbiegung. Diese von vier Türmen gekrönte Zwingburg ist zu besichtigen.

Am Rand des Hohen Atlas fließt der **Dades** in kühlen 1586 m ü. M. durch die Berberstadt **Boumalne** ⓰ in eine karge Hochebene. Im Süden begrenzt sie der trockene Gebirgszug **Jebel Saghro**, den eine abenteuerliche Felspiste Richtung Nekob überquert. Hoch über dem Marktplatz von Boumalne (großer **Mittwochsmarkt**) lockt das originell gestylte Hotel Xaluca mit beheiztem Pool und gemütlicher Bar.

Auf der ★Straße der Kasbahs nach Ouarzazate

Die ★**Straße der Kasbahs**, die N10, führt weiter nach Westen – in **El Hart** und **El Goumt** an noch bewohnten **Lehmburgen** einst wohlhabender Oasenbauern vorbei – am ★**Dades-Tal** entlang, nach **El Kelaa M'Gouna** ⓱. In den Oasengärten dieser Gegend sieht man Bäuerinnen in prächtigen Brokatgewändern, die von langen **Rosenhecken** rosa Blüten pflücken, welche zu **Rosenwasser** und Rosenöl verarbeitet werden. Getrocknete Blütenblätter werden von hier an Gewürzhändler im ganzen Land verschickt. Mit Rosenwasser erfrischen Marokkaner ihre Gäste, man verfeinert damit aber auch Backwaren. Alljährlich im Mai kommen die Berber-Stämme der Region (etwa die Ait M'Gouna und die Ait Atta) auf dem *souk*-Gelände von El Kelaa des M'Gouna zusammen, um mit Folkloretänzen ihr farbenprächtiges **Rosenfest** zu feiern.

Von El Kelaa kann man durch die **Schluchten** des **Assif M'Goun** bis zum ★**Irhil M'Goun** (4068 m) hinauftrekken oder, Dades-abwärts, von Dorf zu Dorf wandern bzw. radeln.

Weiter Richtung Ouarzazate folgt die Straße N10 dem Unterlauf des **Assif M'Goun**, wo am Westrand von El Kelaa Stampflehmburgen vor dem Hintergrund des Hohen Atlas zum Fotografieren einladen. Verzierte **Wohnburgen** finden sich auch in der Flussoase nahe der Kleinstadt **Skoura** (Montagsmarkt). Die schönste **Kasbah** der Gegend – sie ziert die Ausgabe 2002-2005 des 50-Dirham-Scheins – steht in ★★**Amerhidil** ⓲, an einem Wadi 3 km südwestlich von Skoura; sie ist von der **Kasbah Ben Moro** (Hotel) an der N 10 zu Fuß in wenigen Minuten zu erreichen.

20 km nach Skoura erscheint der Stausee der **Barrage El Mansour Eddahbi**, der das Dades-Wasser speichert, um die Bewässerung der südlichen Palmenhaine im Drâa-Tal zu sichern. Dort zweigt die schmale, landschaftlich beeindruckende **Atlas-Passstraße R 307** nordwärts Richtung Demnate ab.

Im Osten von **Ouarzazate** ⓳ (1160 m, Sonntagsmarkt) steht die feudale ★★**Kasbah Taourirt**, die bis 1956 dem Pascha von Marrakesch gehörte. Die noch immer imposante ehemalige Zwingburg des **Glaoua**-Clans ist heute Museum und kann besichtigt werden. Ein hufeisenbogenförmiges Tor führt zum Hof, dessen Zierde eine deutsche Kruppstahl-Kanone von 1884 mit gezogenem Lauf ist; ihre Treffsicherheit und mauerbrechende Durchschlagskraft machte sie zur gefürchteten Wunder-

Foto: Berthold Schwarz

waffe. Sultan Moulay Hassan hatte sie 1893 Madani El Glaoui geschenkt. In der innen schlichten Lehmburg werden Betsaal, Haremszimmer und Speisesaal des Glaoua-Statthalters gezeigt.

Ouarzazate hat sich dank der 1983 gegründeten ★**Atlas-Filmstudios**, wo man die Kulissen von „Die Mumie" oder „Asterix – Mission Kleopatra" bestaunen kann, von einer 1928 eingerichteten Fremdenlegionärsgarnison zum Hollywood Marokkos entwickelt. Die Stadtjugend flaniert auf der **Avenue Mohammed V**, wo neben Souvenirläden – gegenüber dem empfehlenswerten, mit alten Starfotos verzierten **Restaurant Dimitri** – ein gut sortierter **Supermarkt** liegt (u.a. Wein u. Käse).

12 km westlich steht die gut erhaltene ★**Kasbah Tiffoultoute** ⑳, mit einfacher Gastronomie im Innenhof und schöner Aussicht vom Dach.

Oben: Ägypten – im Atlas-Filmstudio von Ouarzazate. Rechts: Der wehrhafte Ksar Tissergate im Drâa-Tal.

★★Ait Benhaddou

Ein Touristenmagnet ist der fotogene **Ksar ★★Ait Benhaddou** ㉑ (Bild S. 166; 32 km nordwestl. v. Ouarzazate), berühmt geworden durch Orson Welles' Film „Sodom und Gomorrha". Das von Souvenirhändlern bevölkerte, trotz UNESCO verfallende Welterbedorf mit seinen **Wohnburgen** (eine zu besichtigen) und einem „Hollywood-Tor" aus Styropor liegt malerisch im **Tal des Assif Mellah**, an der Karawanenroute, auf der Gold und Sklaven von Timbuktu nach Marrakesch kamen. Ist der Wasserstand hoch, nimmt man die Fußgängerbrücke zu dem Vorzeige-Lehmdorf.

Die geteerte Bergstraße **P1506** folgt dem alten Handelsweg an der **Kasbah Tamdaght** ㉒ vorbei durch das reizvolle ★**Ounila-Tal** nordwärts bis nach ★**Telouet** ㉓, der selbst im Verfall imposanten **Stammburg** der *glaoua*-Sippe (1800 m, 56 km v. Ait Benhaddou; Besichtigung lohnt!). Die P1506 verbindet Telouet mit dem **Tichka-Pass** (2260 m) und der N9 nach Marrakesch.

» Karte S. 170-171, Info S. 185

Foto: Berthold Schwarz

★★Drâa-Tal

Von Ouarzazate führt die N9 nach Südosten in Richtung Zagora (164 km). Hinter der Oase **Ait Saoun** verlässt sie die *hammada* und steigt hoch zum Pass ★**Tizi n'Tinififft** ㉔ (1660 m), der den Jebel Saghro überquert und herrliche Ausblicke auf die mit dunklem Wüstenlack überzogenen Schichtstufen des fast vegetationslosen Gebirges bietet.

Wie eine Stufenpyramide erscheint bald im Süden der **Jebel Kissane** (1531 m), der das lange Oasenband des Oued Drâa überragt. Im Tal liegt der Donnerstagsmarkt **Agdz** ㉕, dessen Basarhäuser fotogen mit bunten Teppichen aus der Region Tazenakht behängt sind. 2 km nördlich ist eine Lehmburg erhalten, die von Palmen umstandene, zu besichtigende ★**Kasbah Asslim**. Drâa-aufwärts laden abseits der Straße die Felsbecken der **Cascades de Tizgui** zum Bad ein.

Die großen **Dattelpalmenhaine** des ★★**Drâa-Tals** begleiten nun die Straße. Gegenüber der *ksar*-Ruine von **Tamnougalt**, einst Hauptort des hier beginnenden Oasenabschnitts **Mezguita**, prangt am Drâa-Ostufer eine alte ★**Kasbah** ㉖, die Bertolucci als Kulisse für seine Verfilmung des Bowles-Romans *Himmel über der Wüste* nutzte.

Nekob ㉗, 38 km östlich an der Asphaltstraße nach Rissani, weist im Westteil viele markante Kasbahs auf – als Ensemble selten; einen guten Blick darauf bietet die **Kasbah Baha Baha**. 8 km südlich von Tazzarine zweigt eine Piste (16 km) zu den neolithischen ★**Felsgravuren** von **Ait Ouazik** ㉘ ab (u. a. Elefant, Nashorn, Strauß).

Sonntags ist Wochenmarkt in **El Had**, dienstags in **Tleta Tagmoute**.

Lehmdörfer säumen die Drâa-Flussoase; malerisch präsentiert sich der *ksar* ★**Tinsouline** ㉙ vor den Schichtstufen des Jebel Bou Zeroual. ★**Felsgravuren** am **Foum Chenna** (7 km Piste westl. v. Tinsouline) zeigen prähistorische Jagdszenen (s. Bild S. 235).

An der Strecke sieht man inmitten schlichter, ummauerter Friedhöfe *marabouts*, Heiligengräber, die teils konische Lehmaufsätze, teils Kuppeln tragen.

Foto: Thomas Stankiewicz

Manche werden von Schirmakazien oder Tamarisken beschattet.

Besonders gut erhalten ist das Wehrdorf ★**Ksar Tissergate** ㉚, das auch ein kleines **Volkskundemuseum** besitzt.

An den Markttagen Mittwoch und Sonntag wird die Provinzhauptstadt **Zagora** ㉛, am Rand der *hammada,* aus ihrem Phlegma gerissen: Blaugewandete Städterinnen sowie in schwarze *haiks* gehüllte Landfrauen der arabischen Oulad Yahia- und Roha-Stämme strömen zum *souk*-Gelände, auf dem dann Händler ihre Zelte aufschlagen.

Am Ortsende weist ein gemalter ★**Kamelwegweiser** darauf hin, dass Timbuktu nur 52 Karawanentage entfernt ist: Salzkarawanen aus Taoudenni machten die Handelsstadt reich, aus der dann die arabischen Saadier im 16. Jh. als neues Herrschergeschlecht Marokkos hervorgingen. Heute warten hier klimatisierte „Hotel-Oasen" mit Pool auf Wüstentouristen, und es wird **Kamel-Trekking** angeboten (was allerdings von Mhamid aus lohnender ist).

Oben: In dem einstigen Karawanenort Zagora werden heute Kamelexkursionen in die Wüste angeboten.

Gut Ausgerüstete fahren von Zagora über die „N12" – anfangs Piste (im Ausbau) – nach Westen zu den Quelloasen des Jebel Bani: Foum Zguid, Tata und Akka. Von Zagora nordostwärts erreicht man auf der Piste „N12" (Ausbau geplant) erst die Oase Tarhbalt (72 km), dann auf Asphalt Tazzarine (8 km davor beschilderte Piste/16 km zu den Felsgravuren von Ait Ouazik) und nach 250 km Rissani.

Jenseits der Drâa-Brücke von Zagora steht das Hotel **La Fibule** mit seinem Oasengarten-Restaurant. Daneben erstreckt sich der *ksar* ★**Amezrou**, der für traditionellen Berberschmuck bekannt ist; jüdische **Silberschmiede** begründeten einst dieses Kunsthandwerk, das heute Muslime fortführen.

Interessant ist das Dorf ★**Tamegroute** ㉜, 18 km südöstlich von Zagora. Die *nassiriya*-Bruderschaft unterhält dort eine Koranschule mit einer ★**Bibliothek**, in der an die 4000 mittel-

 » Karte S. 170-171, Info S. 185

alterliche Handschriften aufbewahrt werden, darunter Hadithe und Korane, Geschichtsbücher über Fes und Alexandria, Wörterbücher und Lehrbücher der Astronomie, Medizin und Mathematik. Ein *algebra*-Buch aus dem 13. Jh. zeigt die westarabischen Zahlen, die über die Universitäten von Cordoba, Granada und Sevilla die europäische Zahlenschreibweise inspirierten. Das Glanzstück der Sammlung ist eine ★**Koranauslegung auf Gazellenhaut** aus dem Jahr 1091. Der Gelehrte **Sidi Mohammed Abdallah ben Nasser** gründete die wertvolle Büchersammlung im 17. Jh. Sein Grab im benachbarten Mausoleum besuchen gebrechliche Pilger, die sich von der *baraka* des als *marabout* verehrten Bibliotheksstifters Heilung erhoffen. Sie lagern in dem auch Nichtmuslimen zugänglichen Innenhof der **Grabmoschee** (18. Jh.). Die hohe, reich bemalte **Zedernholz-Pforte** des Grabbaus, die von stuckierten Arabesken und Koransuren umrahmt wird, dürfen nur Muslime passieren.

Am Ortsrand liegen traditionelle ★**Töpferwerkstätten**, in denen auf einfachen Drehscheiben unter den geschickten Händen der Töpfer Tassen, Näpfe oder Kerzenhalter entstehen. Sie werden mit einer grauen Manganlasur überzogen und dann in archaischen Öfen gebrannt, wodurch sie ihre charakteristische grüne Farbe erhalten. Schwarz verhüllte Frauen schleppen Dornbüsche zur Befeuerung an.

Weiter südwärts kann man die ★**Dünen von Tinfou** ㉝ besuchen. Südlich davon biegt der Oued Drâa bei **Oulad Driss**, einem versandenden *ksar*, nach Westen ab; sein Wasser erreicht fast nie mehr den 750 km entfernten Atlantik.

50 km westlich von **M'hamid** ㉞ locken die herrlichen Sanddünen des ★★**Erg Chegaga** ㉟, die ca. 3 Std. Pistenanfahrt via Oasis Sacrée erfordern (nur mit Allradwagen; auch von Foum Zguid möglich) oder 2 Tage Kamelritt. Dünentouren werden in M'hamid am Restaurant **Dune d'Or** angeboten.

Errachidia

Imilchil, einfach, angenehm, kleiner Garten, Av. Moulay Ali Chérif.

MARKT: Sonntag, Dienstag, Donnerstag. **Kunsthandwerkszentrum**.

Erfoud

Restaurant des Dunes, schlicht, aber gut, Av. M. Ismail.

MARKT: Samstag. ***FOSSILIEN***: An der N13, u.a. nahe d. Hotel Assalasil.

Rissani

MARKT: Sonntag, Dienstag, Donnerstag (mit Viehmarkt).

KUNSTHANDWERK: **Maison Touareg**, Schmuck, Kelims, Tuareg-Lederarbeiten.

Tinerhir

Restaurant Central, gute Regionalküche, Place Mohamed V..

MARKT: Montag.

Boumalne

Al-Manader, gut u. preiswert, Aussichts-Terrasse, Tel. 0524 30172.

MARKT: Mittwoch.

El Kelaa des M'Gouna

MARKT: Mittwoch. **Rosenfest** Anfang Mai, www.festivaldesroses.net.

Skoura

Ben-Moro, Restaurant in Kasbah-Hotel, gute Küche, 3 km westl. Skoura.

MARKT: Montag.

Ouarzazate

Chez Dimitri, beliebtes Café/Restaurant, Av. Moh. V. **Douyria**, köstliche marokkanische Speisen, nahe der Kasbah.

MARKT: Sonntag. Gut bestückter **Supermarkt** an der Hauptstraße.

Zagora

MARKT: Sonntag und Mittwoch.

KERAMIK: Töpferei **Tamegroute** (18 km).

» Karte S. 170-171

Thomas Stankiewicz

Abends wird die Jemaa el Fna zum Freiluftrestaurant

Foto: Berthold Schwarz

MARRAKESCH UND HOHER ATLAS Marabouts und hohe Berge

★★MARRAKESCH

Marrakesch, die über den Atlas geworfene Perle – so rühmte die andalusische Poetin Hafsa Bint el Hadj im 12. Jh. die damalige Residenzstadt der berberischen Almohaden. Und bis heute hat ★★**Marrakesch** ❶ (1 070 000 Einw.) – mittlerweile arabisiert und wegen der Farbe seiner Mauern und Häuser auch „Die Rote" genannt – seinen märchenhaften Charakter bewahrt, mit Höhepunkten maurischer Architektur wie dem Koutoubia-Minarett, den Saadiergräbern und der Medersa Ben Youssef.

Die Medina, die ummauerte Altstadt, mutet wie ein lebendes Orientmuseum an; mit ihren Basargassen, Riad-Häusern und Handwerkervierteln, wo Babuschenverkäufer, Teppichhändler und Eisenschmiede noch wie im Mittelalter agieren, während sich auf der Jemaa el Fna Schlangenbeschwörer, Märchenerzähler und Akrobaten bestaunen lassen. Auch wenn man „nichts kaufen, nur gucken" und das 1001-Nacht-Flair genießen möchte, kann man fast unbehelligt durch die malerischen Souks bummeln. Doch bevor man Menschen fotografiert: Wie überall diese unbedingt zuvor um Erlaubnis bitten!

Links: Kapitell der Saadiergräber – griechisch-römisch inspiriert, von den Mauren weiterentwickelt.

Vom Zeltlager zur Stadt

Mitten in der damals noch rein berberischen Haouz-Ebene, vor der Silhouette des bis Mai schneebedeckten Hohen Atlas, ließ **Abu Bekr**, der erste große Heerführer der **Almoraviden**, um 1060 an der Stelle des heutigen Marrakesch ein riesiges Zeltlager für seine Truppen aufschlagen. Diese von Beutegier und *jihad* (Glaubenskampf) inspirierten Kamelreiter waren als Sanhadja-Berber den Tuareg verwandt und nannten sich *al murabitun*, „Männer der Ordensburg". Unter Sultan **Youssef Ben Taschfin** entstand aus dem Lager ab 1070 eine Stadt, die nach 1086 – als er die christlichen Truppen des spanischen Königs Alfons bei Zallaqa (Extremadura) vernichtet und reiche Beute gemacht hatte – zur Hauptstadt eines Reiches aufstieg, das von Algerien bis zum Atlantik und vom Ebro bis zum Senegal reichte.

Die Almoraviden errichteten andalusisch beeinflusste Moscheen und Paläste, umgaben die Stadt mit einer 12 km langen Mauer und ließen einen Palmenhain rings um die Stadt pflanzen – bewässert durch *khettaras*, unterirdische Grundwasser-Sammelkanälen, die in bis zu 50 m Tiefe verliefen.

Im Jahr 1122 tauchte in der Stadt der fanatische Prediger **Ibn Toumart** auf. Als er die herrschenden Almoraviden der Dekadenz und des Unglaubens be-

» Karte S. 190, Stadtplan S. 192-193, Info S. 217

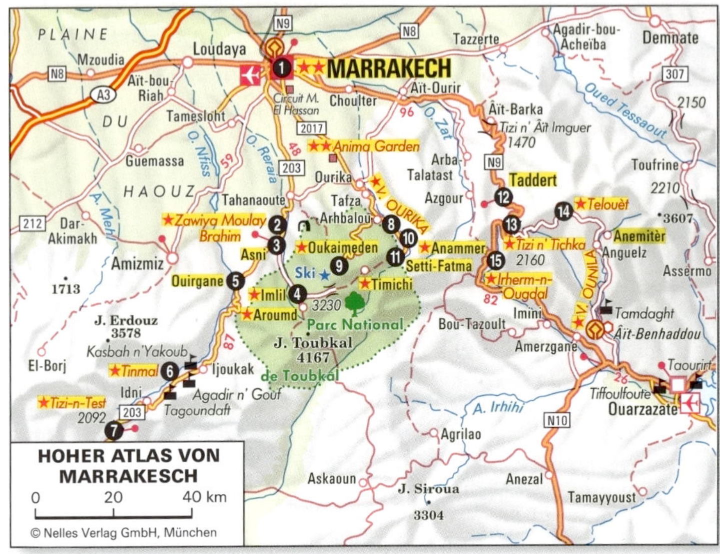

schuldigte – ihre Prinzessinnen z. B. verschleierten sich nicht –, musste er fliehen. Zuflucht fand er in Tinmal im Hohen Atlas bei den Masmouda-Berbern, welche er zum Heiligen Krieg gegen die Almoraviden aufrief. Ihr erster Versuch im Jahr 1130, Marrakesch einzunehmen, schlug allerdings fehl. Der selbsternannte *mahdi* (von Gott Geleitete) Ibn Toumart starb, doch 1146 gelang seinem Schüler **Abd el Moumen** dann die Eroberung – mit Hilfe der bestochenen christlichen Palastwache.

Residenzstadt der Almohaden

Die neuen Herren nannten sich *al muwahiddun*, „Bekenner der göttlichen Einheit" (**Almohaden**) und zerstörten fast alle Bauten ihrer Vorgänger. Der Almohade Abd el Moumen nahm den Titel *Amir el Mumin*, „Beherrscher der Gläubigen", an, mit dem Anspruch, das Oberhaupt aller Muslime zu sein – ein Titel, den heute noch der König führt. Abd el Moumen beherrschte ein Reich, das den gesamten Maghreb bis nach Westlibyen und halb Spanien umfasste.

Die Almohaden errichteten in Marrakesch bedeutende Bauten: die Koutoubia-Moschee, eine große Kasbah, Stadtmauern und Tore, tiefe Zisternen, ausgedehnte Parks und neue Viertel. Sie riefen bedeutende Wissenschaftler an ihren Hof, so den berühmten maurischen Arzt und Aristoteles-Kommentator Averroes (Ibn Rushd), und befreiten den Arzt Avenzoar, der in den Kerkern der Almoraviden geschmachtet hatte.

Ab Anfang des 13. Jh. führten Stammesrevolten und Palastintrigen zum Untergang der Dynastie. 1269 eroberten die **Meriniden**, ein Berberstamm aus den Steppen im Osten, Marrakesch und verlegten die Sultansresidenz nach Fes. Die Berberstadt am Hohen Atlas verlor an Bedeutung und entvölkerte sich allmählich. Anfang des 16. Jh. wurde sie sogar zum Angriffsziel der Portugiesen, die sich inzwischen an der Atlantikküste festgesetzt hatten.

Rechts: Überdachte Basar-Hauptgasse im Souk von Marrakesch.

» Stadtplan S. 192-193, Info S. 217

Foto: Berthold Schwarz

Araber übernehmen die Berberstadt

1521 zogen die arabischen **Saadier** kampflos in die Stadt ein, nachdem sie bereits Fes und das Sous-Tal erobert hatten, und bestimmten Marrakesch zu ihrer Hauptstadt. Damit begann eine neue Blüte, von der die Überreste des Badi-Palastes und die Saadier-Gräber zeugen. **Ahmed I.**, bedeutendster Sultan der Saadier-Dynastie, profitierte von Lösegeldzahlungen für portugiesische Adlige nach König Sebastiãos 1578 am Loukos gescheiterten Kreuzzug. Er eroberte 1591 mit christlichen Söldnern die Goldhandelsstädte Timbuktu und Gao, machte reiche Beute und erhielt so seine Beinamen *el mansour* (der „Siegreiche") und *ed dehbi* (der „Vergoldete").

Die im 17. Jh. folgende, ebenfalls arabische Dynastie der **Alaouiten** residierte nicht mehr in Marrakesch, sondern in Meknes, Fes und Rabat, unterhielt aber weiterhin Paläste in Marrakesch und errichtete Neubauten wie den Bahia-Palast und das Dar Si Said (heute Museum). 1907 trat die Stadt noch einmal ins Rampenlicht: Unterstützt von **Madani el Glaoui**, dem Chef des *glaoua*-Berberclans aus Telouet, ließ sich **Moulay Abd el Hafiz** in Marrakesch zum Sultan proklamieren und vertrieb seinen unfähigen Bruder Abd el Aziz in Fes vom Thron. Die Franzosen setzten ihn jedoch nach der Unterzeichnung des Protektoratsvertrags (30. März 1912) ab.

Leben wie ein Pascha

Wegen eines Putschversuchs Ende 1912 in Marrakesch – durch **El Hiba** aus der Westsahara mit seinen „Blauen Männern" – marschierten die Franzosen dort ein. Madani el Glaoui, der berberische Pascha der Stadt, stellte ab 1913 den Franzosen seine Männer als Polizeitruppen zur Verfügung und stieg so zum Feudalherrscher des Südens auf. Sein Nachfolger **Thami El Glaoui** brachte es dann zu märchenhaftem Reichtum: In seinem Stadtpalast empfing er Filmstars, Adlige und Mächtige, seine ausschweifenden Feste füllten die Regenbogen-Presse jener Zeit.

» Stadtplan S. 192-193, Info S. 217

Safi (ca. 150 km)
El-Jadida (ca. 175 km)
Blvd. Mohammed
Rue Ibn Qodama
Ibn Toufail
Cimetière Européen
Blvd. Prince Moulay Abdallah
Blvd. Abi Obayda Al Jarah
★★ Musée Y. S. Laurent
38
★★ Musée Berbère
★★ Jardin Majorelle
37
Avenue el-Jadida
Rue Yacoub el-Mansour
Route de Targa
R. du Sergent Levet
Rue Abdelouahab Deqqaq
Marché
Place Bir Anzarane
Rue Ibn Aicha
Montechristo
Libzar
QUARTIER INDUSTRIEL
Avenue Mohamed VI
Abdelkrim de Kha Habi
Boule de Neige, Patisserie Hilton
Renaissance
34
Place Abd el-Moumen ben Ali
VILLE
R. Khalid
Cimetière de Bab Doukkala
Marché
Gare routière
Hôpital Militaire Moulay Ismail
Blvd. Zerktouni
Tachfine
ONMT
Avenue
Carré Eden
GUÉLIZ
Unies
R. el-Moquaouama
R. Moh. el-Beqal
Rôtisserie de la Paix
Place du 16. Novembre
Marrakech Plaza
Av. D. Nations
Ibn el-Oualid
★ Bab Doukkala
18
Imperial Holiday
Nouss Nouss
33
Hassan II.
Mohammed V.
Gare
32
Avenue
Rue el-Cadi Ayad
Jardin du Hartsi
Av. Yacoub el-Marini
Café Glacier
Ouqala
Rue el Adala
Bab Larissa
Place de la Liberté
Ibis Moussafir
Blvd. d'Essaouira
Opera Plaza
Théâtre Royal
Avenue du Président Kennedy
NOUVELLE
Parc des Sports
Moulay el-Hassan
Palais de Justice
Ave. Ahmed
Hôtel de Ville
Bab Nkob
Cyber Parc A. M. Abdesla
Rue Jabir Ibn Hayane
Rue Ibn el-Cadif
Rue Abou Bakr Seddiq
Rue el-Jahed
Les Idrissides
Rue
HIVERNAGE
Mooi
Rue Echouhada
Ave. de Paris
Boulevard el Yarmouk
Royal Mansour
Rue Abou Abbas el-S
Mansour Eddahbi
Palais de Congrès
Avenue Mohammed VI.
Comptoir Dana
Bab Sidi Rharib
Atlas Medina
Atlas Asni
Es Saadi
Ave. el-Qadissia
Jad Mahal
R. Haroun Errachid
Place Bab Jedid
Theatro
Casino
Sofitel Palais Imperial
★ La Mamouni
Avenue de la Ménara
Rue de la Piscine
El Andalous
Es Saadi Garden & Resort
Le Méridien N'Fis
Menara Mall
35
Avenue de la Ménara
Jardins de la Ménara
Oliveraie de Bab Jédid
Place de la Jeunesse
31
★ Pavillon
Ave. Guemassa
Aeroport Marrakech-Menara

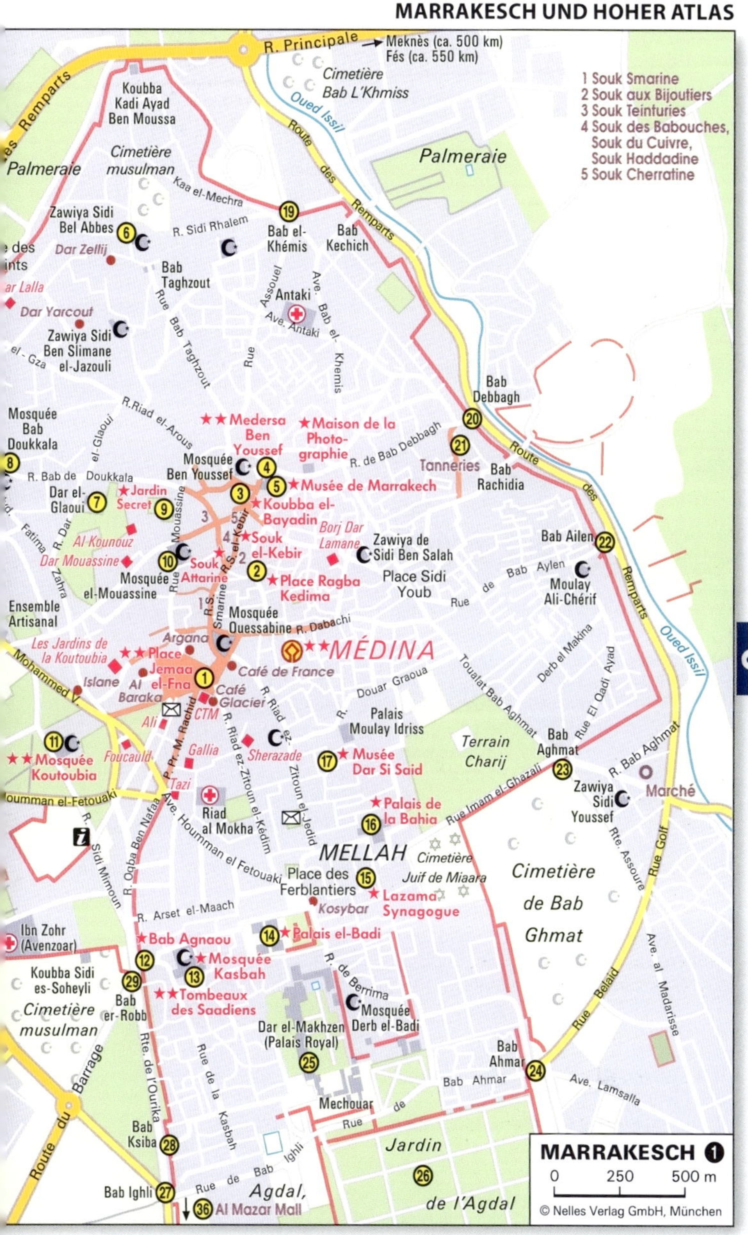

9 Marrakesch und Hoher Atlas

Foto: Berthold Schwarz

Dass er 1953 in Kollaboration mit den Franzosen den nach Unabhängigkeit strebenden Sultan Mohammed V. ins Exil nach Madagaskar schickte, war ein Fehler: Als Marokko 1956, nach blutigen Unruhen, unter **Mohammed V.** unabhängig wurde, verlor der Berber-Pascha seine Macht und starb bald darauf; seine prächtige Kasbah in Telouet verfällt seitdem. Sein Stadtpalast existiert noch.

Tausende **Juden** lebten noch bis nach dem 2. Weltkrieg in der Mellah; wegen der Auswanderung nach Israel ab 1956 sind es heute nur noch etwa 140. Es existieren aber noch Synagogen, so die restaurierte, zu besichtigende Lazaama mitten in der alten Mellah.

★★Medina

★★Jemaa el Fna – Platz der Gaukler

Die Medina von Marrakesch zählt zum Weltkulturerbe, und der Platz **★★Jemaa el Fna** (1) ist ihr pulsierendes Herz. Ursprünglich wollte hier der Saadiersultan Ahmed el Mansour die Moschee *jemaa el hana* errichten; allerdings konnte der Herrscher sein Vorhaben nicht vollenden, und so nannte man diesen Platz fortan *jemaa el fna* (Ruinenmoschee). Später wurden hier die Köpfe Hingerichteter ausgestellt und deshalb übersetzte man den Platznamen nun als „Versammlung der Toten". Ringsum ermöglichen **Restaurants** mit **Aussichtsterrassen** (die Klassiker sind das *Café Glacier* und das *Café France*; moderner ist das durch Panzerglas geschützte *Argana*) einen Blick auf das bunte Treiben: Die Jemaa el Fna wimmelt zu jeder Tageszeit von Menschen. Morgens halten sich hier kleine Gewerbetreibende auf; Barbiere, Flickschuster und Dentisten. Dazu gesellen sich später Obstverkäufer, Orangensaftpresser und fliegende Händler.

Am späten Nachmittag entsteht dichtes Jahrmarktsgedränge. Man taucht in eine unübersehbare Menschenmenge ein, die unaufhörlich in Bewegung ist. Mit der Dämmerung legen sich dann Essensdüfte über den Platz: Fischbrater und Suppenköche nehmen die von den Gauklern geräumten Flächen mit Tischen und Bänken in Beschlag und animieren Schaulustige zum Einkehren in ihre temporären **Garküchenlokale**.

Oben und rechts: Ein Skorpionbild oder ein Schlangenfoto gibt es auf dem Gauklerplatz nie umsonst.

Skorpion auf der Stirn, Schlange um den Hals

Der Platz mutet wie ein bunter Freiluftzirkus an und ist voller origineller Gestalten. Den ersten Dirham ergattern meist die fotogenen **Wasserverkäufer** in ihrer roten Rifi-Tracht mit dem breitkrempigen Strohhut – aber nicht für das kostbare Nass aus dem umgehängten Ziegenschlauch, sondern für ihr Recht am eigenen Bild.

Ebenso professionelle „Fotomodelle" sind die **Schlangenbeschwörer**, die sich zur Abwechslung auch mal einen Skorpion über die Stirn kriechen

» Stadtplan S. 192-193, Info S. 217

lassen. Dem Besucher, der die Kamera zückt, wird auf jeden Fall eine angriffslustige Kobra präsentiert: Ist das Reptil zu schlapp, tritt ihr der Meister auf den Schwanz. Und rückt der Zuschauer keine Münze heraus, kommen die „Assistenten“ und der Schlangenbeschwörer selbst bedrohlich nahe – und der hält das bessere „Argument“ in der Hand!

Dumpfe Trommelschläge begleiten den harten Schlag von Eisenklappern: die **Gnaoua**, schwarze Tänzer und Musikanten, haben ihren Auftritt. Gekleidet sind die dunkelhäutigen Männer in lange weiße *ganduras* (Hemdröcke). Ihren Kopf ziert eine muschelbestickte Kappe, an der eine lange Kordel mit einer Quaste hängt, die im Rhythmus hin- und herschwingt. Rasend wirbeln sie im Kreis, in jeder Hand eine Eisenklapper. Der Älteste schlägt die Trommel, der Jüngste kassiert. Sie gehören zu einer geheimnisvollen Bruderschaft, von deren Mitgliedern es heißt, dass sie nachts die Geister beschwören.

Rotgekleidete **Akrobaten** bilden lebende Türme und schlagen Saltos: Sie gehören zur Bruderschaft Sidi Ahmed ou Moussa aus der Nähe von Tiznit.

Foto: Berthold Schwarz

Von Hirten und Geistern

Die wahren Helden des Platzes sind die **Märchenerzähler**. Sie locken die meisten Zuschauer an, sind Schauspieler, Prediger, Pantomimen, Spaßmacher und Akrobaten in einer Person. Und sie können wunderschöne Geschichten erzählen – wie die vom Hirten, der im Wald verschwand und nach seiner Rückkehr Seltsames zu berichten wusste: Auf der Suche nach seinen verlorenen Kühen war ihm eine Frau mit kleinen Kindern begegnet. Als er sie nach seinen Kühen fragte, war er plötzlich von Geistern umringt. Eine dieser Geistfrauen stillte gerade ihr Kind. Sie reichte ihm ihre andere Brust und nahm ihn an Sohnes Statt an. Lange Zeit blieb der Hirte bei all den Geistern im Wald und auch bei seiner neuen Mutter, wo es ihm an nichts fehlte. Doch sein Heimweh wurde immer stärker. Er wollte zurück zu den Menschen. Erst dann jedoch, als er den Geistern versprach, eines Tages zu Ihnen zurückzukehren, ließen sie ihn ziehen. Die *dschenun* zwangen ihn, eine Zauberformel zu sprechen, die ihnen für alle Zeit Macht über den Hirten verlieh. Er erhielt dafür die Gabe, segensreiche Dinge zu tun. Nachdem er zu den Menschen zurückgekehrt war, hütete er wie früher die Kühe und lebte wieder bei seiner Mutter – doch eines war anders geworden: Dank seiner *baraka* (Segenskraft) vermochte er jetzt, den Menschen zu helfen. Viele fragten ihn bald um Rat, und er half ihnen, indem er auf ein Stück Papier ihre Probleme schrieb und mitgebrachte Münzen darin einwickelte. Das Päckchen vergrub er am Fuß eines Baumes, und wenn er später nachschaute, war das Geld verschwunden – doch dafür stand nun die Lösung des Problems auf dem Papier. Doch als seine Mutter starb, versiegte seine Segenskraft: Könnte es sein, dass die Geister ihn zurückholen wollen?

Foto: Berthold Schwarz

Märchenhafter Basar – die ★★Souks

Im Norden des Platzes beginnt das Marktviertel der ★★**Souks**, die man in einem mehrstündigen Spaziergang ausgiebig erkunden sollte. In der Nähe der Ouessabine-Moschee öffnet sich die **Rue Souk Smarine**, einst der Markt der Binsenflechter – heute gibt es hier vor allem Textilien. Nach 200 m geht rechts eine kurze Gasse zur ★**Place Ragba Kedima** (2), dem alten Sklavenmarkt, einem der malerischsten Plätze der Medina. Hier werden **Gewürze**, **Teppiche**, und **Berber-Kosmetika** feilgeboten; Naturmedizin-Apotheken bieten originelle Arzneien an. In der Platzmitte agieren Frauen als Verkäuferinnen (von handgestrickten Mützen etc.), was in der Medina äußerst selten ist. Ringsum locken **Dachterrassencafés**.

Nach der Abzweigung zur Place Kedima gabelt sich die Rue Souk Smarine in den ★**Souk Attarine** (links) und den ★**Souk el Kebir** (rechts). Hält man sich am Beginn des gemischten Souk Attarine nochmals links, gelangt man zum **Souk Teinturiers**, der ehemaligen **Färbergasse**, in der nur noch Wenige das alte Handwerk pflegen. Fotogen hängen bunte Tücher und „Alibi-Wollbündel" über der Gasse. Die Färber möchten nicht bei der Arbeit fotografiert werden.

Zurück am Souk Attarine folgen der Markt der **Babuschenmacher** sowie der Bereich der ★**Kupfer- und Eisenschmiede**, wo u. a. eiserne Kastagnetten entstehen.

Durch Kissariagassen mit Textilgeschäften erreicht man den **Souk el Kebir**, in dem **Gold- und Silberschmiede** arbeiten, während im **Souk Cherratine** die **Lederhändler** ihre Läden haben.

★★Medersa Ben Youssef und ★Maison de la Photographie

Der Souk endet vor der **Moschee Ben Youssef** des Almoravidensultans Ali Ben Youssef. 1120 gergündet, wurde

Oben: In der Färbergasse. Rechts: Die Medersa Ben Youssef diente über 600 Jahre lang, bis 1960, als Koranhochschul-Internat.

» Stadtplan S. 192-193, Info S. 217

Foto: Berthold Schwarz

sie im 16. und 19. Jahrhundert erweitert. Südlich vor der Moschee liegt die kleine ★**Koubba el Baadiyin** (3). Sie stammt noch original aus dem 12. Jh. Das tiefliegende Gebäude besteht aus einer Kuppel, die mit bandförmigen Rippen verziert ist und die wohl einen Brunnen für religiöse Waschungen der Moscheebesucher enthielt, den ein Rhettara-Kanal speiste.

Unbedingt einen Besuch wert ist die ★★**Medersa Ben Youssef** (4), ein ehemaliges Koranhochschulinternat, gestiftet von dem Merinidensultan Abu el Hassan (1331-1351). Der Saadier-Sultan El Ghalib baute sie 1564 zur größten Medersa des Maghreb aus: in ihrer Glanzzeit wurden hier und in der benachbarten Moschee 900 Studenten in Islamwissenschaft unterrichtet. 1960 wurde die Medersa zum Museum. 130 Wohnzellen sind um einen großen und sieben kleine Innenhöfe angeordnet. Die Mitte des Haupthofs bildet ein großes rechteckiges Marmorbecken, im Osten flankiert vom kunstvoll überkuppelten **Gebetsnischensaal**. Die wunderbare Verzierung der Wände beginnt unten mit Fliesenmosaiken; im Stuck darüber folgen umrankte Koransuren, Zedernzapfen und Muscheln, die in Zedernholz-Schnitzwerk übergehen.

Die Fenster der **Studentenzellen** im 1. Stock eröffnen reizvolle Durchblicke auf die stuckverzierten Wände des Haupthofs.

300 m östlich lockt das ★**Maison de la Photographie** mit historischen Fotos – und vor allem mit einem **Dachterrassencafé**, von dem man eine tolle ★**Aussicht** über die Flachdächer der Medina bis zum Hohen Atlas genießt.

★Musée de Marakech

Südlich neben der Koranhochschule lohnt das ★**Musée de Marrakech** (5) einen Besuch. Die Omar-Benjelloun-Stiftung hat den Altstadtpalast Dar Menehbi zum Volkskunstmuseum gemacht. Es besitzt weniger Exponate als das Dar Si Said, zeigt aber in einer **Kunstgalerie** Wechselausstellungen moderner marokkanischer Künstler.

Foto: Berthold Schwarz

Heiligengräber und Moscheen

Durch das **Bab Taghzout** kommt man zur **Zawiya Sidi Bel Abbes** (6) mit dem meistverehrten Heiligengrab von Marrakesch. Sidi Bel Abbes (1130-1205) war der wichtigste der sieben Schutzpatrone der Stadt.

Folgt man der Rue Dar el Glaoui, gelangt man zum **Dar el Glaoui** (7), bis 1956 die noble Residenz des Glaoua-Paschas Thami. Der Palast entstand Anfang des 20. Jh. im spanisch-maurischen Stil und ist nicht zu besichtigen.

Ein weiterer markanter Bau der nördlichen Medina ist die **Moschee Bab Doukkala** (8), gestiftet im 16. Jh. von Lalla Messaouda, der Mutter des Sultans Ahmed el Mansour. Zur Moschee gehört der von drei Kuppeln überdachte, mit Fliesenmosaiken verzierte **Brunnen Sidi el Hassan ou Ali**.

Oben: Almohadische Baumeister schufen im 12. Jh. das Minarett der Koutoubia-Moschee. Rechts: Bab Agnaou, das schönste Tor von Marrakesch.

★Jardin Secret

Hinter einer hohen Mauer an der Rue Mouassine verbirgt sich ein Juwel orientalischer Gartenbaukunst aus dem 16. Jh.: der ★**Jardin Secret** (9). Ein Riad wie aus dem Bilderbuch; ein raffiniert bewässerter Paradiesgarten mit Aussichtsterrasse, Café und Aussichtsturm.

An der selben Gasse steht die große **Moschee el Mouassine** (10). Sie wurde 1573 unter dem Saadiersultan Abdallah el Gahlib erbaut; Geldgeber war die reiche Kaufmannsfamilie Mouassine. Die Außenseite der Moschee ziert der breite **Mouassine-Brunnen**.

★★Koutoubia-Moschee

Vom „Platz der Toten" sieht man schon das Wahrzeichen der Stadt, das Minarett der ehrwürdigen ★★**Koutoubia-Moschee** (11) (Zutritt nur für Muslime) aus dem 12. Jh. Benannt wurde sie später nach dem in ihrer Nachbarschaft eingerichteten *souk el koutoubiyyin*, dem Basar der Buchhändler. Die ab 1147 erbaute Hallenmoschee hat 17 Schiffe und 112 Pfeiler auf einer Fläche von 90 x 60 m und zählt zu den größten ihrer Art: 25 000 Gläubige können darin das Gebet verrichten.

Das quadratische **Minarett**, erst unter Yacoub el Mansour im Jahr 1199 vollendet, war das direkte Vorbild für die Giralda in Sevilla und für den Hassan-Turm in Rabat. Die einstige Pracht des Koutoubia-Minaretts lassen noch heute grünlasierte Fliesenmosaike unterhalb der Zinnen erahnen. Bei einer Basis-Seitenlänge von 12,80 m hat der Almohadenturm eine Höhe von 69 m; über eine Rampe im Inneren konnte der Muezzin zu seinem Arbeitsplatz hinaufreiten. Gekrönt wird das Minarett von vier kupfernen **Kugeln**. Nach der Legende bestanden sie ursprünglich aus reinem Gold, und es soll auch nur drei Kugeln gegeben haben. Die vierte soll von Yacoub el Mansours Ehefrau als Ausgleich dafür gespendet worden

 » Stadtplan S. 192-193, Info S. 217

Foto: Berthold Schwarz

sein, dass sie einen Tag lang das Fasten im Monat Ramadan nicht eingehalten hatte: Als Buße ließ sie ihren Goldschmuck einschmelzen und daraus die vierte Kugel herstellen.

★Bab Agnaou

Das aus bläulichem Kalkstein erbaute ★**Bab Agnaou** (12) mit seinem Hufeisenbogen ist eines der schönsten Tore von Marrakesch. Es diente weniger der Verteidigung der Stadt, sondern war Hauptportal des gut befestigten Residenz- bzw. **Kasbah-Viertels**, das auf den Almohaden-Sultan Yacoub el Mansour zurückgeht und heute die Kasbah-Moschee, die Saadiergräber, den El Badi-Palast und das Dar el Makhzen, den heutigen Königspalast, umfasst.

★★Saadiergräber

An der Südseite der ★**Kasbah-Moschee** mit ihrem fotogenen **Minarett** (12. Jh.) verbirgt sich hinter hohen Mauern ein kunsthistorisches Juwel: die ★★**Saadiergräber** (13) (*Tombeaux des Saadiens*), die prächtige Grabmoschee des arabischen Sultans Ahmed el Mansour (1578-1603). Die Grabanlage gilt als Museum und darf besichtigt werden. Die erste Grabstätte ließ Sultan Abdallah el Ghalib (1557-1574) errichten. Ahmed el Mansour baute die Anlage zu einer Nekropole aus, in der Herrscher, Angehörige und Würdenträger der arabischen Saadier-Dynastie bestattet wurden. Der Alaouitensultan Moulay Ismail ließ später aus Neid auf die Baukunst der Saadier deren Paläste zerstören. Er verschonte zwar die Gräber, ließ sie aber mit einer hohen Mauer umgeben. So geriet die Anlage in Vergessenheit. 1917 entdeckten französische Archäologen auf einem Luftbild die Gräber und schufen einen separaten Zugang, da der Eingang durch die Kasbah-Moschee Christen verwehrt war.

Die Anlage beherbergt zwei Mausoleen. Das erste davon, gleich links vom Eingang, ist das größte und schönste und besteht aus drei Sälen. Der ★**Betsaal** (mit kunstvollem **Mihrab**/

Foto: Berthold Schwarz

Gebetsnische), wo der Alaouitensultan Moulay el Yazid (1790-1792) begraben liegt, sollte ursprünglich gar nicht als Grabstätte dienen. Der wunderschöne zweite Raum heißt ★★**Saal der zwölf Säulen** und enthält das **Grab** des Saadier-Sultans **Ahmed el Mansour** (1578-1603). Er gehört zu den prachtvollsten Bauwerken, die maghrebinische Kunsthandwerker je erschaffen haben. Zwölf Säulen aus Carrara-Marmor, verbunden durch Hufeisen-Bögen, tragen eine aus kleinen vergoldeten *muqarnas* (Prismen) aufgebaute Kuppel, die an eine Kristall-Höhle erinnert. Im dritten Raum, dem **Saal der drei Nischen**, sind die Kinder der Sultane beigesetzt – auch er ist außerordentlich reich geschmückt.

Der **Pavillon** in der Mitte des von Hecken gesäumten Friedhofsgartens birgt das **Grab von Lalla Messaouda**, der Mutter von Sultan Ahmed el Mansour.

Oben: Saadiergräber, Saal der Säulen. Rechts: Großzügig dimensioniert – der Haremshof des Bahia-Palasts.

★Badi-Palast

Prachtvoll war einst der Palast ★**El Badi** (14) des Saadier-Sultans al Mansour, den er durch seinen Raubzug nach Timbuktu finanzierte. Von der 18 ha großen Anlage blieben nur die eindrucksvolle **Mauer**, **Pavillon-Ruinen**, Gärten sowie der unterirdische **Kerker** – Moulay Ismail nutzte die Gebäude im 17. Jh. als Steinbruch für seine Bauten in Meknes. In einem separaten Museumsraum ist der kostbare hölzerne ★★**Minbar** (Kanzel des Imams) aus der Koutoubia-Moschee ausgestellt, verziert mit Einlegearbeiten (achteckigen Salomonssiegeln) aus Elfenbein, Ebenholz und Sandelholz; erschaffen um 1130 in Cordoba.

Mellah und ★Bahia-Palast

Auf dem Weg vom Badi-Palast zum Bahia-Palast spaziert man durch die ehemalige **Mellah**, das große **Judenviertel** mit restaurierter **Basarstraße**, geschäftiger **Markthalle, Jüdischem**

 » Stadtplan S. 192-193, Info S. 217

Foto: Berthold Schwarz

Friedhof und der zu besichtigenden, renovierten, in weiß und blau gehaltenen ★**Lazaama-Synagoge** (15). Die letzten Juden von Marrakesch leben jedoch mittlerweile fast alle in der Neustadt.

Der ★**Bahia-Palast** (16) wurde 1867 für den Großwesir Si Moussa erbaut. Sein Sohn Bou Ahmed, Großwesir der Sultane Abu Ali Hassan I. und Abd el Aziz, residierte ab 1894 darin, ließ den Komplex erweitern und mit Stuck, Mosaiken und bemalten Holzdecken verschönern. Ab 1912 diente der Palast der französischen Protektoratsverwaltung. Er verbirgt sich hinter unscheinbaren Außenmauern, doch seinen Namen *bahia* (schön) führt er zu Recht: Er bietet einen anmutigen **Riad** (Innenhofgarten), maurische **Repräsentationsräume**, einen riesigen **Haremshof**, einen **Haremsgarten**, eine **Palastmoschee** und **Wohnräume des Paschas**.

★Teppichmuseum Dar Si Said

Vom Bahia-Palast folgt man den Wegweisern zum ★**Teppichmuseum Dar Si Said** (17) (Musée national du tapis). Der vornehme, 2700 qm große Riad-Bau wurde um 1900 als Palast für Si Said, einen Wesir des Sultans Abu Ali Hassan I. errichtet, daher der Name für das Gebäude: Dar Si Said. Um das begrünte Atrium („Riad") im Erdgeschoss mit Brunnen gruppieren sich die ersten vier Ausstellungsräume. Im Obergeschoss gibt es weitere, dort sind noch die originalen bemalten Zedernholzdecken erhalten. An den Wänden hängen wertvolle alte **Teppiche** aus den berühmten Herstellungsregionen Chichaoua, Beni M'Guild, Rabat und Glaoua (Hoher Atlas). Im hinteren Teil sieht man jahrhundertealte, mit geometrischen Ornamenten und Arabesken verzierte, dunkle Zedernholz-Tore von Kasbahs aus dem Drâa-Tal.

Mächtige Tore, weite Olivenhaine

Eine Rundfahrt um die Medina kann man z. B. am ★**Bab Doukkala** (18) beginnen. Die erste **Stadtmauer** von Marrakesch wurde von den Almoraviden ab

» Stadtplan S. 192-193, Info S. 217

Foto: Paul Spierenburg

1127 angelegt, sie ist noch gut erhalten. Unter den Almohaden wurde sie dann von 9 auf 12 km erweitert. Als Baumaterial diente roter Lehm. Die Mauer ist 6 - 9 m hoch und bis zu 2 m dick.

Vor dem almohadischen Hufeisenbogentor **Bab el Khemis** (19) findet donnerstagvormittags ein großer ★**Flohmarkt** statt.

Darauf folgt das **Bab Debbagh** (20), das Tor der Gerber, das zum **Gerber-Viertel** (21) mit seinen nicht gerade wohlriechenden **Gerbereien** führt.

Am **Bab Ailen** (22) erlitten die Almohaden 1130 bei ihrem ersten Versuch, Marrakesch einzunehmen, eine Niederlage. Durch das **Bab Aghmat** (23) sollen 1146 dann christliche Söldner der Almoraviden die feindlichen Almohaden in die Stadt gelassen haben. Vor dem Tor befindet sich heute der größte **Friedhof** von Marrakesch. Daneben steht die **Zawiya von Sidi Youssef** (gestorben 1197), einem der sieben Stadtheiligen; er lebte – nach einer Legende – hier mit Aussätzigen in einer Höhle.

Das **Bab Ahmar** (24), das Rote Tor (18. Jh.) führt zum **Königspalast Dar el Makhzen** (25). Hier zogen früher die Sultane in die Stadt ein. Folgt man der Straße, so erreicht man den Äußeren und Inneren **Mechouar**, Höfe, die hauptsächlich als Versammlungs- und Exerzierplatz der Garde dienten.

Vom Inneren Mechouar gelangt man in den **Agdal-Garten** (26), den Sultansgarten der Almohaden-Herrscher des 12. Jh. Die Anlage ist mehr als 3 km lang und 1,5 km breit; es handelt sich heute eher um eine Obstplantage mit Oliven-, Feigen-, Zitrus-, Granatapfel-, Pflaumen- und Birnbäumen sowie vielen Rebstöcken. Sie werden mit Wasser aus dem Hohen Atlas bewässert, das in zwei großen Becken gespeichert wird.

Wenn man nun weiter der Medinamauer folgt, kommt man zum **Bab Ighli** (27), passiert die **Koubba des Sidi Amara** und erreicht das **Bab Ksiba** (28), das zum

Oben: Alaouitischer Lustpavillon im Menara-Garten, vor dem Hintergrund des bis weit ins Frühjahr schneebedeckten Hohen Atlas. Rechts: In der modernen Fußgängerzone Rue Bab Agnaou.

» Stadtplan S. 192-193, Info S. 217

Foto: Berthold Schwarz

Palast-Bereich führt und deshalb gut bewacht ist, falls der König gerade in der Stadt weilt.

Das schlichte **Bab er Robb** (29) („Tor des eingedickten Traubensafts", ließ der strenggläubige Almohaden-Sultan Yacoub el Mansour (1184-99) errichten: Wein war tabu und nur die Einfuhr von abgekochtem Traubensaft gestattet.

Nicht weit vom **Bab el Jedid** ragt das ★**Hotel Mamounia** (30) auf, das traditionsreichste und berühmteste Luxushotel Marokkos. 1923 von Franzosen im neomaurischen Stil erbaut, hat es unzählige VIPs beherbergt; Churchill etwa malte hier 1935 den Hohen Atlas und brachte 1943 als britischer Premierminister nach der Casablanca-Konferenz den US-Präsidenten Roosevelt mit hierher. Es bietet u. a. einen herrlichen Park, eine Terrasse mit Bar, ein Spa und vier teure Restaurants, darunter ein italienisches und ein marokkanisches. Korrekte, elegante Kleidung erforderlich (Einlasskontrolle). Sarah Jessica Parker drehte hier *Sex and The City 2*.

Im Westen erstreckt sich beim Airport ein großer Olivenhain: die **Menara-Gärten** (12. Jh); im 19. Jh. entstand der alaouitische ★**Pavillon** (31), der sich fotogen im Bewässerungsbecken spiegelt.

Neuere Stadtteile

Nach 1912 ließen die Franzosen in Sicherheitsabstand zur Medina die anfangs Europäern vorbehaltene **Ville Nouvelle** anlegen. Ein Teil davon heißt wie der nahe Hügel: **Gueliz**. Hier gibt es Nachtklubs, Bars, den schicken neuen **Bahnhof** (32), das neue **Theater** und belebte Boulevards.

Die Mitte bildet die **Place du 16 Novembre** (33) mit dem Komplex **Marrakech Plaza** (Boutiquen, Spa, elegante Cafés, Springbrunnen). Hauptpost, Boutiquen und Cafés. Folgt man der **Av. Mohammed V**, der Hauptgeschäftsstraße von Gueliz stadtauswärts, kommt man, vorbei am Shopping-/Hotelkomplex **Carré Eden** zur **Place Abd el Moumen ben Ali** (34), wo sich beliebte Restaurants und Cafés und die **Touristeninformation** (ONMT) befinden.

» Stadtplan S. 192-193, Info S. 217

Foto: Berthold Schwarz

Im westlichen Stadteil **Hivernage** stehen das Kongresszentrum, die **Menara Mall** (35) mit der stylischen **Buddha Bar** und Dachterrasse mit Eisbahn; Villen und Hotels mit großzügigen Pools inmitten parkähnlicher Gärten. Angesagte Ausgehlocations in diesem Viertel sind das teure **Jad Mahal** mit Dinnershow und Disco Silver, das **Comptoir Darna** (Restaurant mit Orientshow), das **Casino de Marrakesch** und das **Saadi Resort** mit Disco Theatro und Lounge Epicurien.

Das **Agdal-Viertel** im Südwesten ist eine neue Touristikzone mit Oberklassehotels, die große Pools bieten, wie das Palm Plaza; es gibt schicke Clubs (u.a. **Pacha**) und Einkaufszentren wie die **Al Mazar Mall** (36) (mit Restaurants, *Carrefour*-Supermarkt und Kino).

Ganz im Norden liegen die Reste des **Palmenhains** der almoravidischen Stadtgründung des 11. Jh.; im 21. Jh. ist ein bewässerter **Golfplatz** dazugekommen.

Oben: Die hohe Kunst der isolierten Bewegung, charmant zelebriert in einem Hotel der Neustadt. Rechts: Betörendes Majorelle-Kobaltblau am Atelier des zauberhaften Gartens Jardin Majorelle.

★★Jardin Majorelle mit ★★Berbermuseum/ ★★Museé YSL

Als Ziel einer Kutschfahrt bietet sich der ★★**Jardin Majorelle** (37) an, ein viel besuchtes botanisches Paradies in der Ville Nouvelle, das der weit gereiste französische Maler Jacques Majorelle (1886-1962) samt Ateliergebäude ab 1923 schuf. Er kreierte das intensive „Majorelle-Blau". Der spätere Besitzer **Yves Saint Laurent** sorgte für die Gartenerneuerung durch Madison Cox und ließ sich hier inspirieren. Als der Modeschöpfer 2008 starb, verstreute man seine Asche in seinem privaten Rosengarten; eine Säule erinnert an ihn. Man flaniert an Kakteen, Aloen, Bougainvilleen, Bambus und Palmen vorbei; und hört den Graubülbül flöten. Entspannen kann man im netten **Café**. Das exzellente ★★**Berbermuseum** präsentiert die Kultur der Masiren des Hohen Atlas.

» Stadtplan S. 192-193, Info S. 217

Foto: Berthold Schwarz

Im Jahr 2017 eröffnete nebenan das ★★**Museé Yves Saint Laurent** (38). In der selbst Modemuffel faszinierenden, sehr ästhetisch gestalteten Dauerausstellung werden rund 50 Kreationen des genialen französischen Modeschöpfers *YSL* gezeigt, dem die Welt u.a. den Hosenanzug für die Frau und das Mondrian-Sackkleid verdankt (mit Café).

★★HOHER ATLAS

Der Ausflug in die geschichtsträchtige und landschaftlich reizvolle Gebirgsregion südlich von Marrakesch beginnt am Bab er Robb, dem Standplatz der Sammeltaxis, die die Straße R203 über Asni bis hinauf zum 2092 m hohen Pass Tizi n'Test bedienen. Die Strecke verläuft anfangs in der bewässerten Haouz-Ebene. **Tahanout** ist das Tor zum Hohen Atlas; dort bietet sich ein schöner Blick auf den **Reraia-Fluss**. Dahinter überrascht die **Moulay Brahim-Schlucht** mit einer über dem Fluss in den Fels gesprengten Straßentrasse und unübersichtlichen Kurven.

★Zawiya Moulay Brahim

Nach 47 km zweigt eine Straße zur ★**Zawiya Moulay Brahim** ❷ ab. Das Grab des Heiligen, auf einem Felssporn in 1300 m Höhe, ist am siebten Tag nach *mouloud* (Mohammeds Geburtstag) Schauplatz eines *moussem* (Pilgerfest), der mehr als 50 000 Gläubige anzieht. Die Pilger reinigen sich rituell an der Quelle unterhalb des Dorfes, besteigen den gegenüberliegenden Jebel Khelout (1545 m), den Meditationsort des Moulay Brahim, um anschließend an der Grabmoschee oberhalb des Dorfes ein Hammelopfer darzubringen. Insbesondere Verheiratete, die noch ohne Söhne sind, nehmen an der Wallfahrt teil, um in den Genuss der fruchtbarkeitsfördernden Segenskraft des *marabouts* zu kommen. Allein schon das prachtvolle Bergpanorama lohnt den Besuch: es reicht vom Adrar n'Oukaimeden (3273 m) und Angour (3616 m) im Osten bis zum Toubkal-Massiv (4167 m) im Süden. Einfache Dorfrestaurants bieten Hammelspießchen und *tajine*.

Asni / ★Imlil / ★Aroumd / Ouirgane

Zurück an der R203, bietet das an Obstbäumen und Garküchen reiche Tal des **Oued Reraia** im Sommer eine naturnahe Sommerfrische. Im Hauptort **Asni** ❸ (1200 m ü. M.) findet ein großer, bunter **Samstagsmarkt** statt. Die luxuriöse **Kasbah Tamadot** hier ist das teuerste Hotel des Atlasgebirges.

Bei Asni empfiehlt sich ein Abstecher südwärts durch das **Mizane-Tal** nach ★**Imlil** ❹, dem Ausgangspunkt für Treks und Toubkalbesteigungen, – ein voll auf Wanderer eingestelltes Berberdorf in 1800 m Höhe, mit vielen alten Walnussbäumen. Etwas oberhalb von Imlil liegt sehr schön das Hotel und Restaurant ★**Kasbah du Toubkal**, auf dessen Terrasse man leckeres Tagine, Quellwasser und einen großartigen Bergblick genießt (20 Minuten Aufstieg vom Parkplatz; Muli-Ritt möglich).

Zwei Stunden dauert die lohnende Rundwanderung von Imlil in das malerische Nachbardorf ★**Aroumd** mit seinen alten Bruchsteinhäusern.

Kurz vor Ouirgane lockt beim Abzweig Richtung Amizmiz das ★**Schwimmbadrestaurant Marigha** in einem Olivenhain. Nach 64 km ist das Städtchen **Ouirgane** ❺ erreicht, das für Ausflugslokale wie das **Au Sanglier qui fume** („Zum rauchenden Wildschwein") und seinen Donnerstagsmarkt bekannt ist. In der Nähe gibt es Steinsalzvorkommen. Die Straße folgt nun dem Tal des **Oued n'Fiss**, der zu einem langen **See** aufgestaut ist.

Hinter **Ijoukak** (preiswerte Lokale u. Herbergen, Mittwochsmarkt) taucht links die **Kasbah Talat n'Yacoub** auf und kurz darauf der **Agadir n'Gouf**. Von diesen Bergfestungen kontrollierte der berberische Goundafa-Clan um 1900 den Karawanenweg und somit den Handel mit dem Süden.

Rechts: Teils rekonstruiert – die Ruine der Almohaden-Moschee Tinmal (1154 n. Chr.).

★Tinmal und ★Tizi n'Test

Nach außen abweisend wie eine Burg erscheint die teilrestaurierte Ruine der almohadischen ★**Moschee von Tinmal** ❻, erbaut im 12. Jh. Sie ist umgeben von einer mächtigen Stampflehmmauer und steht auch Nichtmuslimen offen. Um zu dieser ältesten erhaltenen Moschee der Atlasberber zu gelangen, biegt man von der R 203 bei KM 104 zu der Brücke über den n'Fiss-Fluss ab.

1122 kehrte **Ibn Toumart**, ein Berber aus dem Sous, von religiösen Studien in Syrien zurück und begann, den Masmouda-Berbern des Hohen Atlas Koranunterricht zu erteilen. Kern seiner Lehre war das Dogma der göttlichen Einheit und die Rechtsprechung nach den strengen schafeitischen Regeln, die er in die Berbersprache Taschelheit übersetzte. Respekt verschaffte er sich unter seinen Schülern im *ribat* (Ordensburg) Tinmal durch Auspeitschen. Als die örtlichen Stämme Ibn Toumart als *imam* (religiöses Oberhaupt) und schließlich als *mahdi* (von Gott Geleiteter) anerkannten, wurde aus dem heiligen Mann ein mächtiger Mann. 1125 rief er den Heiligen Krieg gegen die vom Senegal bis Spanien herrschenden Almoraviden aus, die als Saharaberber Todfeinde der Atlasberber waren. Deren Gegenangriff scheiterte an den Mauern von Tinmal. Nach dem Tod des Mahdi 1130 führte sein Lieblingsschüler Abd el Moumen die Masmouda-Reiter an, nahm 1146 Marrakesch, dann Algerien und Andalusien ein und ernannte sich 1162 zum Kalifen (Prophetenstellvertreter). Obwohl er seine Residenz nach Marrakesch verlegte, lagerte er den Sultansschatz in Tinmal ein und errichtete hier 1154 eine große Moschee mit einem Minarett, das zum Vorbild für die Moscheetürme in Rabat (Hassanturm), Marrakesch (Koutoubia) und Sevilla (Giralda) wurde.

Hinter den restaurierten Außenmauern der **Moschee** verbirgt sich der neunschiffige Betsaal, dessen Dach nicht wiederhergestellt wurde, so dass

» Karte S. 190, Info S. 217

Foto: Thomas Stankiewicz

das Freitagsgebet heute unter freiem Himmel stattfindet. An der Westseite dieser klassischen Hofmoschee liegt der *sahn* (Vorhof) mit einem quadratischen *sadirvan* (Reinigungsbecken), die Ostwand bildet die *kibla* (Gebetsmauer), die nach Mekka weist. Sie birgt in ihrer Mitte den kunstvollen **Mihrab** (Gebetsnische), dessen mit *muqarnas* (Gipsprismen) verzierte **Kuppel** sich über einer fünfeckigen Basis erhebt und sich – ein Meisterwerk almohadischer Baukunst – nach oben zum Achteck verjüngt, dem glückbringenden Salomonsiegel. Flechtbänder aus geometrischen Ornamenten und Arabesken, von den akanthus- und palmettverzierten Kapitellen der Wandsäulen optisch unterstützt, schmücken die Nische. Ungewöhnlicherweise über der Kibla-Seite (sonst gegenüber) erhebt sich das **Minarett**, das eine schöne Aussicht auf den Jebel Tazaghart (3843 m) bietet.

Die restlichen 32 km bis zur Passhöhe bergen viele Kurven. Man passiert die **Kasbah Tagoundaft** und das Dorf Idni und erreicht auf 2092 m ü.M. den ★**Tizi n'Test** ❼, wobei der Ouanoukrim (4088 m) im Osten sichtbar wird. Allein der freie Blick nach Süden hinter der Passhöhe ist die Auffahrt wert. Das Gasthaus *Belle Vue* bietet dort Speisen und Unterkunft. Die Abfahrt südwärts Richtung Taroudant ist spannend – schmal, exponiert und kurvenreich.

★★Anima-Garten, ★Ourika-Tal und ★Oukaimeden

Wem es in Marrakesch zu warm ist, der sollte einen Ausflug auf der P2017 in Richtung Atlas ins wesentlich kühlere ★**Ourika-Tal** ❽ machen.

30 km südlich der Stadt, in dem kleinen Dorf Douar Sbiti, hat man die Haouz-Ebene fast hinter sich gelassen. **André Heller** hat hier mit enormer Kreativität und hohen Investitionen seinen Traum verwirklicht und ★★**Anima** geschaffen, einen faszinierenden Künstlergarten: Fantastische Skulpturen und Figuren, eingebettet zwischen Palmen, Bambus, Rosen und Kakteen; eine Arche als Symbol der Migration aus Afrika

Foto: Yvann K (Fotolia)

nach Europa; ein bunter Kegel neben einem Nomadenzelt. Windbilder (von GilSing c/o Margarethe Hubauer) und Skulpturen wie der „Esel im Smoking", der den geschundenen Lasttieren gewidmet ist, sind über dem 2016 auf dem Gelände einer ehemaligen Rosenfarm eröffneten Garten verteilt. André Hellers Leitmotiv hier ist „Die Rückkehr des Paradieses", die Aufhebung der Vertreibung aus dem Garten Eden; Anima bedeutet Seele. Für das leibliche Wohl sorgt das farbenfroh gestaltete **Café Paul Bowles**, benannt nach dem berühmten US-amerikanischen Schriftsteller, der nicht nur selbst über Marokko schrieb, sondern auch einheimische Autoren förderte.

Als nächstes folgt der Ort **Ourika,** der einen großen ★**Montagsmarkt** (Tnine Ouriki) und eine auf Besucher eingestellte **Safranerie** bietet, die Krokusse kultiviert.

Oben: Beliebtes Ausflugsziel in der heißen Zeit – Setti Fatma im Ourika-Tal. Rechts: Tizi n'Test-Pass. Die Atlasnordseite ist regenreicher als die Südseite.

Im Töpferdorf **Tafza** an der P2017 lohnt das volkskundliche ★**Écomusée Berbère** einen Besuch, das auch eine Tagestour in die berberische Bergbauernumgebung veranstaltet.

Hier öffnet sich der Hohe Atlas: Der **Ourika-Fluss**, der an der Westseite des Angour (3616 m) entspringt, hat ein Kerbtal geschaffen, das von den *schlöh*-Berbern schon früh besiedelt wurde. Die rotbraune Erde, die den steilen Hängen ihre Farbe verleiht, nennen die Berber *hamri*. Sie haben in den Talerweiterungen Gemüsegärten angelegt, die sie durch *seguia*-Kanälen bewässern. Bereitwillig verkauften sie früher Parzellen im Flussbett für Villen – wohlwissend, dass auf trockene Jahre nasse folgen: Hochwasserschäden sind auf der ganzen Strecke bis Setti Fatma zu sehen.

Auf den umliegenden Hängen gedeihen Steineichen und aufgeforstete Berberthuja (Lebensbaum, Sandarakbaum), die mit ihren Wurzeln die Bodenkrume festigen und die fatalen Erdrutsche verhindern sollen. Die Feigenkakteen im Umfeld der Dörfer sind ein spanisches Souvenir aus Südamerika. Im Frühling blühen in der Oase Oliven-, Kirschen-, Pflaumen- und Apfelbäume: Äpfel gedeihen in Marokko nur in kühlen Lagen und sind deshalb viel teurer als Orangen.

Weiter taleinwärts sind die ersten Kurven von **Töpferbuden** gesäumt, in denen Töpfer aus den Keramikdörfern **Tafza** und **Anrar** ihre Waren anbieten.

Bei **Arhbalou** (Donnerstagsmarkt) zweigt die spektakuläre ★**Serpentinenstraße** nach ★**Oukaimeden** ❾ ab. Die **Skistation** auf 2650 m Höhe bietet – außer einem **Sessellift**, der einen bis auf aussichtsreiche 3200 m ü. M. bringt – Hotels, prähistorische ★**Felsgravuren** und einen weiten **Blick** auf Atlas und Haouz-Ebene.

Zurück im Ourika-Tal, ermöglicht eine Brücke – 9 km nach Arhbalou – einen dreistündigen Abstecher zu Fuß in das hochgelegene malerische Berberdorf ★**Anammer** ❿ (1650 m). Von dort kann

» Karte S. 190, Info S. 217

Foto: Thomas Stankiewicz

man übrigens in ein oder zwei Wandertagen mit Führer die jungsteinzeitlichen **Felsgravuren** im nahen **Yagour-Massiv** (2726 m) erkunden, die Waffen, Wagen und afrikanisches Großwild zeigen.

Fährt man am ★**Ourika-Fluss** entlang weiter talaufwärts, ist nach insgesamt 65 km, kurz vor **Setti Fatma** ⓫ (1500 m, *moussem* im August), der Asphalt zu Ende. Man geht auf der Piste bis zu dem vielbesuchten Ausflugsdorf, dem gegenüber am Hang das **Grab der Lalla Setti Fatma** liegt, erkennbar am pyramidenförmigen grünen Dach. Ein Pfad schlängelt sich durch einen Hain aus Walnussbäumen und Kastanien, vorbei an **Tajine-Restaurants** und **Cafés**, zum ersten von fünf erfrischenden ★**Wasserfällen**; die Fälle, die dann weiter oben folgen, erfordern etwas Kletterei. Manchmal zeigen sich hier Berberaffen.

Von Setti Fatma können Trekker dem Ourika-Fluss weiter bis zur **Ourika-Schlucht** und dem Dorf ★**Timichi** folgen und in insgesamt drei Tagen, über den 3230 m hohen Pass **Tizi n'Tacheddirt**, via **Tacheddirt** durch herrliche Gebirgslandschaft bis nach **Imlil** marschieren (Wandererherbergen/gites in allen Dörfern).

★Tizi n'Tichka

Die **Nationalstraße 9** zum Tichka-Pass ist die Hauptreiseroute in den Süden nach Ouarzazate und zugleich der Anfahrtsweg zur Glaoua-Kasbah von Telouet.

Man verlässt Marrakesch südöstwärts und überquert bei **Ait Ourir** den im Frühjahr reißenden **Zat-Fluss** (Restaurant *Le Coq Hardi* direkt an der Brücke). Am **Tizi n'Ait Imguer** (1470 m), einem Vorpass mit schönem Blick auf das R'dat-Tal und den *agadir* von Arhbalou, ist dann der Hohe Atlas erreicht. In den folgenden Kurven sollte man auf entgegenkommende LKW und Busse gefasst sein und vorsichtshalber hupen! An den bewaldeten Hängen – dies ist die relativ regenreiche Nordseite des Atlasgebirges – gedeihen Wacholder-Bäume, Aleppo-Kiefern und Steineichen.

Zwischen hohen Walnussbäumen erscheint nach 88 km das 1600 m hoch gelegene Berberdorf **Taddert** ⓬ – mit schlichten Cafés, Tajine- und Grill-ständen sowie einem **Restaurant** mit Aussichtsterrasse, das die einzige Alkohol-Lizenz der Gegend besitzt.

Es folgen einige Serpentinenkurven. Nach insgesamt 104 km ist die Passhöhe des ★**Tizi n'Tichka** ⓭ (2260 m) erreicht, flankiert vom Jebel Bou Ourioul (3573 m) im Westen. Im Süden folgt das Tal des Asif Mellah. Der Hohe Atlas ist zwar reich an Mineralien, die „Amethyste" jedoch, die die aufdringlichen Händlern hier oben anbieten, sind meist nachgefärbt, die „Halbedelstein"-Ketten wertlos und die Calcit-Drusen manipuliert und gefärbt. Sogar mit gefälschten Fossilien muss man hier oben rechnen.

★Kasbah von Telouet, ★Ounila-Tal, ★Irherm n'Ougdal

Wenige Kilometer hinter der Passhöhe zweigt nach Osten die Nebenstraße **P1506** ab, auf der man nach 20 km die selbst im Verfall eindrucksvolle, feudale Lehmburg ★**Kasbah von Telouet** ⓮ (1800 m) erreicht. Im 19. Jh. wurde sie vom Berberclan der *glaoua* strategisch günstig an der alten Karawanenstraße Timbuktu-Fes errichtet. 1953 waren diese Feudalherren des Atlas unter der Führung des Paschas von Marrakesch, Thami el Glaoui, in Kollaboration mit den Franzosen mächtig genug, um den Sultan Mohammed V. ins Exil zu schicken. Die Quelle ihres Reichtums waren die von ihnen unterworfenen Oasendörfer Südmarokkos, das Steuermonopol im Getreidehandel unddie Beteiligung am Ertrag der von Franzosen ausgebeuteten Mangan- und Antimonminen. 1956 entmachtete jedoch der im Triumph aus dem Exil heimgekehrte Sultan Mohammed V. die *glaoua*-Sippe, und seitdem dämmert deren einstige

Rechts: Zwei Hütten (Refuges) in 3200 m Höhe dienen Toubkal-Besteigern als kühle Basislager.

Stammburg verlassen dahin. Die frühere Pracht lässt die *salle de reception*, der **Empfangssaal**, erahnen: Die eisernen Türriegel sind mit Silberfäden verziert, die hohen Flügeltüren mit geschnitzten und bemalten geometrischen Ornamenten verziert. Fliesen-Mosaike an den Wänden stellen Variationen auf magische Zahlen dar, oben werden sie von in Gips geschnittenen Bändern mit Koransuren begrenzt. *Muqarnas* aus Holz- und Gipsprismen leiten über zur bemalten Zedernholz-Decke, die von einer Kuppel gekrönt wird. Ein hufeisenförmiger Ausschnitt im verschnörkelten Fenstergitter gibt die Aussicht auf das Tal und das nahe Dorf frei.

Von Telouet führt die asphaltierte, landschaftlich großartige **P1506** weiter nach Ait Benhaddou (46 km). Erst ostwärts zu dem pittoresken Bergdorf **Anemiter** (von Jaques Majorelle 1941 wunderbar gemalt; Tighremt-Ruinen; Herbergen), dann durch das von Flussoasengärten und alten Lehmdörfern wie **Ouahsous** und **Anguelz** gesäumte ★**Ounila-Tal** hoch über der Schlucht des Assif Ounila nach Süden. Es folgen enge Serpentinen hinunter zu der verfallenden Kasbah von **Tamdaght** und weiter bis zum viel besuchten UNESCO-Ksar **Ait Benhaddou** (s. S. 182).

Falls man für die Weiterfahrt nach Ouarzazate im Süden statt dessen die gut ausgebaute **Nationalstraße 9** wählt, sollte man unterwegs die aus Bruchsteinen und Stampflehm erbaute, restaurierte Speicherburg ★**Irherm n'Ougdal** ⓯ besichtigen, einen der letzten noch von berberischen Bergbauern benutzten Agadire des Hohen Atlas. Hier hatte früher jede Bauernfamilie ihre eigene Speicherkammer für Ackergerät, Saatgut und die Ernte. Jede Zelle war durch eine niedere, mit magischen Ornamenten verzierte Holztür gesichert, deren handgeschnitztes Fallstiftschloss mit einem und zahnbürstenähnlichen Holzschlüssel abgesperrt wurde. Im Dorf gibt es ein einfaches Restaurant.

» Karte S. 190, Info S. 217

Foto: Berthold Schwarz

TREKKING IM HOHEN ATLAS

Der **Jebel Toubkal**, mit 4167 m der höchste Berg Nordafrikas, zieht im Winter Skitouren-Geher, ansonsten Trekker magisch an. Bei der Anfahrt von Marrakesch auf der R203 biegt man hinter **Asni** links ein und folgt der Teerstraße entlang der malerischen Mizane-Flussoase nach **Imlil** (1800 m). Sammeltaxis aus Asni verkehren bis hier. Rustikaler als in Imlil wohnt man im authentischeren berberischen Nachbardorf **Aroumd** (Allrad oder Leihmuli nötig).

Das Bergsteigerdorf Imlil bietet alles, was das Trekkerherz begehrt: **Restaurants**, akzeptable **Hotels** (gut: das *Étoile*), einfachere Gästehäuser und, etwas außerhalb, das komfortable, stilvolle Hotel Kasbah du Toubkal mit schöner Aussicht. Kleine **Läden** offerieren Lebensmittel, Trekkingausrüstung und Wanderkarten. Der **Parkplatz** wird zuverlässig bewacht.

Einen **Guide** kann das **Bergführerbüro** in Imlil vermitteln; er organisiert auf Wunsch den ganzen Trek inklusive Mulis, Mannschaft und Verpflegung (das bieten auch die Gästehäuser an). Auch **Mulis** (mit Treibern) fürs Gepäck werden hier zum Festtarif vermittelt. Diese kann man auch als Reittiere nutzen, um Gehzeiten zu verkürzen. Trekkingausrüstung lässt sich leihen; einen Schlafsack sollte man aus Hygienegründen besser selbst mitbringen.

Toubkal-Trek

Eine Wanderung rund um den Jebel Toubkal mit Gipfelbesteigung dauert fünf bis sechs Tage. Toubkal-Besteiger mit weniger Zeit, aber guter Kondition reiten und/oder wandern von Imlil direkt zu den Toubkal-Hütten, übernachten dort, besteigen vormittags den Gipfel und wandern gleich wieder zurück nach Imlil – eine anstrengende, aber beliebte 2-Tage-Tour (mit 2300 Höhenmetern Abstieg an einem Tag).

Man folgt ab **Imlil** der für PKW nicht geeigneten Erdstraße, die – nach Serpentinen mit schöner Aussicht auf kleine Dörfer – westlich des Mizane-

» Karte S. 190, Info S. 217

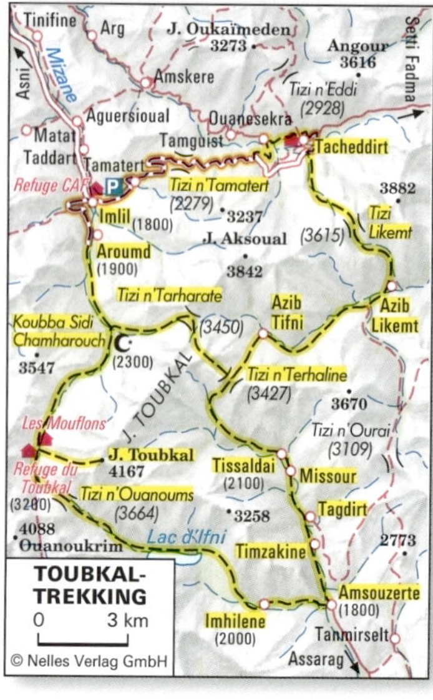

Flusses, hoch über dem Tal, nach Süden führt und bald endet. Am anderen Ufer, am Gegenhang, sieht man nach einer halben Stunde das große Berberdorf **Aroumd**. Mit Imlil ist es auch direkt durch einen steinigen Mulipfad verbunden. Es gibt dort **Gästehäuser** (*auberges)* für Trekker. Angeschmiegt an eine Endmoräne in 1900 m Höhe, sind die terrassenartig in den Hang gebauten Bruchsteinhäuser mit Südbalkons versehen – praktisch zum Trocknen von Mais und um sich zu wärmen.

Weiter taleinwärts, vorbei an einigen Orangensaftläden, überquert man den **Mizane-Fluss** und erreicht nach 4 Stunden die **Koubba** von **Sidi Chamharouch** (2300 m). Die *baraka* des Heiligen soll Unfruchtbarkeit heilen können. Läden verkaufen hier Getränke, Kekse und Devotionalien. Der kleine Rastplatz am Bachbett fasst nur wenige Zelte. Im Dezember 2018 wurden in der Nähe zwei europäische Trekkerinnen in ihrem Zelt auf unfassbar grausame Art von Islamisten aus Marrakesch umgebracht.

Oben: Per Muli unterwegs von Imlil über Aroumd in Richtung Toubkal. Rechts: Auf dem höchsten Gipfel Nordafrikas – dem Jebel Toubkal (4167m).

In weiteren 4 Stunden, dem Kerbtal des Mizane folgend, gelangt man hinauf zur 3200 m hoch gelegenen Hütte des französischen Alpenvereins **Refuge du Toubkal** (als *Refuge Neltner* des CAF 1938 gegründet). 1999 modernisiert, bietet sie 100 Schlafplätze, der Hüttenwirt verkauft Speisen und Getränke. Bis April ist mit Schnee zu rechnen. Direkt davor steht die etwas neuere, größere **Auberge Les Mouflons** eines einheimischen Investors.

Den **Jebel Toubkal** geht man, um die Morgkühle zu nützen, vor sechs Uhr an und steigt in etwa vier Stunden über Blockhalden und Felsschutt zum Gipfelgrat auf. Den mit 4167 m höchsten Punkt markiert – kein Kreuz im Land der Muslime! – ein dreibeiniges trigonometrisches Zeichen, aufgestellt 1931 von der marokkanischen Sektion des Französischen Alpenvereins. Bei klarer Sicht ist im Süden der Anti-Atlas zu erkennen, dessen 2000er von hier oben

» Plan S. 212, Info S. 217

aus ziemlich flach erscheinen, dahinter die Schichtstufen des nördlichen Sahararands und im Osten der Kraterrand des vulkanischen Siroua-Massivs (3304 m). Richtung Nordosten liegt im Vordergrund der Tichki (3627 m), etwas dahinter der Angour (3616 m), im Norden der Adrar n'Oukaimeden (3273 m) und nur 3 km westlich der 4088 m hohe Ouanoukrim.

Wieder zurück an der Toubkal-Hütte, gönnt man sich einen faulen Nachmittag und übernachtet oder setzt die Rundwanderung fort: in knapp zwei Stunden talaufwärts zum **Tizi n'Ouanoums**, einem Pass, der in 3664 m Höhe den Hauptkamm des Atlas überquert. Unterwegs sind Spuren der vor 10 000 Jahren zu Ende gegangenen Würm-Eiszeit zu sehen: Gletscherschliff auf den Felsbrocken der Endmoräne, die zu Beginn erklommen wird. Schneefelder halten sich hier oft bis Juni. Nicht nur für Mulis unangenehm ist nach der Passhöhe der dreistündige Abstieg zum tiefblauen Moränensee **Lac d'Ifni** (2312 m), doch der Badespaß im kühlen, klaren Wasser lohnt die Mühe. Zeltmöglichkeiten gibt es an der West- und Nordostseite des Sees.

Nördlich am See vorbei gelangt man, geradewegs über den Hang der Endmoräne abwärts, in eineinhalb Stunden ins Tal des Tifnoute, dem Quellfluss des Sous. Das Dorf **Imhilene** (2000 m) bietet die Chance zur Übernachtung in einem Berberhaus. Diese romantische Flussoase ist reich an Walnussbäumen, zwischen denen Gerste, Mais und Gemüse gedeihen. Bis zum Berberdorf **Amsouzerte** (1800 m), eine halbe Stunde talabwärts, dringen gelegentlich beherzte Lastwagen-Fahrer aus Aoulouz vor – über eine aus Aoulouz im Süden kommende Schotterstraße.

Die anschließende Etappe über den Terhaline-Pass nach Sidi Chamharouch beansprucht zwölf Stunden Gehzeit, die aber nicht an einem Tag absolviert werden müssen. Man wandert am idyllischen **Tisgui-Tal** entlang nach Norden

Foto: Berthold Schwarz

auf einer bequemen Trasse und passiert die am Gegenhang liegenden Dörfer **Timzakine**, **Tagdirt** und **Missour**. In jahrhundertelanger Arbeit haben die Berber dem Berg terrassierte Felder abgerungen, die durch *seguias* (offene Kanäle) bewässert werden. Da die Anbaufläche nicht erweitert werden kann, sind viele als Arbeiter nach Frankreich gegangen. Am Ende des Tals in **Tissaldai** (2100 m) bieten gastfreundliche Dorfbewohner Unterkunft an.

Den ab Mittag sehr heißen Aufstieg zum Pass **Tizi n'Terhaline** (3427 m) geht man am besten nach einer Nacht in Tissaldai früh morgens an. (Auf der Passhöhe angelangt, könnte man die Sechstage-Runde auch verlängern, indem man in 2½ Tagen über **Azib Tifni**, **Azib Likemt**, **Tizi Likemt**, **Tacheddirt** und **Tizi n'Tamatert** zurück zum Ausgangspunkt Imlil marschiert.)

Man überquert nun, in nordwestlicher Richtung aufsteigend, den Sattel des Tarharat-Massivs (ca. 3700 m) und erreicht an der Nordflanke des Tichki den Pass **Tizi n'Tarharate** (3450 m).

» Plan S. 212, Info S. 217

Foto: Gerhard Eisenschink

Beim Abstieg – zweieinhalb Stunden in engen schottrigen Serpentinen – darf man sich auf das Fußbad in **Sidi Chamharouch** freuen. Nach weiteren drei Stunden kommt man zurück nach **Imlil**.

Oukaimeden-Trek

Die viertägige Wanderung rund um das Oukaimeden- und Angourmassiv beginnt wie die Toubkal-Runde in **Imlil**, ist aber weniger anstrengend: höchster Punkt ist der Tizi n'Tacheddirt mit 3230 m. Falls Packmulis engagiert werden (sinnvoll), können deren ortskundige Treiber zugleich Führer sein.

Man durchquert am südlichen Ortsrand von Imlil die Brücke über den Mizane und folgt der Teerstraße, die nach Osten bergauf zum Dorf **Tamatert** mit dem **Grab der Lalla Imitaza** führt. Dass die Atlas-Berber heilige Frauen verehren, wird von den Korangelehrten heute als vorislamische Unsitte verdammt.

Oben: Skikurs im Wintersportort Oukaimeden, auf 2650 m Höhe.

Die nahezu verkehrsfreie Passstraße windet sich in Serpentinen, die teils abgeschnitten werden können, hoch zum **Tizi n'Tamatert** (2279 m), den man nach gut 2 Stunden erreicht.

Auf der Passhöhe wendet man sich nach Osten und folgt der hier kaum noch befahrenen Asphaltstraße in gleichbleibender Höhe, mit herrlicher Aussicht über das Imenane-Tal zum Jebel Oukaimeden (3273 m) im Norden. Nach eineinhalb Stunden Marsch verlässt man die Straße, steigt steil ab nach **Ouanesekra** (2050 m) und wandert das **Imenane-Tal** aufwärts zum Dorf **Tacheddirt** (2280 m), das schon viele Wanderer beherbergt hat: eine **CAF-Hütte** bietet 15 Schlafplätze und Kochgelegenheit. Zelten ist kaum möglich; das Dorf ist umgeben von Feldterrassen, die intensiv genutzt werden. Es gibt zwar keinen Laden, aber man kann von den Bäuerinnen Brot erwerben oder in einem der Dorfhäuser Tee trinken.

Camper marschieren weiter bergauf in nordöstlicher Richtung; nach etwa eineinhalb Stunden bieten sich die nie-

» Plan S. 215, Info S. 217

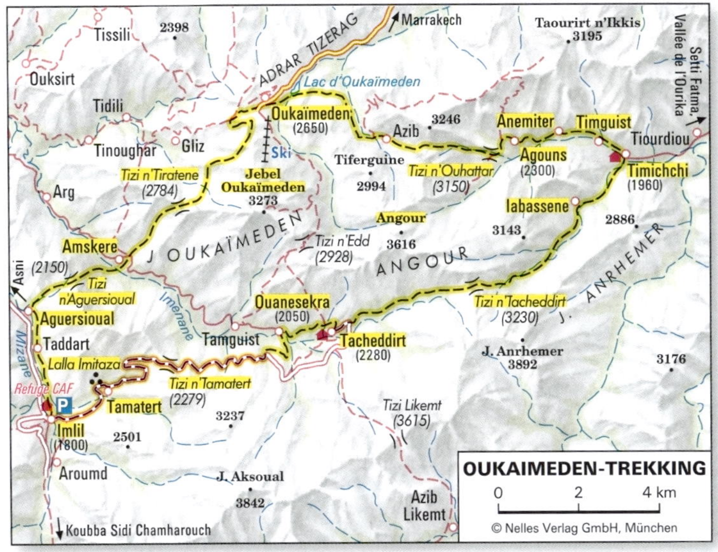

deren Windschutzmauern eines *azib* als Lagerplatz an (ungefähr 2600 m). Die meist ab April hier anzutreffenden Hirten verkaufen Trekkern eventuell Lämmer, die – geschächtet, abgezogen und am Spieß gebraten – verbrauchte Energie rasch zurückbringen.

In weiteren zwei Stunden erklimmt man den höchsten Pass dieser Tour, den **Tizi n'Tacheddirt** (3230 m). Nun geht es drei Stunden bergab, das enge Tal des Assif Iabassene entlang, am archaisch anmutenden Dorf **Iabassene** vorbei hinunter ins **Ourika-Tal**. In **Timichchi** (1960 m) gibt es eine einfache Herberge. Vom Rundweg abweichend, können talabwärts in einem guten halben Tag Setti Fatma und die Asphaltstraße nach Marrakesch erreicht werden.

Man wandert jetzt über eine Stunde flussaufwärts, an **Timguist** und **Anemiter** vorbei, hinauf zum Berberdorf **Agouns** (2300 m). Ein Lagerplatz befindet sich südöstlich des Dorfes an der Haupt-*seguia* (Bewässerungskanal).

Am nächsten Tag steigt man innerhalb von drei Stunden auf **Tizi n'Ouhattar** (3150 m) auf. Von der Passhöhe aus ist im Süden der **Angour** (3616 m) zu sehen. Beim Abstieg nach Westen ändert sich die bisher karge Vegetation auffallend: feuchte Luftmassen, die vom Atlantik her kommen, haben mit der Zeit grüne, saftige Weiden entstehen lassen.

Nach etwa zwei Stunden Abstieg gelangt man zum Wintersportort **Oukaimeden** (2650 m), der mit seinen **Skiliften** am Jebel Oukaimeden (3273 m) in Nordafrika ohne Konkurrenz ist. Die Hotels Club Louka (mit Panorama-Hallenbad) und Le Courchevel sind nur im Winter und Hochsommer in Betrieb. Von Oktober bis Juni geöffnet ist die komfortable **CAF-Hütte**, mit 160 Schlafplätzen, Küche, warmer Dusche und Bar.

Neben den Hotels sind prähistorische **Felsgravuren** zu entdecken: Darstellungen von Ritualdolchen und Rindern, wohl über 5000 Jahre alt. Eine **Orientierungstafel** in 2784 m Höhe nahe der Funkstation benennt das Panorama: vom Angour im Südosten über den Jebel Oukaimeden und das Toubkal-Mas-

» Plan S. 215, Info S. 217

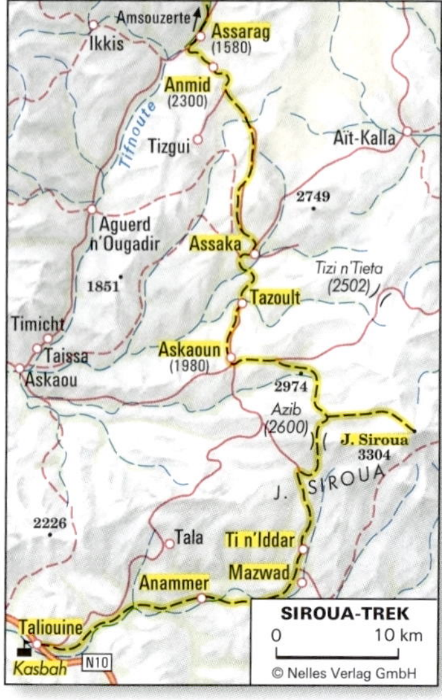

siv bis nach Marrakesch im Norden. Eine Serpentinenstraße verbindet Oukaimeden mit dem Ourikatal.

Man verlässt die Skistation frühmorgens in südwestlicher Richtung und folgt einem Höhenweg (2500 m) zum **Tizi n'Tiratene** (2450 m), steigt ab und überquert bei **Amskere** den Imenane-Fluss. Nach dem Aufstieg zum **Tizi n'Aguersioual** (2150 m) im Westen geht es hinunter nach **Aguersioual** im Mizane-Tal und man erreicht, der Straße nach Süden folgend, nach insgesamt zehn Stunden wieder das Dorf **Imlil**.

Siroua-Trek

Auf der anfangs beschriebenen Toubkal-Tour kann man in **Amsouzerte** die selten begangene **Variante über den Siroua-Vulkan nach Taliouine** ins Auge fassen. Wegen der langen Passagen über karge Hochebenen eignet sich diese Tour aber mehr für Mulireiter oder Mountainbiker. Selbst ausdauernde Wanderer brauchen 3-4 Tage dafür. Die Route führt am Tifnoute-Fluss entlang nach Süden nach **Assarag** (1580 m, Läden, Führer mit Reitmulis). Am Ortsende links ab auf eine Piste einbiegend, vorbei an dem uralten Dorf **Anmid**, windet sich die Erdstraße hoch zu einem kaum besiedelten Plateau (2300 m). Nach insgesamt etwa 35 km kommt man, der Piste folgend, zunächst an den Dörfern **Assaka** und **Tazoult** vorbei und erreicht dann den Marktort **Askaoun** (1980 m; Übernachtung möglich).

Am Ortsende biegt man nach Osten in eine Schotterstraße ein, die man nach ca. 10 km an der Quelle **Aghbalou n'Oulid** wieder verlässt, um einem Pfad in südöstlicher Richtung zu folgen (Führer nötig!). Der Weg führt am Timighad-Tal entlang, am Ifard n'Magous (2974 m) vorbei, und erreicht nach weiteren 10 km den mit Lavablöcken übersäten Nordwest-Rand (2700 m) des **Siroua-Massivs**. Etwa 2 Std. dauert der Aufstieg zum 3304 m hohen Gipfel des im Tertiär erloschenen Siroua-Vulkans. Zurück am Nordwestfuß, liegt etwa zwei Gehstunden weiter im Südosten eine Almwiese mit *azib* (Hirtenlager), ein Zeltplatz auf 2600 m. (Alternativ gibt es vom Gipfel einen Weg im Osten nach Mazwad.)

Nach ca. 8 km Abstieg durch die Tizguy-Schlucht erreicht man im Dorf **Ti n'Iddar** (hier werden *glaoua*-Teppiche geknüpft) eine Erdstraße, die über **Mazwad**, an **Anammer** vorbei, nach 30 km bei Taliouine in die Hauptstraße N10 (Agadir – Ouarzazate) mündet. **Taliouine**, die Stadt des Safrananbaus und -handels in Marokko, mit einer **Safran-Moussem** im Oktober, ist der südliche Ausgangspunkt für den Siroua-Trek. In der **Auberge Safran** bietet Mahfoud (Tel. 0528-534046) Trekking an – auch in die Safran-Hochebenen.

» Plan S. 216, Info S. 217

MARRAKESCH

ONMT, Place Abdelmoumen Ben Ali/ Av. Moh. V, Gueliz, Tel. 0524 436131.
Veranstaltungen: www.ilove-marrakesh.com.
Parken: Nordwestl. neben Koutoubia-Moschee.

MAROKKANISCH: **Dar Marjana**, luxuriöses Palastrestaurant, exzell. Küche, dezente Gnaoua-Musik, Derb Sidi Ali Tair 15 (nahe Bab Doukkala), Tel. 0524 441110.
Dar Zellij, eleganter Patio, feine Antipasti u. Speisen; im Norden der Medina, Kaasour 1, Sidi Ben Slimane, Tel. 0524 382627.
Dar Yacout, Palastrestaurant, mittlere Preislage, Sidi Ahmed Souissi 79, Tel. 0524382929
Libzar, in der Neustadt (Gueliz), neutrales Ambiente, gute marokkan. Küche, auch feine Bastillas, Rue Moulay Ali 28, Tel 0524 420402.
MIT AUSSICHT: An der Jemaa el Fna mehrstöckige Cafés u. Restaurants mit Platzblick, u.a. **Café de France**, **Glacier** und **Argana**. **Islane**, italien. u. marokk., gegenüber dem Koutoubia-Minarett.
PREISWERT: Freiluftlokale abends auf der **Jemaa El-Fna**; mehrere nette Lokale in der **Rue Zitoun el Jedid** und **Rue Zitoun el Kédim**.
FOLKLORE: **Al Baraka**, Folklore u. gute marokkan. Küche; Pl. Jemaa el Fna 1, Tel. 0524 442341.
Chez Ali, großes Zeltrestaurant mit Folklore u. Fantasia-Reitershow (Pauschalmenü ca. 40 Euro), 12 km Richtung Casa, Tel. 0524 307730.
V**Le Theatro** (Rue Ibrahim el Mazini, ab 23.30), **Jad Mahal** (mit teurem Restaurant, Show und Nachtclub; 10, Rue Haroune Errachid) und **Montechristo** (20, Rue Ibn Aicha) sind die Favoriten der Clubbing-Szene. **Mirador-Bar** (im 6. Stock des Hotels La Renaissance) und **Kosybar** (47, Place des Ferblantiers) sind beliebt zum Aperitif. **Spielcasino** und exkl. **Loungebar** in den Hotels **Es Saadi** (Av. el Quadissia) und **La Mamounia.** Live-Musik im Hotel **Andalous**, auch Lounge Bar. **Nouss-Nouss** (82, Av. Hassan II), originell gestylte Bar.

Saadiergräber, 9-16.45 Uhr.
Badi-Palast, Mi-Mo 9-16.45 Uhr.
Bahia-Palast, Mi-Mo 9-16.30 Uhr.
Medersa Ben Youssef, 9-18 Uhr.
Musée de Marrakech, 9-18.30 Uhr .
Museum Dar Si Said, Mi-Mo 9-16.30 Uhr.
Jardin Majorelle 8-17.30 Uhr, das **Berbermuseum** im Garten Do-Di 10-18 Uhr; früh kommen, lange Warteschlange!
Musée Yves Saint Laurant, Do-Di 10-18 Uhr.
Musée de la Palmeraie, 10-18 Uhr, zeitgenöss. Kunst; (Route de Fés, nahe METRO.
Anima, Hellers Fantasie-Garten, 9-18 Uhr, Shuttlebus vom Parkplatz neben Koutoubia, www.anima-garden.com.

KONDITOREI: **Patisserie des Princes**, Passage Prince Moulay Rachid (Fußgängerzone nahe Jemaa el Fna). ***KUNSTHANDWERK***: Festpreise im **Ensemble Artisanal**, Av. Moh. V. (nahe Place de la Liberté).

FLUGHAFEN: **Aeroport Marrakech-Menara**, 6 km südwestl., Tel. 0524 368512; tagsüber **Flughafenbus** ins Zentrum. **Taxis** ab 70 DH, ab 20 Uhr 150 DH.
BUS: Busse von **CTM** (Busbahnhof am Bab Doukkala, www.ctm.co.ma) und **Supratours** (150 m vom Bahnhof) sind solide und bequem.
BAHN: **Gare**, Av. de la Marche Verte (in Guéliz), Tel. 0524 447703, www.oncf.ma, Züge nach Casa, Fes und Tanger.
TAXI: Die **Stadttaxis** fahren billig, wenn mit Taxameter (auf Einschalten bestehen!), ansonsten ca. 30 Dh. **Grand Taxis** fahren als **Sammeltaxi** für 6 Personen zum Festtarif in alle Städte (Standplatz am Bab Doukkala); 1 km südlich des Bab er Robb warten die Taxis nach Asni u. Imlil. Grand Taxis vor Hotels sind zur Privatmiete; Preis verhandelbar.
KUTSCHE: Preis vorab aushandeln. Der Stundentarif ist an jeder Pferdekutsche angeschlagen.

Hôpital Ibn Tofail, Rue Ibn Aicha / Abdelwahab Derraq, Tel. 0524 448011.

HOHER ATLAS

IMLIL: **Bergführer-Büro** für alle Treks am Parkplatz, Tel./Fax 0524 485626.
OURIKA-TAL: Bergführer-Büro in Setti Fatma; **Berbermuseum** bei Km 37.

OURIKA-TAL: **Le Maquis**, Berber-Spezialitäten, 45 km von Marrakesch, Tel. 0524 484531, www.le-maquis.com.
OUIRGANE: **L'Oliveraie de Marigha**, französ. Leitg., schönes Gartenlokal mit großem **Schwimmbad**, Km 58, bei Ouirgane, Tel. 0524484281,www.oliveraie-de-marigha.com.
IMLIL: **Kasbah Toubkal**, mit schönem Bergblick!

WOCHENMÄRKTE: dienstags **TAHANNOUT**; samstags **ASNI;** donnerstags **OUIRGANE**; mittwochs **IJOUKAK**; montags **OURIKA**.

Jochen Steinhardt

Tizrgane (Khemis Ida Ou Gnidif), in für die Berberdörfer des Anti-Atlas typischer Schutzlage

Foto: Walter Knappe

ANTI-ATLAS, SÜDKÜSTE UND WESTSAHARA
Ziegenbäume, Surfwellen und Speicherburgen

SOUS-TAL

Der **Oued Sous** durchzieht eine fruchtbare, grundwasserreiche Ebene zwischen Hohem Atlas und Anti-Atlas, die sich von der Atlantikküste nach Osten hin bis zum Vorland des Jebel Siroua erstreckt. Auch wo das Flussbett ausgetrocknet erscheint, existiert doch unterirdisch ein Aquifer (Grundwasserstrom).

Das untere Sous-Tal gehörte schon früher einmal, während der Regierungszeit der Saadier im 16./17. Jh., zu den blühendsten Wirtschaftsregionen des Landes. Damals wurde hier Rohrzucker produziert, der bis zur Entstehung von Zuckerrohrplantagen in der Karibik hohe Preise auf dem Weltmarkt erzielte. Danach ging es mit dem Sous wirtschaftlich bergab. Heute versucht man, durch Pumpenbewässerung und den Anbau von Südfrüchten, Früh- und Edelgemüse, die über den Hafen von Agadir exportiert werden, wieder an die alten Zeiten anzuknüpfen. Auch eine florierende, Obst und Gemüse verarbeitende Konserven-Industrie hat sich entwickelt. Unter Foliengewächshäusern gedeihen in dem milden Klima sogar Bananen. Die Einwohner des Sous-Gebietes, die *soussis*, gelten in ganz Marokko als geschäftstüchtig und sehr sparsam.

Links: Speicherzellen im Agadir Tasguent.

★Taroudannt

Die Stadt ★**Taroudannt** ❶, 80 km östlich von Agadir, hat etwa 50 000 Einwohner und ist das wirtschaftliche Zentrum des Sous-Gebietes. Sie weist ein geschlossenes Stadtbild mit einer imposanten **Stadtmauer** aus dem 18. Jahrhundert auf. Es gibt zwar keine herausragenden Sehenswürdigkeiten, aber die geschäftigen **Souks** lohnen einen Besuch.

Vom **Place Assarag**, wo neben dem Busbahnhof viele Straßencafés liegen, betritt man die kühlen, schattigen Gassen der **Medina**. Nach den Ständen der Pfefferminz-Händler drängen sich kleine Läden mit Kosmetika oder auch mit marokkanischer Medizin in der Passage; die meisten Schmuck- und Teppichhändler hingegen haben geräumigere Geschäfte und warten auf Tagesausflügler aus Agadir.

Nach anstrengender Basar-Feilscherei lässt man sich am besten von einer der zahlreichen **Pferdekutschen** zum **Hotel Palais Salam** bringen, das idyllisch in der Südost-Ecke der alten Stadtmauer liegt, umrahmt von Palmen und Bougainvilleen. Hier kann man angenehm speisen, am hufeisenbogenförmigen Swimmingpool einen Berber-Cocktail bestellen, ausspannen und den Störchen bei ihrer Nestarbeit hoch auf den Mauerzinnen zusehen.

OCEAN
ATLANTIQUE
AGADIR
INEZGANE
Aït-Melloul
Sidi Bibi
Biougra
Tamri
Cap Rhir
Imi Ouaddar
Tarhazoute
Tamrhaght
Imouzzer des-Ida Outanane
Argana
J. Aoulime 3555
Souk-el-Had-d'Imoulass
Tafinegoult
Barrage Abdelmoumen
Oulad Berrehil
Oued Sous
Aït-Yazza
Ameskroud
★Taroudannt
Oulad Teima
Tioute
Kasbah Glaoua
Sebt-Guerdane
Ouaofenrah
El-Had
Souk-Sebt-de-Tataoute
Imgoun
Tidsi
Rouiss
Tifnit
★Parc Nat. de Sous Massa
★Sidi Rbat
Sidi Ben Zarane
Anrouy
★Agadir
Igherm
Aït-Baha
★O. Aït-Baha
Azoura
Mendasen
Belfaa
Massa
Dar Lahoussine
★★Agadir Tasguent
★★Tizrgane
Aït-Sembalet
Oued Massa
Bou Soun
★Sidi Moussa d'Aglou
Tiguermine
J. Lekst 2359
★Oumesnat
Aït-Abdallah
Tisgui Ida ou Ballou
Tanalt
Youssef Ben Tachfine
★Tafraoute
Tizi Mlil (1662)
★Aday
★Agard Oudad
Imitek
Tiznit
Tahala
★Tazeka
Taloust
Tighmi
(1100)
2145
Intla
★Mirleft
★Legzira
Sebt Bounaama
Zawiya Sidi Ahmed ou Moussa
★Col du Kerdous
Izerbi
Souk-el-Had-d'Afella
Tizi Mighert
(1057)
El Khémis
Jemaa n'Tirhirte
Igmir
Akka
Oum El Lalek
★Sidi Ifni
1209
★★Agadir Id-Aïssa
Tamessoult
Tadakoust
O. Tata
Mesti
Aneja
★Ifrane
Amtoudi
★Gorge d'Assif Smougen
Tizgui
Sidi Ouarsik
Tnine Adai
Ag. Tamanart
Abeïno
Bou-Izakarne
Icht
O. Ifrane
Taghjicht
Fam el-Hissn
SidiAdn
Fask
Guelmim
Aït-Moussa ou Danud
1082
J. Taissa 740
Tagoumait
JEBEL BANI
ANTI-ATLAS
O. Tamanart
J. OUARKZ
Tadalt
1064
O. Tafagou
Oum el Achar
Assa
El-Borj
809
Oued Drâa
Aouïnet-Torkoz
Tuisgui-Remz
MERKALA
Touar Bou A
O. Tigsert
ALGER
Tindouf
ANTI-ATLAS
0 20 40 km
© Nelles Verlag GmbH, München

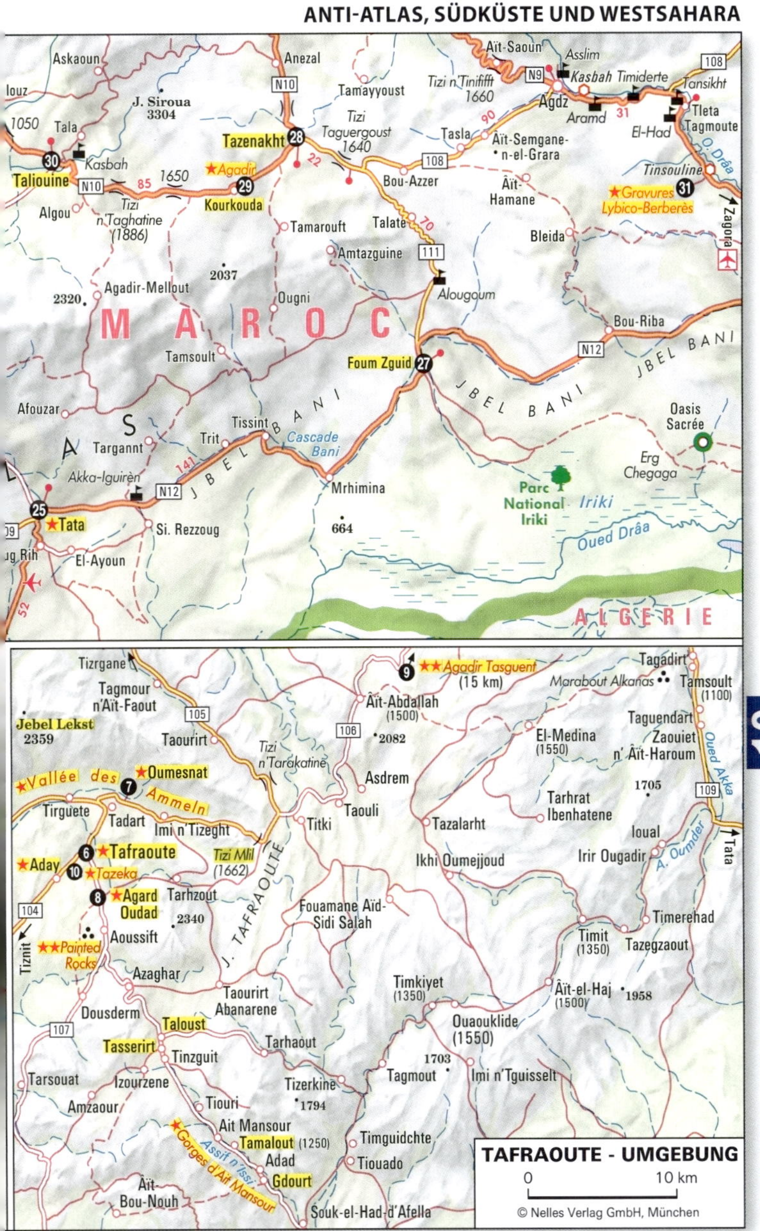

© Nelles Verlag GmbH, München

Foto: Thomas Stankiewicz

Tiout

Von Taroudannt lässt sich ein Ausflug zur **Glaoua-Kasbah** der **Oase Tiout** ❷ unternehmen. Diese Lehmburg wird allmählich vom Regen weggewaschen; Dorfjungen führen Besucher durch den verfallenden Prachtbau. Bemalte Zedernholzdecken zeugen vom Reichtum früherer Feudalherrscher, unter denen die Oasenbauern noch bis Mitte des 20. Jh. litten. Heute sind die Bäuerinnen stolz auf ihre florierende **Arganöl-Kooperative**; für einen Liter des wertvollen Öls sind 30 kg Früchte und zwei Tage Arbeit nötig. Die **Oasengärten** von Tiout mit ihren Hennasträuchern lohnen einen Spaziergang. Das aus Blättern und Stängeln des Busches hergestellte Pulver ist grün; erst die Verbindung mit Kalkwasser ergibt die rötliche Farbe, mit der Haare gefärbt und Hände und Füße von Bräuten bemalt werden.

Oben: Imposant – die mächtige Stadtmauer von Taroudannt. Rechts: Einladung zum Minztee, dem „Berber-Whisky".

★★ANTI-ATLAS

Jenseits des Hohen Atlas erhebt sich der erdgeschichtlich ältere **Anti-Atlas**, der mit den südlich vorgelagerten Gebirgszügen des Jebel Bani und Jebel Ouarkziz den Übergang zur Westsahara bildet. Der Adrar n'Aklim ist mit 2530 m die höchste Erhebung des Anti-Atlas. Der „Gegen"-Atlas zählt zu den ältesten Gebirgen der Welt. Die Erdkräfte haben seine Gesteine zusammengedrückt, in Struktur- und Mineralgehalt umgewandelt und fortwährend abgetragen. Die Vielfalt der Formen, Farben und Verwitterungsarten der in früheren Meeren, Seen und Senken gebildeten Ablagerungen ist so erstaunlich wie ihre Zusammensetzung: Man findet außer Granit auch Kalke und Tonmergel, Sandsteine, Konglomerate und Quarzite, Schiefer, Glimmerschiefer und Phyllite.

Beim Wandern staunt man, wie viele bunte Wildblumen auf den trockenen, nährstoffarmen Böden blühen. Zwischen Lavendel, Thymian, Rosmarin, Wermut und Salbei bieten auch ver-

» Karte S. 222-223, Info S. 239

schiedene Gräser Ziegenherden Nahrung. Neben abgefressenen Graspolstern behauptet sich Giftiges wie Affodill, Bilsenkraut oder Wolfsmilch gegen übermäßigen Viehverbiss.

Typische Pflanzen der Ufersäume der meist ausgetrockneten Flussbette sind – neben Palmen – Oleander, Zistrosen, Tamarisken und Weiden. Kultiviert werden Oliven-, Argan- und Mandelbäume. Wild wachsen Ginster, Euphorbien und Feigenkakteen. Wegen der im Anti-Atlas vorkommenden Schlangen und Skorpione ist es übrigens nicht ratsam, barfuß zu gehen oder unter Steine oder in Ritzen zu greifen!

Einen kargen Lebensraum bietet der regenarme Anti-Atlas den Oasenbauern vom Stamm der **Schlöh-Berber**. Bei Niederschlägen unter 200 mm pro Jahr herrscht zwar wüstenhafte Vegetation vor, jedoch bauen die *schlöh*-Berber in den Tälern in der Winterregenzeit auf bewässerten Feldern Gerste an und weiden ihre Ziegen an den kargen Hängen. Die spärlichen Erträge der dornigen Arganbäume, der kleinen Mandelbäumchen, der steinigen Gerstenfelder und der wenigen Dattelpalmen wurden früher in archaischen **Agadiren** gelagert, die heute für Touristen als Ausflugsziele sehr interessant sind. In diesen gemeinschaftlich betriebenen Speicherburgen verwahrten die Dorfbewohner früher auch Nüsse, Datteln, Pflüge, Hacken, Sicheln und Wertgegenstände aller Art, bis hin zur Nähmaschine. Dort, wo plündernde Nomaden eine chronische Plage der Bauern waren, drängten sich auch die Bauernhäuser auf schmalen Felsrücken im Schutz der Fliehburgen. Da es jedoch seit den 1930er Jahren keine Raubüberfälle mehr gibt, siedeln die Berber bequemer am Rand der Flusstäler und überlassen ihre Agadire oft dem Zahn der Zeit.

Sparsam und strebsam, haben es viele der ausgewanderten Schlöh-Berber weit gebracht und sich dann zuhause im Gebirge für den Ruhestand im Alter stattliche Häuser gebaut.

Foto: Berthold Schwarz

Hinauf nach Tafraoute

In **Ait Melloul** ❸ zweigt die Straße R105 nach Südosten ab und führt hinauf in die Berge des Anti-Atlas. Das üppige Grün der grundwasserreichen Sous-Ebene wird bald abgelöst von spärlich bewachsenen Berghängen und ausgetrockneten Feldern, die trotz der harten Arbeit der Bauern wenig Erträge bringen. Überall wachsen Bäume, die zum Teil ausgesprochen bizarr geformt sind: dornige **Arganbäume**, die nur im südwestlichen Marokko gedeihen und bis zu 400 Jahre alt werden. Sie tragen im Frühjahr und Sommer dattelgroße, olivenähnliche Früchte, die von den Einheimischen aufgesammelt oder abgerüttelt und zu einem walnussartig schmeckenden Öl verarbeitet werden.

Ziegen klettern, wenn man sie lässt, bis in die Baumkronen, um Blätter und Früchte zu fressen. In ihren Kotkügelchen scheiden sie die Fruchtkerne aus; früher haben die Berberfrauen auch solche Kerne genutzt. Der Fruchtkern wird aufgeschlagen und aus dem inneren,

Foto: Antonel (iStockphoto)

gerösteten Kern das wertvolle **Arganöl** gewonnen. Man isst es mit Fladenbrot, mit Honig und geriebenen Mandeln vermischt als süßes *hamlou* oder stellt daraus Kosmetika her.

Hinter dem kleinen Marktort **Ait Baha** ❹ steigt die Straße R105 (Alternative für Abenteuerlustige: die schmalere Teerstraße via Tanalt) in engen Kurven an, hoch über der eindrucksvollen ★**Schlucht des Oued Ait Baha**. Gelbblühende, kakteenähnliche Wolfsmilchgewächse säumen den Weg.

In Schutzlage auf einem Zeugenberg steht das wehrhafte mittelalterliche Dorf ★★**Tizrgane** ❺ (mit Gästehaus), umgeben von Gerstenfeldern und Mandelbäumchen. Unterwegs sind in den Dörfern noch uralte Ölmühlen zu sehen, mit denen die Bauern auf traditionelle Art Oliven- und Arganöl herstellen.

Nachdem man den 1500 m hohen Pass **Tizi n'Tarakatine** sowie den bald darauf folgenden **Tizi Mlil** (1662 m) überquert hat, führen Serpentinen hinunter in das ★**Tal der Ammeln**. Die ersten jener eigenartigen **Granitblöcke** tauchen auf, die mit ihren gerundeten Verwitterungsformen an gigantische Wollsäcke erinnern und diese Landschaft prägen.

Oben: Granitfelsen säumen das Dorf Aday bei Tafraoute. Rechts: Traditionelle Lokba-Fassade in der Bergfußoase Oumsnat, im Tal der Ammeln.

★Tafraoute

Komfortable wie auch einfache Hotels bietet die Kleinstadt ★**Tafraoute** ❻ (1000 m ü. M.), die sich als Ausgangspunkt für Tagesausflüge, Wanderungen und Mountainbike-Touren im Anti-Atlas anbietet. Auf dem besuchenswerten **Mittwochsmarkt** des Ortes kann man sich mit Obst und strapazierfähigen Berber-Babuschen eindecken.

Von dem über der Stadt im Kasbah-Stil erbauten traditionsreichen ★**Hotel Les Amandiers** (mit Bar, Caféterrasse und nettem Pool) genießt man einen herrlichen Blick auf die langgezogene Felswand des **Jebel Lekst** (2359 m) – ein **Löwenkopf** ist darin zu erkennen.

» Karte S. 222-223, Info S. 239

Die untergehende Sonne verleiht dem Granit leuchtend rote Töne, und wenn dann im Tal der Muezzin zum Abendgebet ruft, ist die orientalische Idylle perfekt – von oben betrachtet; spaziert man unten durch die Stadt, können einem die zugezogenen aggressiven Teppichhändler die Stimmung vermiesen.

Einen Einblick in berberische Bestattungsriten erhält man auf einem schlichten Friedhof etwas außerhalb des Orts. Man wandert dazu vom Zentrum in nördlicher Richtung, vorbei am Hammam und einer Koranschule, wo Kinder lauthals Koranverse auswendig lernen. Auf einem Fußweg, an Getreidefeldern vorbei – vereinzelte Arganien und Mandelbäume bieten kaum Schatten, am Wegesrand blühen Affodill und Lavendel – kommt man dann zum **Friedhof**. Auf dem Land werden die Grabstellen nur durch spitze Steine am Kopf- und Fußende markiert. Die Toten werden in einem Meter Tiefe, nur in ein Tuch gehüllt, bestattet. Der Leichnam wird auf der Seite liegend mit angezogenen Beinen beerdigt, wobei das Gesicht Richtung Mekka weist. Grabschmuck kennt man in islamischen Ländern kaum. Auf den Gräbern werden Näpfe zerbrochen, damit sie dem Verstorbenen im Jenseits wieder zur Verfügung stehen.

★Oumsnat im ★Tal der Ammeln

Überall dort, wo Quellen der steilen Felswand des **Jebel Lekst** entspringen, legten die **Ammeln** – Berber vom Stamm der Schlöh – ihre wehrhaften Dörfer und Oasengärten an. Deshalb nennt man diese Senke das ★**Tal der Ammeln**. Da Landwirtschaft in diesem semiariden Gebirge auf Granitgrusböden kaum profitabel ist, arbeiten die meisten Männer auswärts, in den großen Städten – oft im Handel oder Finanzsektor – oder in Europa. In ihren Heimatdörfern lassen sie stattliche Villen bauen, die bis zu ihrer Rückkehr im Alter nur von Frauen, Kindern und Großeltern bewohnt werden. Mehr als 2000 Jahre lebten hier jüdische Berber, bis Mitte des 20. Jh., oft als Händler, Silberschmiede oder Dattelschnapsbrenner.

Foto: Berthold Schwarz

Das meistbesuchte Dorf im Tal der Ammeln ist ★**Oumsnat** ❼, eine Bergfußoase Es besteht wie die meisten Dörfer um Tafraoute aus einem neueren Teil und einem verfallenden alten, der in Schutzlage höher am Berghang liegt. Ein Schild weist zum **„Maison traditionelle“**, einem alten Bauernhaus mit einem kleinen ★**Museum**, das einen Eindruck von der früheren Lebensweise der Ammeln vermittelt und auch historisches Werkzeug und Haushaltsinventar zeigt. Der gastfreundliche Besitzer kocht für Besucher gerne ein Kännchen Minztee; im Nachbarhaus bietet er zudem originelle Fremdenzimmer an.

Die alten Häuser sind aus Natursteinen gebaut, Lehm dient als Mörtel. Nur an wenigen der alten bäuerlichen Wohnburgen sieht man noch die charakteristischen ★***Lokba*-Fassaden**. Sie sind mit schwarzen Schieferplättchen dekoriert und zieren die Hauswand

» Karte S. 222-223, Info S. 239

Foto: Peter Rex

über der niedrigen Eingangstür. Magische Abwehr-Symbole der Berber sind zu erkennen: Rauten, Dreiecke, Quadrate und Rechtecke. Charakteristisch für die Ammeln-Häuser sind, neben schön verzierten alten Holztüren, abdeckbare Innenhöfe und große Dachterrassen, die im Sommer als Schlafplatz dienen. Früher sollten die weißgekalkten Mauerzinnen und darüber gestülpte Kochtöpfe vor dem „bösen Blick" schützen.

Wasserkanäle durchziehen die Gärten, in denen Gemüse, Gerste und Obst gedeihen. Durch die Höhenlage von über 1000 m ü. M. kann im Winter die Temperatur bis unter null fallen, deshalb erreichen die Datteln in dieser Gegend keine besonders gute Qualität. Gute Ernten liefern hingegen die **Mandelbäume**, die ab Februar blühen. Zur Mandelblüte werden in den Dörfern des Ammeln-Tals Feste gefeiert.

Oben: Rundlich verwitterter Granit, bunt angemalt von Jean Vérame. Rechts: Ait-Mansour-Schlucht.

★Aguard Oudad; ★★Bemalte Granitblöcke; Ausflug zur ★Ait-Mansour-Schlucht

Von Tafraoute führt eine Teerstraße nach Süden zu dem malerischen Dorf ★**Agard Oudad** ❽ (auch zu Fuß oder per Bike erreichbar). Es steht mit seinen pastellfarbenen, schmucken Häusern am Fuß eines markanten **Granitfelsens**, der „**Napoleonshut**" genannt wird.

Folgt man, 5 km südlich davon, der rechts abzweigenden Piste, erreicht man nach weiteren 1000 Metern die ★★**Bemalten Granitblöcke** des belgischen Landschafts-Künstlers Jean Vérame von 1984 (2010 farblich aufgefrischt). Überwiegend in Blautönen leuchten hier rundliche Garnitblöcke, entstanden durch Wollsackverwitterung, zwischen denen das Grün der Arganbäume Kontraste setzt – ein surreales Fotomotiv im Land-Art-Stil.

Südostwärts windet sich eine geteerte Serpentinenstraße hinauf zu einer kargen Hochebene in 1600 m Höhe, bis zum Kreuzungsort **Taloust/**

» Karte S. 222-223, Info S. 239

Tasserirt. Dann geht es kurvenreich bergab zu der kilometerlangen **Dattelpalmen-Flussoase** in der imposanten ★**Ait-Mansour-Schlucht**. Auf der kaum befahrenen Straße kann man durch den Ort **Tamalout** (31 km von Tafraoute; Parken am Ortseingang) und die gepflegte, von hohen Felswänden gesäumte Flussoase spazieren. Die Kinder hier sind angenehm zurückhaltend, und es gibt auch ein uriges **Oasencafé** unter Palmen (*Chez Messaoud*).

Mit Mountainbike, Geländewagen oder hochbeinigem PKW lässt sich eine **Rundfahrt** durch die anschließenden Oasen und Schluchten unternehmen: über das urige Dorf **Gdourt** und **Afella** (bis hier reicht derzeit die Teerstraße), dann über **Timguidchte** und **Tizerkine** auf Schotterstraßen zurück nach **Taloust/Tasserirt**.

Foto: Berthold Schwarz

Ausflug zum ★★Agadir Tasguent

Um den großen Agadir in Tasguent zu besuchen, genügt ein PKW. Man fährt von Tafroute zunächst auf der Hauptstraße R105 hoch zum **Tizi Mlil** und biegt nach der Passhöhe in die Teerstraße R 106 Richtung Igherm ein, die dann dem Hauptkamm des Anti-Atlas in semiarider Gebirgslandschaft nach Osten folgt. Man passiert das Dorf **Ait Abdallah** und fährt, wenn man **Tiguermine** erreicht hat, nicht geradeaus weiter, sondern biegt – 37 km nach der Abzweigung von der R105 – nach Norden ab und folgt nun der Straße P 1723 in Richtung Taroudant. Nach 7 km zweigt beim Ort **Alma** die Piste (1500 m) zum Agadir Tasguent ab. Ungefähr vier Stunden dauert dieser Ausflug.

Der ★★**Agadir von Tasguent** ❾ (s. Bild S. 220), die archaische Speicherburg der Ida Ou Zekri, liegt noch vor dem gleichnamigen Dorf in einem kleinen Seitental und gehört zu den schönsten intakten Speicherburgen ganz Marokkos. Er steht auf einem Tafelberg und ist mehrere Stockwerke hoch. Das ganze Bauwerk ist aus Natursteinen ohne Lehmverbund errichtet, die Speicherkammern sind um drei Innenhöfe gruppiert. Am Eingang des Agadirs steht oft (aber nicht immer – vorab in Tafraoute fragen) ein *amin* (Wächter), der gegen ein Trinkgeld mit seinem hölzernen Zackenschlüssel das mächtige Tor öffnet. Er wird traditionell von den Dörflern, die hier heute noch Vorräte speichern, als Vertrauensperson bestellt. In bis zu sieben Etagen sind die Speicherzellen der einzelnen Bauersfamilien übereinander gebaut. Alle Kammern haben eigene, oft mit magischen Fruchtbarkeits-Symbolen verzierte Holztüren, verriegelt mit geschnitzten Fallstift-Schlössern. Der Zugang wird durch in die Mauer treppenartig eingelassene Steinplatten ermöglicht.

In der Speicherburg von Tasguent werden nicht nur Getreide, Oliven- und Arganienöl, Hülsenfrüchte und Trockenobst eingelagert; hier finden auch Versammlungen der *jemaa el amma* (Dorfräte) statt, deren Vorsitzender der *amrar* (Dorfälteste) ist. Zudem diente die Festung den Dorfbewohnern in Kriegszei-

Foto: Berthold Schwarz

ten als Fliehburg. Da der Agadir auch eine Moschee und die Grabstätten von *murabtin* (heiliger Männer und Frauen) birgt, gilt er dem Volk als heiliger Ort.

★Felsgravuren von Tazeka

Am Westende des Tals von Tafraoute, an der Straße Richtung Tiznit, liegt das Dorf ★**Aday**. Seine pastellfarbenen Häuser sowie seine imposante Moschee, umrahmt von mächtigen Granitkugeln, gehören zu den schönsten Motiven der Gegend. Ein kleiner Feldweg gegenüber führt, an Mandelbäumen vorbei, zu den prähistorischen ★**Felsgravuren von Tazeka** ⑩ (Bild S. 28; zu Fuß von Tafraoute in 15 Min. direkt erreichbar). In eine Granitwand haben jungsteinzeitliche Vorfahren der Berber eine Gazelle und einen Steinbock gepunzt – vielleicht handelt es sich aber auch um ein Rind und ein Mufflon; die Forscher sind sich über Alter und Aussage nicht einig. Vermutlich dienten die Gravuren der Beschwörung des Jagdglücks und der Fruchtbarkeit. Ignoranten haben sie allerdings verunstaltet.

★**Tazeka** selbst ist ein uraltes, fotogen in die Felsen gebautes Dorf, gut erhalten, mit einem besichtigbaren **Traditionellen Haus**, einer sehr alten **Moschee** und einem ★**Aussichtsfelsen**.

★Col du Kerdous

Hinter **Souk el Had de Tahala** weichen die Granitfelsen und die breiter werdende Straße windet sich in vielen Kurven durch Täler und karge Hochebenen. Vom ★**Col du Kerdous** ⑪ (1100 m) hat man einen schönen Blick nach Westen. Die Passhöhe ziert ein hübsches **Hotel** im Kasbah-Stil mit toller Aussicht; ein Glas Minztee im maurischen **Teesalon** empfiehlt sich.

Hinter dem Col du Kerdous beginnt das Stammesgebiet der **Tazeroualt**. Wie Adlerhorste kleben die Berberdörfer hier an steilen Felsen, hoch über den kargen Getreideterrassen. An den Wegrändern blühen im Frühjahr wohlriechende Kräuter wie Wildminze, Thymian, Fenchel und Lavendel.

Im Talgrund, hinter dem Marktflecken **Tighmi** (interessanter Mittwochsmarkt), zweigt eine Straße zur **Zawiya Sidi Ahmed ou Moussa** ab. Dort erhielten früher die in rote Trikots gekleideten Artisten, die auf der Jemaa el Fna in Marrakesch Menschenpyramiden bauen, ihre Ausbildung. Sie gehören zur Sidi Ahmed-Bruderschaft, die hier ihren Hauptsitz hat und vom 16. bis ins späte 19. Jh. sehr großen politischen Einfluss hier in der Region Tazeroualt hatte. Am dritten Donnerstag im August findet die große Wallfahrt statt. Berber aus abgelegenen Tälern pilgern zu den heiligen Stätten, um der *baraka* der lebenden und toten heiligen Männer näher zu sein. Die Grabmoschee ist nur Muslimen zugänglich.

Oben: Die nomadischen Reguibat-Berber waren einst als Karawanenräuber gefürchtet. Rechts: Biologische Rarität – im Nationalpark Souss-Massa leben die letzten wilden Waldrappe.

 » Karte S. 222-223, Info S. 239

★Nationalpark Souss-Massa

Von Agadir kommend gibt es Zugänge zum Nationalpark südwestlich von Sidi Bibi beim Dorf **Rouiss** (Rwaiss), beim Fischerort **Tifnit** und bei **R'bat**. In Rouiss werden Führungen angeboten; zu beobachten sind u. a. eingeführte Zebras und Antilopen. Ein breiter **Dünenstrand** lädt bei Tifnit zum Wandern ein; in 6 Stunden marschiert man entlang der teils felsigen Kliffküste, mit weitem Meerblick, bis nach Sidi R'bat.

Etwa auf halbem Weg zwischen Agadir und Tiznit liegt der schöne ★**Sandstrand** von **Sidi R'bat** ⓬ und darüber zwei Hotels mit Aussicht (das preiswerte *La Dune* und das teure *Ksar Massa*); Anfahrt auf Teerstraße, man durchfährt dabei den größeren Ort **Massa**. Wo der **Oued Massa** in den Atlantik fließt, fischen **Flamingos**, Reiher, Störche, Enten und andere Wasservögel. Insbesondere der extrem seltene ★**Waldrapp** (Schopfibis) existiert noch in dieser Gegend – die **Massa-Mündung** ist das Kerngebiet des ★**Nationalparks Souss-Massa**; bei **Sidi Ben Zarane** liegt der zum Massa näheste Parkeingang.

Manchmal kommen Wildschweine zum Trinken. An den langen Sandstränden krallen sich Teppiche von violetten, gelben und weißen Mittagsblumen fest. Statizien, als Trockenblumen beliebt, wachsen wegen der Nebel- und Taubildung über dem kalten Kanarenstrom in großer Zahl. Landeinwärts, hinter Sanddünen, gedeihen giftige, stachlige **Euphorbien**. In einem eingezäunten Gebiet im Norden soll sich die seltene **Mhorr-Gazelle** vermehren.

Im trockenen Klima des Sahara-Vorlands müssen sich Pflanzen und Tiere den extremen Umweltbedingungen anpassen. Tiere können der Sonne ausweichen; manche verbringen den Tag unter der Erde und gehen erst nachts auf Jagd, wie die Wüstenspringmaus und der Wüstenfuchs (Fenek). Pflanzen müssen sich anders vor Austrocknung und Überhitzung schützen: Verdornung und Zwergwüchsigkeit minimieren die Verdunstungsoberfläche und schützen vor Viehverbiss, dem auch der Giftgehalt vieler Pflanzen entgegenwirkt. Das Phänomen „die Wüste blüht" *(acheb)* wird möglich, weil Pflanzensamen jahrelang auf Regen warten können, um dann sofort auszutreiben. Die Wasserspeicherung findet in verdickten Wurzeln, Stängeln und Blättern statt (Sukkulenz). Dass es dabei auf ein günstiges Oberfläche/Volumenverhältnis ankommt, zeigen die vielen kugelförmigen oder zylindrischen Sukkulenten.

Foto: Christian Maurer (Fotolia)

Landeinwärts wird der Massa-Fluss am Rand des Anti-Atlas zum **Youssef Ben Tachfine-Stausee** aufgestaut. Mit deutscher Hilfe sollte in den 1970ern neu erschlossenes, bewässerbares Land Bauern aus den trockenen Hochtälern des Gebirges eine neue Existenz geben. Mangelnde Information, strikte Anbauvorschriften ohne Abnahmegarantien, falsch eingeschätzte Niederschlagsverhältnisse, hohe Verdunstung und unvorhergesehene Nachtfröste ließen damals den Plan, Zitrusfrüchte und

Foto: JulianSchaldach (iStockphoto)

Frühgemüse für den Export anzubauen, fast scheitern. Heute sind hier viele Foliengewächshäuser in Betrieb.

Tiznit

In einer wüstenhaften Trockensteppe zwischen Anti-Atlas und Atlantik liegt die von einer roten Lehmmauer umgebene Stadt **Tiznit** ⓭. Sie wurde 1881 als Garnisonsstadt für die Truppen des Sultans Moulay el Hassan gegründet, die gegen aufständische Berberstämme kämpfen mussten. Noch heute spielt das Militär in Tiznit eine wichtige Rolle.

Altstadtgassen führen zur **Großen Moschee**, deren markantes Minarett mit seinen abstehenden Holzknüppeln an die Architektur Malis erinnert. Gleich daneben liegt die **Quelle der Lalla Tiznit**. Die Lokalheilige soll dem Wasser Heilkraft verliehen haben, weshalb das Quellbecken ein Pilgerziel ist.

Oben: Brandungstor bei Legzira. Rechts: Ein seltenes Bild – eine Frau bestellt mit dem hölzernen Hakenpflug ihr Gerstenfeld in der Oase Amtoudi.

Nahe dem **Place du Mechouar** liegen die ★**Souks der Silberschmiede**. Früher hatten sie reiche Kundschaft, denn Tiznit lag an der Karawanenstraße von Mauretanien nach Marrakesch. Bis 1967 dominierten Juden die Schmuckbranche; ihre Abwanderung nach Israel nach dem Sechstagekrieg brachte zunächst einen Niedergang dieses Handwerks. In den Auslagen der Geschäfte fällt auf, dass Goldschmuck rar ist: er gilt bei den Berbern als lasterhaft. So dominieren die Materialien Silber, Halbedelsteine und Email. Wenn es etwas weniger kosten soll, wird meist „Berbersilber" verwendet, eine Legierung aus Silber, Nickel und Blei. In Regalen und Vitrinen präsentieren die Händler Armreife, Ohrringe, Talismane, Ketten und Fibeln. Viele Stücke zeigen traditionelle Symbole der Berber, denn Berberinnen tragen Schmuck nicht nur, um schön zu sein: Gazellen- und Taubenfuß, Schlangen- und Widderkopf, Salamander, Fische und Schildkröten haben v. a. die Funktion, den bösen Blick, Zauberei und Magie abzuwehren. Auch das häufige Motiv der magischen Zahl Fünf (*khamsa*) – in Form von Punkten oder als „Hand der Fatima" – soll die Trägerin beschützen. Bernstein und tropische Harze aus Westafrika sind oft in Amulettanhänger eingearbeitet.

Beim Schmuckkauf in Tiznit gilt: der Preis ist verhandelbar, und nicht alles, was silbrig glänzt, ist wirklich Silber! Ein „Kreuz des Südens" lässt sich ab 50 Dirham erfeilschen.

Atlantikstrände

Am Sand/Kies-Badestrand ★**Aglou-Plage** ⓮, westlich von Tiznit, leben zur Fangsaison noch Fischer in **Höhlenwohnungen**. Ab Gourizim führt die **R 104** entlang der landschaftlich reizvollen **Atlantikküste** südwärts. Schon die Hippies der 1970er Jahre schätzten die abgelegenen ★**Sandbuchten** bei **Mirleft** ⓯. Der Fischerort, 1500 m vom Strand, bietet preiswerte Hotels und

» Karte S. 222-223, Info S. 239

Restaurants. 21 km südlich lohnt ein Abstecher zum langen **Strand** und den imposanten ★★**Brandungstoren von Legzira** ⑯, wo Gleitschirmflieger den Aufwind und Surfer die Wellen nutzen und Restaurants Atlantikfische grillen.

Am breiten **Strand** des Ex-Kolonialstädtchens ★**Sidi Ifni** ⑰ (von 1934-69 spanisch) tummeln sich Surfer. Andalusisch-weiß-blau muten noch etliche Gebäude und Straßenzüge an, wie die palmengesäumte **Rue Sidi Mohammed** im Stadtzentrum, das ehemalige **Spanische Konsulat**, der ★**Gouverneurspalast** und die ehemalige katholische **Kirche**.

Ein schöner Naturstrand findet sich rund 20 km südlich bei **Sidi Ouarsik**.

★★Id Aissa; Akka; ★Tata

Die Nationalstraße 1 ist als Transportweg für den militärischen Nachschub in die Westsahara gut ausgebaut. Begleitet von vereinzelten Arganbäumen überquert sie hinter **Tiznit** die Westausläufer des Anti-Atlas am 1057 m hohen **Tizi Mighert** und erreicht so **Bou Izakarne** ⑱. In diesem Oasenort mit bunt gemischtem **Freitagsmarkt** teilt sich die Straße. Nach Süden erleichtert die breite N1 die Fahrt über **Guelmim** ⑲ (mit „**Kamelmarkt**", s. S. 238), Tan Tan und Tarfaya in die Westsahara.

In Bou Izakarne biegt die Straße **R102** nach Osten ab, an ihr liegen interessante alte Dörfer am Rand des Antiatlas. Im Tal des **Oued Ifrane**, 15 km östlich von Bou Izakarn, befinden sich idyllische Oasenorte. Der Hauptort ★**Ifrane de l'Anti-Atlas** ⑳ hat eine ehemalige **Mellah** (Judenviertel) mit zu besichtigender **Synagoge**. Auf dem **Jüdischen Friedhof** wurde ein Grabstein mit einer 2000 Jahre alten Inschrift entdeckt, die beweisen soll, dass die ersten Israeliten bereits in der Ära König Nebukadnezars (6. Jh. v. Chr.,) hierher emigrierten. Die Palmengärten laden zum Spazieren ein. Der Kontrast der nackten Felswände zum Grün der Gärten zeigt die Bedeutung des Wassers in der Vorsahara.

Foto: Peter Rex

In der Oase **Taghjicht** ㉑ trifft man auf die geologische Form des *foum* (oder *kheneg*), „Öffnung im Felsen". Die Entstehung geht auf im Erdaltertum bestehende Hochsenken zurück, in die die Flüsse des Anti-Atlas mündeten. Der Jebel Bani bildete eine natürliche Barriere; die durch ihn aufgestauten Seen suchten sich einen Abfluss und schufen Durchbrüche. *Foum*-Oasen finden sich an der ganzen Strecke bis nach Zagora.

Über der Oase **Amtoudi** im oberen Seyad-Tal, 30 km nordöstlich von Taghjicht, thront der ★★**Agadir Id Aissa** ㉒, eine der schönsten Speicherburgen Marokkos. Er krönt einen Tafelberg, zu erreichen über einen steilen Pfad (Mulitt möglich). Tunnelartige Gänge führen zu den einzelnen Speicherbauten. Überreste von steinernen Bienenkörben sind noch zu sehen. Zisternen ermöglichten in Belagerungszeiten das Überleben; zinnenbewehrte Mauern und Wachtürme schützten die Burg. Die sesshaften Berber bauten solche Bollwerke, um sich vor Raubzügen (*razzou*) der noma-

Foto: Peter Rex

dischen **Reguibat-Berber** zu schützen. Diese Kamelzüchter überfielen häufig die Oasen im Süden, um den Bauern ihre Ernte zu rauben. Bei Gefahr flohen alle Dörfler in die Burg. Vom Agadir Id Aissa bietet sich ein schöner **Blick** auf das canyonartige Tal des **Oued Seyad** mit dem grünen Band der Palmenoasen und den geduckten Lehmhäusern.

Ein lohnendes Ziel für Geländefahrer sind **Igmi** und die ★**Schlucht des Assif Smougen**, 33 km von der R102 auf der Piste **R107** nach Norden (mit 4WD Weiterfahrt bis Tafraoute möglich).

Felsen und Steine wurden von Sandstürmen der Sahara „poliert". Ihre Oberfläche glänzt schwarz: Das nennt man **Wüstenlack**. In Südmarokko sind im Gestein oft Eisen und Mangan vorhanden. Bei hoher Bodentemperatur, im Sommer bis 70 °C, steigt das Wasser in den Kapillaren der Steine an die Oberfläche und lässt eine schwarze Oxidschicht entstehen.

Oben: Speicherburg der Id Aissa in der Oase Amtoudi. Rechts: Diese Felsgravuren bei Tinsouline im Drâa-Tal zeigen berittene Krieger, Kamele und eine Pantherjagd.

Auf der Fahrt durch wüstenhaftes Gelände sind Flusstäler mit Oasen die einzige Abwechslung. Die Oasenorte waren einst wichtige Karawanen-Rastplätze; die Quelloase **Fam el Hissn** ㉓ lag an der Karawanenroute von Tindouf in Algerien nach Tafraout. 30 km südwestlich finden sich am **Oued Tamanart** zahlreiche neolithische **Felsritzungen**.

Die neue **Nationalstraße 12** führt entlang der Schichtstufe des **Jebel Bani**, vorbei an weiteren Quelloasen bis nach Zagora. Eindrucksvoll sind die Morgen- und Abendstimmungen in dieser endlos scheinenden, überwiegend steinigen Wüstenlandschaft.

Auf der N 12 ostwärts gelangt man über die Palmenoase **Akka** ㉔, wo bis 1963 viele Juden lebten und Dattelschnaps produzierten, und vorbei an **Oum El Lalek** (5 km), wo ein Abstecher südwärts (6 km) zu **Felsgravuren** möglich ist, zur großen Oase ★**Tata** ㉕ mit **Sonntagsmarkt**. Von hier durchquert die **R109** den Anti-Atlas nordwärts in Richtung Taroudannt; unterwegs ist im Berberstädtchen **Igherm** ㉖, in 1725 m Höhe ü. M., eine zweigeschossige, restaurierte ★**Speicherburg** (Agadir) mit Wachtürmen und über 50 Speicherkammern zu besichtigen.

Von Tata auf der **N12** ostwärts, verführen 10 km östlich von **Tissint** die **Felsbecken** der **Cascade Bani** zum – angeblich bilharziosefreien – Baden.

Östlicher Anti-Atlas

In **Foum Zguid** ㉗ zweigt die Straße **R111** nach **Agdz** im oberen Drâa-Tal bzw. nach **Tazenakht** ㉘, einem bekannten ★**Teppichmarktort** am Fuß des Jebel Siroua ab.

Auf guter Teerstraße (N10) gelangt man weiter zum verfallenden **Agadir Kourkouda** ㉙ (Speicherburg), dann, vorbei an der alten **Kasbah von Taliouine** ㉚, über Taroudannt durchs Sous-Tal nach Agadir.

Foto: Berthold Schwarz

★Felsgravuren im Drâa-Tal

Im wegen des Westsahara-Konflikts nicht immer frei bereisbaren marokkanisch-algerischen Grenzgebiet des unteren Drâa-Tals sind viele jungsteinzeitliche ★**Felsgravuren** erhalten.

Die größte Ansammlung liegt im **Oued Tamanart**, 30 km südwestlich des Oasenorts **Fam el Hissn** (㉓) (Foum el Hassan), wo man speziell dafür einen ortskundigen Führer engagieren sollte.

Prähistorische Gravuren gibt es auch 15 km nördlich von **Akka** (㉔) an der Straße Richtung Imitek; 12 km südöstlich bei **Oum El Lalek**; und im abgelegenen Oued Tafagount, rd. 50 km südlich von Akka. Vor einer Expedition nach Tafagount unbedingt in Akka die Polizei fragen, ob die Piste ins Grenzgebiet zu Algerien für Touristen freigegeben ist! Falls ja: Zugleich nach einem Führer fragen, ohne den die Felszeichnungen dort nicht zu finden sind.

Vom oberen **Drâa-Tal** leicht erreichbar sind die ★**Gravures Lybico-Berbères** ㉛ im östlichen Anti-Atlas (s. S. 183): Eine Piste (7 km) erschließt von der N9 bei **Tinsouline** diesen jungsteinzeitlichen Kultort am Rand eines Wadis.

Die Felsbilder der Nordwestsahara wurden, im Gegensatz zu den farbigen Felsmalereien der algerischen Sahara, mit Meißeln ins Gestein graviert. Die ältesten dürften bis zu 10 000 Jahre alt sein und von Jägern und Sammlern stammen, die jüngeren wurden um 5000 v. Chr. wohl von rinderzüchtenden Hirten geschaffen. Die Bilder sollten das Jagdglück bzw. die Fruchtbarkeit der Herden beschwören. Die Darstellungen reichen von großen Wildtieren der afrikanischen Savanne über plumpe Menschendarstellungen (Rundköpfe) bis hin zu stilisierten Rindern und Streitwagen.

Die Felsgravuren am Oued Tamanart und am Oued Drâa entstanden in der jüngeren Phase. Giraffen, Elefanten, Nashörner und Strauße sind von magischen Symbolen umgeben. Eine andere Gruppe zeigt Rinder und jagdbare Tiere sowie zweirädrige Streitwagen der sagenhaften Garamanten, von denen altgriechische Historiker berichten.

WESTSAHARA

Die Westsahara, bis 1976 eine Kolonie Spaniens, ist 270 000 km² groß und erstreckt sich von Tarfaya am Cap Juby bis nach Nouadhibou an der mauretanischen Grenze. Im Osten bestehen „Landkartengrenzen“ mit Algerien. Seit das Land 1979 ganz von Marokko annektiert wurde, entstanden dort vier Provinzen: **Laayoune**, **Boujdour**, **Oued Eddahab (Dakhla)** und **Smara**, die mit ca. 400 000 Einwohnern dünn besiedelt, aber hoch subventioniert sind. Heimische Nomadenstämme sind die Reguibat-Berber sowie die im 13. Jh. eingewanderten arabischen Tekna und Oulad Slim, die das arabische *hassani* sprechen.

Die langen weißen Sandstrände stellen ein beachtliches Touristikpotential dar, die Küste ist sehr fischreich. In der Westsahara liegen die größten Phosphatlagerstätten der Welt, zudem werden Erdöl- und Uranvorkommen vermutet. Die Bodenschätze sind ein Grund für den Streit um die Zukunft der früheren Kolonie Spanisch-Sahara.

Westsahara-Konflikt

Als der spanische Diktator Franco im Sterben lag, inszenierte Hassan II. am 6. Nov. 1975 den „Grünen Marsch“: Hunderttausende zogen fahnenschwenkend in die Westsahara, um den Besitzanspruch des marokkanischen Königs auf das Gebiet zu unterstreichen – mit der Begründung, dass die *sahraoui*-Nomaden im 19. Jh. den Alaouiten-Sultanen Tribut gezahlt hätten. Als Franco dann am 20.11.1975 starb, entließen die Spanier ihre Kolonie überstürzt in die Unabhängigkeit. Marokko annektierte den nördlichen Teil der Westsahara, während Mauretanien die Verwaltung des südlichen Drittels übernahm.

Marokko erkannte das Urteil des Internationalen Gerichtshofes in Den Haag von 1975 nicht an, das dem marokkanischen Herrscher keinerlei Rechte auf die Westsahara zubilligte. Als die UNO 1979 die Befreiungsbewegung *Frente Polisario* als einzige legale Vertretung des sahraouischen Volkes und der von ihr ausgerufenen Demokratischen Arabischen Republik Sahara *(DARS)* anerkannte, zog sich Mauretanien aus dem Südteil zurück, den nun die Marokkaner ebenfalls annektierten.

Die unnachgiebige Haltung Marokkos im Westsaharakonflikt belastet seither nicht nur das Budget des Landes, sondern auch die politischen Beziehungen zu Algerien: Das Flüchtlingslager im algerischen Tindouf wurde zum Sitz der sahraouischen Exilregierung und der Basis ihrer Polisario-Freiheitskämpfer, die die marokkanische Armee in einen zermürbenden Guerillakrieg verwickelten. An der Wüsten-Grenze zu Algerien ließ Hassan II. 1981 einen 1600 km langen Verteidigungswall errichten. Der Krieg lenkte von innenpolitischen Problemen Marokkos ab und brachte dem König die Rückendeckung seines Volks ein. Als die Maghrebstaaten Libyen, Tunesien, Algerien, Mauretanien und Marokko 1989 die *Union des Arabischen Maghreb* gründeten, verlor die Polisario ihre wichtigsten Geldgeber. Die seit 1981 von der UNO und der OAU geforderte Volksabstimmung über die Zukunft der Westsahara wurde immer wieder verschoben. Derzeit streitet man über ein Autonomiestatut.

Von Bou Izakarne nach Dakhla

Ab **Bou Izakarn** ist die nach Süden führende Nationalstraße 1 gut ausgebaut und reicht bis zum 1060 km entfernten Dakhla. Die größeren Siedlungen der Westsahara wurden seit dem Grünen Marsch 1975 von der marokkanischen Regierung finanziell stark gefördert und die unterentwickelte Infrastruktur erheblich verbessert; es gibt u. a. regelmäßige Flugverbindungen von Casablanca und Agadir nach Laayoune und Dakhla. Die Region wird, abgesehen von Afrika- und Wohnmo-

» Karte S. 237, Info S. 239

OCEAN
ILES CANARIES
(ESPAGNE)
ATLANTIQUE
TENERIFE
ST. CRUZ
LANZAROTE
Arrieta
Arrecife
P. Blanca
FUERTE-
VENTURA
Corralejo
P. del Rosario
Morro Jable
GRAN
CANARIA
Galdar
LAS
PALMAS
Maspalomas
Tiznit
Mirleft
Sidi Ifni
N1
Bou Izakarne
Abeïnou
Plage Blanche
Guelmim
Tighmart
J. Taissa
740
Cap Dra
El-Ouatia
Tan Tan
Meseied
Akhfennir
El-Khaoula
O. Chebika
Tarfaya
Cap Juby
Parc National de Khenifiss
Sebkha Tab
Tah
LAAYOUNE
Jdiriya
Daoura
El Haggounia
Haouza
101
LAAYOUNE
El-Gada
H. Anerguet
Foum el Oued
(Laayoune Plage)
Dchira
N5
Smara
SMARA
N14
Bou Kraa
Tfaritiy
Lemsid
Oued el Khatt
Hassi Lahmar
Boujdour
Cap Boujdour
Sebkhet Aridal
Aridal
Bir Bel Guerdane
Amassine
ZEMMOUR
Agmar
Guelta Zemmour
Bir Mograin
BOUJDOUR
O. Assaq
Oum Bána
Sebkhet Oum ed Drous Telli
Sebkhet Aghzoumal
Skaymat
Assaq
Sebkhet Oum ed Drous Guebit
Tamayya
Bir Anzarane
Oglat Adam Talat
Taniguir
Dakhla
Mijek
Parc National Dakhla
Fderik
Ez-Zouirat
Aousard
Sebkhet ej Jill
ADRAR SOUFFOUF
OUED EDDAHAB
Ouday
Aghouinit
MAURITANIE
Châr
Hassi Zoug
Bir Gandouz
Techla
Choum
Nouadhibou
WESTSAHARA
0
75
150 km
© Nelles Verlag GmbH, München
10
Anti-Atlas, Südküste und Westsahara

Foto: Monique Pouzet (Fotolia)

Oben: Ein Dorado für Kitesurfer – die Lagune von Dakhla.

bilfahrern, selten von Touristen besucht; es fehlt an guten Hotels und – abgesehen von den langen Sandstränden – an Sehenswürdigkeiten. Zudem sind einige Gebiete und der ganze Grenzgürtel **vermint** und für Zivilisten gesperrt.

Der Marktort **Guelmim** ❶ (90 000 Einw.) wird am Samstagmorgen sehr früh lebendig – dann ist **Kamelmarkt**, und aus Agadir stürmen die Tagesausflügler an. Die *Blauen Männer* – Nachkommen der einst als Karawanenräuber gefürchteten Reguibat-Berber – verkaufen heute Postkarten, blecherne Armreife und gläserne Kettchen. Ihre Indigo-blauen Gewänder; die *guedra*, der ekstatische Knietanz der Berberinnen; und der Kamelmarkt machten Guelmim einst berühmt. Aber nur noch während der alljährlichen großen *moussem* im Juni lässt sich die einstige Größe der Nomadenkultur noch erahnen.

In der besuchenswerten Oase **Tighmart**, 14 km südöstlich, gibt es ein kleines **Ethnomuseum**. Im Dorf **Abeinou** ❷, 13 km nördlich der Stadt, badet man in 40 °C heißen **Schwefelquellen** (Geschlechtertrennung).

Wer lieber am Strand spazieren geht, kann die ★**Plage Blanche** ❸ am Atlantik ansteuern: 65 km nordwestlich von Guelmim liegt der vielgerühmte weiße **Dünenstrand**, der sich kilometerweit hinzieht. Im Norden der Noun-Mündung existiert ein Fischerdorf.

Die Provinzhauptstadt **Tan Tan** ❹ ist mit 82 000 Einwohnern, vielen Geschäften und Hotels ein aufstrebender Ort. Tan Tan wird von der **Koubba** des Scheichs **Ma el Ainin** überragt, der um 1910 Teile Südmarokkos beherrschte und gegen die Franzosen kämpfte; das große ★**Moussem** einmal im Jahr, Pilgerfest und Kamelmarkt, zieht Nomaden bis vom Niger an und hat UNESCO-Welterbe-Status.

El Ouatia ❺ (früher **Tan-Tan Plage**) soll zum Badeort werden, ein Strandhotel steht schon. Das Mündungsdelta des **Oued Chebika**, 30 km südlich, ist ein Lebensraum für **Flamingos** und andere Wasservögel, umrahmt von malerischen **Sanddünen** und weißen Stränden – hier soll eine „nachhaltige" Hotelsiedlung samt Golfplatz entstehen (u.a. Club Med).

Weiter südlich, bei **Akhfennir** ❻, erstreckt sich ein langer **Sandstrand**.

Erst 1958 gaben die Spanier das seit 1916 von ihnen besetzte Gebiet zwischen Tan Tan und Tarfaya an Marokko zurück. **Tarfaya** ❼, der ehemalige Grenzort zur (heute marokkanisch besetzten) West-Sahara, liegt am **Cap Juby**. Die Kanarischen Inseln sind nur 100 km entfernt. Ein **Flugzeugdenkmal** am Strand und ein **Museum** erinnern an den dichtenden Postflieger **Antoine de Saint-Exupéry**.

Seit 1960 wuchs die Provinzhauptstadt **Laayoune** ❽ von 6000 Einwohnern im Zuge der marokkanischen Besetzung auf über 100 000 Einwohner an. Von Rabat zum Vorzeigeobjekt marokkanischen Engagements in der Westsa-

» Karte S. 237, Info S. 239

hara auserwählt, wurden modern ausgestattete Neubauviertel in die Wüste gesetzt. Hauptattraktion ist neben der **Großen Moschee Moulay Abd el Aziz** der mit Kakteen bepflanzte Vogelpark **Colline aux Oiseaux**. Der einstige spanische Parador wurde zum Luxushotel **Parador Sahara** umgebaut (mit Pool), die spanische **Kirche** von 1954 ist noch in Betrieb.

Neben dem Phosphatexport (Hafen) wird auch der Tourismus an dem 25 km westlich der Stadt gelegenen breiten ★**Sandstrand** von **Foum el Oued** ❾ (**Laayoune Plage**) intensiviert. Im August ist hier einiges los, viele Marokkaner bevölkern dann die Ferienhäuser – und gelegentlich Haie das Meer.

Hinter Laayoune wird die Landschaft noch eintöniger. Die Provinzhauptstadt **Smara** ❿ ist ein von Sandstürmen geplagtes Wüstennest mit der Ruine der **Zawiya** des Rebellenscheichs Ma el Ainin, zerstört 1913 von Franzosen.

105 km südöstlich von Laayoune liegt das wichtige **Phosphat-Abbaugebiet** von **Bou Kraa** ⓫. Auf dem mit 100 km längsten **Förderband** der Welt, gebaut vom deutschen Krupp-Konzern, werden jährlich 1,5 Mio Tonnen Rohphosphat zur Küste befördert und über den Hafen bei Laayoune exportiert.

Boujdour ⓬ an der N1 ist ein aufstrebender Fischerhafen mit einfachen Hotels und windiger Strandpromenade.

Die Nationalstraße 1 endet in der gepflegten Garnisonsstadt **Dakhla** ⓭, bis 1975 das spanische Villa Cisneros, heute aufstrebende Hauptstadt der Provinz Oued Eddahab (vormals Rio d'Oro). Dakhla liegt am **Cap Sarga**, dem Ende einer 40 km langen, von Sandstränden gesäumten Landzunge, hat 90 000 Einwohner und lebt von Fischerei und Austernzucht. Die **Markthalle** lohnt einen Blick, der alte spanische **Leuchtturm**, das **Fort** und die **Kirche** stehen noch. Die Hotels beherbergen Sportfischer und Kite-Surfer, die vor den Brandungsständen der **Baie de Rio d'Oro** ihrem Hobby frönen.

Taroudannt

Hotel-Restaurant Salam, beste Traditionsküche; maurisches Ambiente, Terrasse, hübscher Pool, großer subtropischer Garten, direkt an der Stadtmauer, Route d'Ouarzazate, Tel. 0528 852501.

Tafraoute

Erg-Tours, Place Mohammed, www.erg-tours.com.

Restaurant des Hotels **Les Amandiers**, bekannt für hervorragende Tajines mit Backpflaumen und Mandeln sowie authentischen Couscous, Bar, Alkohollizenz, zudem werden Getränke am sehr schön gelegenen Swimmingpool serviert, Tel. 0528 800008.

Aglou-Plage / Mirleft

Nid d'Aigle, Hotelrestaurant, marokkanisches Dekor u. Spezialitäten, 10 km südlich von Aglou. Tel. 0563 618020.
Dar Najmat, Hotelrestaurant für Hausgäste, tolle Lage an der Marabout-Bucht südlich von Mirleft.

Tandemflüge/Paraglidingunterricht: Hotel Nid d'Aigle, www.nid-aigle.com

Sidi Ifni

Nomad, sehr gute Fischgerichte, niveauvolles Lokal; Av. Moulay Youseff 5

Guelmim

OMNT, Résidence Sahara, Tel. 0528 872911, guelmim@tourisme.gov.ma.

Restaurant Bir Anzarane, ein einfaches Restaurant mit schmackhafter Küche, die *brochettes* sind empfehlenswert, Place Anzarane.

Dakhla

Restaurant Samarkand, hübsch am Meer gelegen, Dakhla, Av. Moh. V.
Casa Louis, gute Küche, Alkohol-Lizenz.

Laayoune

Restaurant Marhaba, schlicht, aber freundlich, Laayoune, Bd. Moh V.

» Karte S. 237

REISEVORBEREITUNGEN

Einreisebestimmungen

Die **COVID-19**-Bestimmungen unterliegen laufenden Änderungen. Aktuelle Informationen zu Impfvorschriften und Einreiseformalitäten bietet das Auswärtige Amt unter www.auswaertiges-amt.de. Nötig waren Anfang 2022: Gültiger Impfpass für alle Personen, die das 18. Lebensjahr vollendet haben. Ein Zertifikat wird als gültig anerkannt, wenn es den Erhalt der Auffrischungsimpfung („3. Dosis") bestätigt. Die Grundimmunisierung wird nur anerkannt, wenn die letzte Impfung nicht mehr als vier Monate zurückliegt. Negativer PCR-Tests (nicht älter als 48 Stunden bei Boarding) für alle Personen über 6. Jahre. Vorlage des ausgefüllten „Fiche Sanitaire", das online heruntergeladen werden kann.

EU-Bürger und Schweizer brauchen **kein Visum**; sie erhalten an der Grenze bei Vorlage ihres mindestens noch sechs Monate gültigen **Reisepasses** einen Stempel für die Einreise, der zu einem dreimonatigen Aufenthalt ohne Verlängerung berechtigt. Kinder brauchen einen Kinderreisepass.

Mitreisende Hunde brauchen ein amtstierärztliches Gesundheitszeugnis (nicht älter als zehn Tage) mit Bescheinigung der Tollwutschutzimpfung (mindestens 1, höchstens 8 Monate alt).

KFZ-Papiere: Nationaler Führerschein und Wagenpapiere werden anerkannt. Die obligatorische grüne Versicherungskarte muss ausdrücklich für Marokko gültig geschrieben sein, ansonsten ist eine Versicherung an der Grenze abzuschließen. Fahrzeuge werden in den Pass eingetragen und bei der Ausreise kontrolliert, um illegalen Verkauf zu verhindern. „Schwarzer" Autoverkauf, zwangsläufig mit einer Passfälschung verbunden, wird mit langen Haftstrafen geahndet! Höchst problematisch ist deshalb ein Totalschaden oder KFZ-Diebstahl im Land – unbedingt Schutzbrief-Versicherung abschließen (angeboten u. a. vom ADAC).

Geld

Die Ein- und Ausfuhr der marokkanischen Währung **Dirham** (nicht frei konvertierbar) wird bis zu 2000 DH toleriert. Ausländische Währungen darf man bis zum Gegenwert von 100 000 DH (ca. 9000 €) ohne Deklaration einführen. Wechselquittungen aufbewahren, um Dirhams am Ende der Reise zurücktauschen zu können (max. 50% des gewechselten Betrags). Der **Wechselkurs** (1 € ≈ 11 DH) wird staatlich festgelegt und ist in Hotels, Wechselstuben oder Banken nahezu gleich. Vorsicht: Am Flughafen Casablanca bekommt man an den Wechselschaltern direkt bei den Gepäckbändern einen schlechten Kurs; geht man nur 50 Meter weiter bis in die Ankunftshalle, ist der Kurs gut.

In allen Städten, Flughäfen und vielen großen Hotels gibt es **Geldautomaten**, diese akzeptieren aber neben **Kreditkarten** nur **Giro-(EC)-Karten** mit *Maestro*-Symbol, nicht solche mit *V-Pay*! Freigabe für Marokko vorab mit der eigenen Bank klären. Limit: 2000 DH pro Aktion. Man sollte aber nicht nur auf Automaten-Geld angewiesen sein!

An der **Rezeption** von größeren Touristenhotels kann man normalerweise auch Geld wechseln. In Touristenzentern kann man oft auch mit Euro direkt bezahlen.

Bargeld sollte man im Hotelsafe, unterwegs im Geldgurt oder Brustbeutel aufbewahren.

Dirham-Münzen werden z. B. für Trinkgelder benötigt und sollten schon beim ersten Geldwechsel verlangt und beim Einkaufen gehortet werden.

Dirhams kann man am Flughafen zurücktauschen, gegen Vorlage eines Wechselbelegs.

Gesundheitsvorsorge

Aktuelle Informationen zu COVID-19-Bestimmungen und Impfvorschriften bietet das Auswärtige Amt unter www.auswaertiges-amt.de.

Empfehlenswert für längere Aufenthalte sind Schutzimpfungen gegen

Tetanus, Hepatitis A (ev. auch B), Diphtherie, Masern und Keuchhusten. Ein Hundebiss kann Tollwut übertragen. Im Rotlicht- und Gay-Milieu ist Aids (marokkanisch: *sida*) verbreitet.

Am häufigsten werden Reisende von Durchfällen heimgesucht. Eiswürfel aus Leitungswasser, nicht desinfiziertes Trinkwasser aus Leitungen oder Brunnen, Salate – an den Hotelbuffets verführerisch präsentiert – und ungeschältes Obst sind mögliche Infektionsquellen. Zum Zähneputzen kann man das meist stark gechlorte Leitungswasser jedoch verwenden. Mineralwasser aus Flaschen ist fast überall erhältlich; mit Kohlensäure in Glasflaschen (Oulmès), ohne Kohlensäure in Plastikflaschen (Sidi Harazem, Sidi Ali, Immouzer).

Die Reiseapotheke sollte Darmtherapeutika (z.B. *Imodium*), Antibiotika, Elektrolyte, Desinfektionsmittel, Augentropfen, Schmerzmittel, Mückenschutz-Lotion, Fieberthermometer, Antihistamin-Salbe und -Tabletten gegen Insektenstiche, Sonnenschutz, Lippensalbe sowie Rachenbonbons enthalten.

Einfache Notfall-Krankenhaus-Behandlung ist kostenlos, Medikamente müssen jedoch bezahlt werden. Niedergelassene Ärzte verlangen Barzahlung und kommen auf Wunsch auch ins Hotel (ca. 700 DH). Unverzichtbar ist eine **Auslands-Krankenversicherung**, die auch den Rücktransport per Flugzeug in die Heimat abdeckt!

Klima und Reisezeit

Marokko hat mit seinen Stränden, Gebirgen und Wüsten unterschiedliche Klimata und daher das ganze Jahr über Saison. Die **Winterregenzeit** dauert theoretisch von November bis April; sie kann von langen Trockenperioden unterbrochen sein oder auch ganz ausfallen. Wochenlange Regenfälle sind selten, führen dann aber zu Überschwemmungen. Die Niederschläge nehmen von Westen nach Osten und von Norden nach Süden ab und fallen in den Atlas-Gebirgen wesentlich höher aus als in den Ebenen. Im Januar und Februar sind die Skilifte im Rif-Gebirge, im Mittleren und Hohen Atlas in Betrieb, selbst in den Palmenoasen des Südens und in der Wüste kann es dann zu Nachtfrösten kommen.

Ski-Touren im Hohen Atlas sind bis Anfang März möglich, dann beginnt die **Trekkingzeit**, die bis Oktober dauert. Die ideale **Rundreisezeit** ist der **Frühling**, v.a. April: Nach dem Winterregen ist das Land grün, die Getreidefelder sind fast schnittreif, und Blumen blühen selbst in der Steinwüste.

Hitzeempfindliche sollten die Region südlich des Hohen Atlas von Juni bis September meiden: Bis zu 50 °C und Sandstürme kann es dort im Sommer geben (mittlere tägliche Maxima in Tata im Juli: 43 °C). Im Hohen Atlas können in dieser Zeit heftige Nachmittagsgewitter niedergehen.

Die **Badesaison** an der **Atlantikküste** nördlich von Essaouira dauert von Juni bis September; es ist jedoch oft windig – was **Kitesurfer** freut –, und es kann wegen des an der Küste vorbeiziehenden kalten Kanarenstroms vormittags neblig und selbst im Sommer kühl sein. In **Agadir** im Süden sinkt die Meerestemperatur um Weihnachten bis auf 16 °C, was nordeuropäische Badeurlauber aber nicht zu stören scheint, zumal die Tagestemperaturen dann immer noch über 20 °C erreichen.

Im deutlich wärmeren **Mittelmeer** wird von Mai bis Oktober gebadet.

Kleidung

„Die Wüste ist ein kaltes Land, in dem es sehr heiß wird": Wenn die Januartemperaturen in der Hammada im Extremfall tagsüber fast 30 Grad erreichen und nachts unter Null absinken, ist ein warmer Schlafanzug nötig. Die Temperatursprünge überfordern einen mitteleuropäischen Körper leicht; man pariert sie am besten durch Bekleidung nach dem Zwiebelschalen-Prinzip, von November bis April sollte eine warme Jacke und Regenschutz greifbar sein.

Stabile Wanderschuhe sind für Ausflüge ins Gebirge nötig. Alpinisten sollten in der kalten Jahreszeit Daunensachen einpacken: im winterlichen Hohen Atlas in Höhen um 4000 m kann das Thermometer -20 °C anzeigen. Ab Mai herrscht in Höhen über 2000 m ideales Wanderwetter. Eine **Kopfbedeckung** schützt im Süden von April bis Oktober vor einen Sonnenstich. Im Sandsturm ist ein Turban *(schesch)*, der auch vors Gesicht gezogen werden kann, ideal.

Marokko in Zahlen

Fläche: 458 730 km²; mit Westsahara 710 850 km²; Landwirtschaftliche Nutzfläche: 84 000 km²; Bevölkerungsdichte: 63 Einwohner pro km² (mit Westsahara: 35,5); Verstädterung: 56 %; Bevölkerung: ca. 36,5 Mio.; davon Berber: ca. 36 %; Anteil der Bev. unter 30 Jahren: 70 %; Lebenserwartung: Männer 67 Jahre, Frauen 72 Jahre; Kalorienversorgung pro Einwohner und Tag: 3131 (= 125 %); Einwohner pro Arzt: 4100; Einwohner pro Zahnarzt: 30 000; Bevölkerungswachstum: 1,4 %; Analphabeten über 15 Jahre: rund 30 %; Brutto-Inlandsprodukt: 40 Mrd. US$; Auslandsschulden: ca. 18 Mrd. US$; Prokopfeinkommen: ca. 1500 US$; Erwerbsstruktur: Land- und Forstwirtschaft mit Fischerei 37 %; Produktion und Transport 28,5 %; Handel 7,6 %; Dienstleistung 7,1 %. Fast 45 % der Bevölkerung sind von der Landwirtschaft abhängig. Arbeitslosenquote: 19 % (bei Akademikern: 35 %). Religion: sunnitischer Islam, malekitische Rechtsschule.

REISEWEGE NACH MAROKKO

Flug

Marokko besitzt neun internationale Flughäfen (Casablanca, Rabat, Tanger, Al Hoceima, Agadir, Laayoune, Fes, Marrakesch, Oujda). Die meisten Auslandsflüge der staatlichen Royal Air Maroc (RAM) gehen von Casablanca aus.

Lufthansa fliegt von Frankfurt nach Casablanca. Auch europäische Billigflieger wie Ryanair, Transavia und Easyjet steuern Marrakesch, Fes und Agadir an. Bedeutendster Badeurlauber-Flughafen ist Agadir-Al Massira.

Fähren

Autofähren nach Marokko:
Tarifa – Tanger (Alter Hafen): Schnellfähre 35 Min.
Algeciras – Ceuta: 90 Minuten.
Algeciras – Tanger-Med: 2,5 Std.
Málaga – Melilla: 7,5 Std.
Sète – Tanger-Med: 36 Std. .
Sète – Nador: 42 Std. .
Almeria – Melilla: 6,5 Std.
Málaga – Melilla: 7,5 Std.
Almeria – Nador: 6 Std.
Genua – Tanger-Med: ca. 48 Std.
Livorno – Tanger-Med: ca. 60 Std.

Bahn

Paris – Casablanca: Ca. 48 Std. (abgestimmt auf Fährverbindung). Jugendliche unter 26 Jahren können mit preisgünstigen Interrail-Tickets reisen, allerdings nur auf den europäischen Streckenabschnitten.

Bus

Es gibt u. a. eine Busverbindung von München nach Algeciras (rund 36 Std.).

Auto

Autofahrt: München – Algeciras: 2500 km; Berlin – Algeciras 3000 km. Schnellste und preiswerteste Fährverbindung: Algeciras – Ceuta (Vorausbuchung im Sommer und über Weihnachten sinnvoll). Vorsicht: In Spanien gibt es dreiste Autoknacker! Marokko ist wesentlich sicherer. Die Weiterreise nach Mauretanien ist möglich, die nach Algerien nicht (Auskünfte: Deutsche Botschaft in Rabat, s. S. 250).

REISEN IM LAND

Flug

Innermarokkanische Flüge der RAM sind preiswert, v. a. am Wochenende.

Mindestens 2,5 Stunden vor dem **Abflug** zum Flughafen kommen, denn bei der Passkontrolle – nach dem Einchecken, hinter der Sicherheitskontrolle – bildet sich oft eine lange Schlange!

Bahn

Das Schienennetz der ONCF Marokkos umfasst knapp 2500 km; der Süden hat noch keine Gleise. Ein Schnellzug verkehrt zwischen Rabat und Casa. Die Hochgeschwindigkeits-LGV-Strecke Tanger – Kénitra (200 km) soll 2018/2019 eröffnet werden, die Verlängerung über Casa und Marrakesch bis Agadir ist geplant. Die übrigen Zugverbindungen: Casa – Rabat – Meknes – Fes; Fes – Taza – Oujda; Casa – Marrakesch; Casa – Khouribga; Casa – Safi; Tanger – Asilah – Meknes. Platzreservierung empfehlenswert. Bahnbusse verlängern das Netz über Agadir bis Laayoune. Info: ONCF, Tel. 0222 20706, www.oncf.org.ma.

Bus

Das Busnetz des Landes ist gut und die Tickets sind preiswert. Die komfortabelsten Fernbusse bietet die *Compagnie de Transports Marocaine – Lignes Nationales*, kurz CTM-LN. Man reserviert vorab am Busbahnhof (Gare Routière), wo auch privaten Buslinien starten. Für Fahrten in den heißen Süden werden auch Nachtbusse eingesetzt.

Taxi

Das Netz der Sammeltaxis ist exzellent; sie erreichen auch das letzte Städtchen, sind schneller als Busse und nur etwa doppelt so teuer, werden aber sehr voll gepackt und die Fahrer fahren oft sehr riskant. Die Zahl der Sitzplätze ist im KFZ-Schein eingetragen und Basis für Preisverhandlungen, falls man ein solches **Grand Taxi** für sich alleine chartern will. Das sind manchmal noch alte 240er Mercedes ohne Klimaanlage, die mit vier Passagieren hinten und zwei auf dem Beifahrersitz gefüllt werden. Dies werden aber zunehmend durch moderne Dacia Lodgy mit AC abgelöst.

Ein **Petit Taxi** darf nur innerstädtisch fahren und muss einen **Taxameter** haben; falls sich der Fahrer weigern sollte, diesen einzuschalten (der offizielle Tarif ist sehr niedrig und kaum kostendeckend): Vorher den Preis aushandeln!

Mietwagen

Autoverleiher findet man in allen Touristenzentren. Pkw (z.B. den robusten Dacia Logan) gibt es ab 35 Euro/Tag, Geländewagen ab 100 Euro/Tag. Nicht nur wegen der hohen Steuersätze (bis 20%) ist es wichtig, das Kleingedruckte im Vertrag zu lesen: Schotterstraßen sind manchmal verboten. Eine Kaskoversicherung beruhigt die Nerven. Reifen, Ersatzrad und Wagenheber kontrollieren (Reifenpannen kommen vor), Beulen protokollieren. Nie ohne Probefahrt starten, und am Ende die korrekte Rückgabe bestätigen lassen!

Mit eigenem Fahrzeug

Marokko ist ein Dorado für Geländewagen-, Wohnmobil- und Motorrad-Fahrer. Europäische Automobilclubs und Versicherungen bieten einen für Marokko gültigen **Auslandsschutzbrief** an, auf den man nicht verzichten sollte. Bei Pannen die Polizei informieren (Tel. 19), und für die Versicherung Rechnungen aufheben!

Diesel *(gasoil)* ist deutlich billiger als Normalbenzin *(essence)*. Bleifreies **Benzin** *(sans plomb)* gibt es. Das Tankstellennetz ist ausreichend.

Parkwächter, erkenntlich an einer Messing-Plakette, wachen an Großstadt-Straßen und Hotel-Parkplätzen.

Sperrgebiete/ Westsahara

In Südmarokko/**Westsahara** sind die Strecken Fam el Hissn – Tindouf und Guelmim – Assa – Zag – Tindouf gesperrt. Freigegeben in Richtung Mauretanien sind nur die Strecken Guelmim – Laayoune – Cap Boujdour – Dakhla und Tan Tan – Smara – Laayoune. Bei der Ausreise von der Westsahara nach Mauretanien wird die marokkanische Polizei- und

Zollabfertigung in El Guerguarat, 360 km südlich von Dakhla, erledigt. Nach weiteren 7 km Asphalt folgt der letzte Kontrollposten, dann 20 km Piste bis zur mauretanischen Grenze. Vorsicht: das Gebiet ist vermint, unbedingt auf der Hauptpiste bleiben! Konsularische Betreuung durch die Botschaft Rabat ist in der Westsahara aus rechtlichen Gründen nicht möglich.

Sperrgebiete gibt es auch entlang der (derzeit geschlossenen) marokkanisch-algerischen Grenze, v.a. im Süden. Bei Polizeikontrollen in den Grenzgebieten immer höflich bleiben.

Straßenverkehr

Das Straßennetz ist recht gut. **Autobahnen** (mautpflichtig): Tanger – Casa, Rabat – Fes, Casa – Marrakesch, Marrakesch – Agadir. Es wird rechts gefahren, die Verkehrsregeln entsprechen den europäischen, aber leider nicht das Verhalten der Berufskraftfahrer: Mit lebensgefährlich agierenden **Sammeltaxifahrern** in schrottreifen Autos ist immer zu rechnen: Stets **defensiv fahren!** Vor dem Überholen und vor Kurven hupen! Nervensache sind Begegnungen mit LKW und Bussen auf schmalen Straßen: Rechtzeitig ausweichen! Weicht der „Gegner" auf die unbefestigte Bankette aus, besteht Bruchgefahr für die eigene Windschutzscheibe durch aufgewirbelte Steine. Besonders riskant wird im Ramadan gegen Abend gefahren, wenn jeder schnellstmöglich nach Hause will. Von **Nachtfahrten** ist abzuraten: Neben unbeleuchteten Autos, Eselskarren, Radfahrern, Fußgängern und Tieren ist mit Schlaglöchern und Steinen zu rechnen. Im Rif-Gebirge, Mittleren und Hohen Atlas kann es Jan.-April zu **Schneesperren** kommen, die aber meist nur einen Tag dauern. Im Gebirge und im Süden können Furten nach Regen unpassierbar werden.

Rotweiße Streifen am Bordstein bedeuten **Parkverbot**. Es besteht absolutes **Alkoholverbot**! **Höchstgeschwindigkeiten**: Innerorts: 40 km/h od. 60 km/h (je nach Beschilderung), außerorts: Landstraße 100 km/h, Autobahn 120 km/h. Sehr viele **Radarkontrollen**!

PRAKTISCHE TIPPS

Alkohol

Marokko hat als islamisches Land ein etwas zwiespältiges Verhältnis zum Alkohol. Der Koran verbietet zwar Rauschmittel; trotzdem produziert das Land gutes Bier und guten Wein in Mengen. Spirituosen werden importiert und sind daher teuer. Betrunkene werden eingesperrt; während des Ramadan wird an Muslime kein Alkohol ausgeschenkt. Ansonsten frequentieren auch Marokkaner gerne die Bars der Touristenhotels. Bei weitem nicht alle Restaurants und nur wenige Geschäfte haben eine Alkohollizenz. Besonders in Südmarokko gibt es Wein, Bier und Spirituosen oft nur in Touristen-Restaurants oder Touristen-Hotels.

Alleinreisende Frauen

Orienterfahrene alleinreisende Frauen kommen sicher durchs Land, wenn sie selbstbewusst über plumpe Anmache hinwegsehen und einige elementare Verhaltensmaßregeln beachten. Westliche Frauen gelten in islamischen Ländern generell als leichte Beute; Internetvideos und Badeurlauberinnen in Agadir scheinen das Vorurteil zu bestätigen. Blickkontakt, offenes Haar, enge, knappe Kleidung und bloße Haut interpretiert mancher Marokkaner als Aufforderung zum Anbandeln. Eine übergezogene Dschellabah verbirgt die primären Reize; ein Ehering lässt einen Beschützer vermuten; eine Sonnenbrille hilft, Augenkontakt zu vermeiden.

Im Notfall kann der Hinweis auf eigene Krankheiten – Aids ist in Marokko als *Sida* bekannt – Wunder wirken.

Marokkanerinnen, die sich übermäßig belästigt fühlen, rufen laut *schouma* (Schande) oder zerkratzen notfalls das Gesicht des allzu Aufdringlichen – mit wohlgefeilten, spitzen Fingernägeln.

Betrug

Möglichst hohe Preise zu erzielen, ist naturgemäß das Bestreben aller Basarhändler und auch vieler Dienstleister wie z. B. Kamelrittanbieter am Strand bzw. in der Wüste oder auch Parkwächter. Manche übertreiben es jedoch und werden so zu „Neppern" – und schädigen dadurch den Ruf Marokkos in der Touristik. Provisionen für Basar-Schlepper müssen die Händler in den Verkaufspreis einkalkulieren.

Wenn Straßenhändler „echten Silberschmuck" anbieten, handelt es sich mit Sicherheit um wertlose Legierungen. „Edelsteine" sind oft wertlose Industrieprodukte; gelbe Plastikkugeln werden häufig als „Bernstein" teuer angeboten. Amethyste gibt es wirklich in Marokko, das Angebot von Souvenirläden ist aber oft nachgefärbt; Vorsicht bei Mineralienhändlern am Tichka-Pass und in Midelt! Fossilien dagegen (besonders günstig rund um Erfoud) sind meist echt, aber nicht immer: Trilobiten etwa werden gerne gefälscht. Billiges Gelbwurzpulver (Curcuma) wird oft als teurer Safran angeboten.

Vor größeren Teppichkäufen sollte man sich die staatliche Höchstpreis-Verordnung zeigen lassen, die jeder Händler vorweisen muss. Die Beredsamkeit von Teppichhändlern ist grenzenlos, der Inhalt des Gesagten oft Schall und Rauch. Echte Seide ist auch in Marokko selten und teuer, Kelims werden praktisch nie damit bestickt. Sogenannte Naturfarben, deren Herkunft eloquente Verkäufer bis auf „gemahlene Türkise" zurückführen, stammen oft aus den Kesseln chemischer Fabriken. Die wenigsten Verkäufer, die eine blaue *gandura* und einen Turban tragen, haben jemals echtes Indigo oder einen echten Tuareg gesehen.

Bei „Glücksspielen" auf der Jemaa el Fna in Marrakesch verliert man immer!

Bettler

Der Koran schreibt das Almosen-Geben an Bedürftige als religiöse Pflicht vor, ein Segensspruch ist dem Spender sicher. Wer nichts gibt, sagt wenigstens *„aschib allah"* (Allah möge es dir geben). Sozialversicherung ist für viele Marokkaner ein Fremdwort, und so bleibt Behinderten, Kranken und Alten oft nur das Betteln zum Überleben. Kindern sollte man kein Geld geben, denn gut gemeinte Spenden ohne Gegenleistung verführen sie zum Schuleschwänzen, und ohne Schulabschluss sinken ihre Chancen beträchtlich, jemals seriös berufstätig zu werden, und der Weg in die Kriminalität oder die illegale Migration nach Europa liegt dann nahe.

Camping

Camper genießen in Marokko viel Freiheit. Wildcamper werden jedoch viel Kontakt mit neugierigen Kindern haben. Die südliche Atlantikküste ist bei europäischen „Wohnmobil-Rentnern" besonders beliebt, weshalb dort an einigen Stränden das freie Übernachten bereits eingeschränkt worden ist und nun gebührenpflichtige Stellplätze ausgewiesen sind. Reguläre Campingplätze gibt es in allen größeren Städten und an den Hauptstränden; sehr gut geführt ist z. B. der in Imi Ouaddar bei Agadir.

Diebstahl

Das Risiko, von einem Taschendieb bestohlen zu werden, besteht im Basargedränge und in vollen Stadtbussen, auch gibt es Moped fahrende Handtaschenräuber. Besonders in Tanger, Tetouan, Casablanca und Marrakesch sollte man ein Auge auf seine Wertsachen haben und größere Geldbeträge, Pass und Ticket nie in Hand- oder Umhänge-Taschen aufbewahren, sondern gut verborgen am Körper tragen. Beim Stadtbummel kann man seinen Wagen einem Parkwächter anvertrauen. Hotel-Safes sollte man immer nutzen.

Drogen

Kif (Marihuana) und Haschisch werden besonders im Rif-Gebirge angeboten. Was immer die Verkäufer erzählen:

Besitz, Genuss und Handel mit Drogen wird drakonisch streng bestraft! Auch Touristen verbüßen deshalb Haftstrafen in marokkanischen Gefängnissen.

Einkaufen

Feste Preise gibt es für Lebensmittel und in den staatliche kontrollierten *Ensemble Artisanal* für Kunsthandwerk; ansonsten muss um fast alles gefeilscht werden, insbesondere im *Souk:* Man bietet im Basar zunächst höchstens ein Viertel des genannten Preises und gibt dann gegebenenfalls in kleinen Schritten nach. Nur feilschen, wenn man wirklich kaufen will!

Elektrizität

Netzspannung 230 Volt, 2-polige Eurostecker passen.

Essen

Das Nationalgericht *tajine* aus Gemüse und Fleisch wird mit Olivenöl und einer speziellen Gewürzmischung in einem irdenen Topf geschmort. Je nach Jahreszeit wird Tajine z. B. auch mit Quitten oder Pflaumen angerichtet.

Couscous besteht aus Hartweizengrieß, der im Dampf eines Gemüse- und Fleischsuds gart, der dann als Beilage gereicht wird.

Bastilla ist eine köstliche Blätterteig-Pastete – mit Tauben- oder Hühnerfleisch, Zwiebeln, Mandeln und Honig gefüllt und mit Puderzucker bestäubt.

Meschoui ist ein Festtags-Hammelbraten, der traditionell in konischen Lehmöfen gegart und mit Kreuzkümmel gewürzt verspeist wird. *Kefta* sind Hackfleischklößchen, *brochettes* über Holzkohlenglut gegrillte Fleischspieße.

Harira wird die dicke braune Bohnensuppe mit Hammelfleisch-Einlage genannt, die traditionell in Ramadan-Nächten als erste Mahlzeit nach Sonnenuntergang serviert wird. *Merguez* sind pikant gewürzte Bratwürste aus Hammel- oder Rindfleisch.

Ein verführerisches Gebäck sind die *cornes de gazelle*, kleine Hörnchen, gefüllt mit Mandelpaste, verfeinert durch Rosenwasser.

Feiertage und Feste

Obwohl Muslime an Freitagen die Moschee zum Mittaggebet besuchen sollten, ist der Sonntag offizieller Ruhetag der Woche. **Staatsfeiertage** richten sich nach dem gregorianischen Kalender: 1. Januar: Neujahr; 11. Januar: Unabhängigkeitstag; 3. März: Thronfest; 1. Mai: Tag der Arbeit; 30. Juli: Thronbesteigungsfest; 14. August: Huldigung des Wadi Eddahab (Annektion der südlichen Westsahara). 20. August: Jahrestag der Revolution des Königs und des Volkes. 21. August: Geburtstag des Königs. 6. November: *Marche Verte* (Jahrestag des Grünen Marsches in die Westsahara); 18. November: Feier der Unabhängigkeitserklärung.

Religiöse Feiertage folgen dem islamischen Kalender, der 622 n. Chr. mit der *hedschra*, Mohammeds Auswanderung aus Mekka nach Medina beginnt (2023 = 1444). Berechnungsgrundlage ist das Mondjahr, das etwa elf Tage kürzer als das Sonnenjahr ist. Deshalb wandern religiöse Feiertage und der Ramadan-Beginn rückwärts durch unseren Kalender; d.h. sie beginnen im christlichen Kalender jedes Jahr elf Tage früher. *Ras el Ain:* **Neujahrsfest** (30.7.2022). *Mouloud:* **Mohammeds Geburtstag** (8.10.2022, 27.09.2023); am Vorabend Kerzenprozession in Salé). *Chabana:* Beginn des Fastenmonats **Ramadan** (ca. 3.4.-2.5.2022, ca. 22.3.-20.4.2023), in dem erst nach Sonnenuntergang und bis Sonnenaufgang getrunken, gegessen oder geraucht werden darf. Opulente allnächtliche Festessen. Keine Beschränkungen für nichtmuslimische Besucher; die Marokkaner sind jedoch tagsüber leicht reizbar. Im Fernsehen lösen Gebete die Spielfilme ab und die religiöse Empfindsamkeit steigt. *Id es Seghir* (oder *Id el Fitr*): fröhlich begangenes **Fest des Fastenbrechens** am Ende des Ramadan. *Id al Adha (Id el Kebir)*: **Opferfest** (Hammelfest) in Erinnerung an das

Abrahamsopfer und die Verschonung des Ismail, Feier am 10. Tag des Pilger-Monats *doul hedschra* (etwa zwei Monate nach Ramadan-Ende), zwei Drittel des Fleisches verteilt man an Bedürftige (10.07.2022, 29.06.2023).

Moussems sind Pilgerfeste an den Gräbern bedeutender *marabouts*, die oft Volksfest-Charakter haben, z.B. in Imilchil der sog. „Heiratsmarkt" der Ait Haddidou im September. Der größte *moussem* Marokkos findet Ende Aug./Anfang Sept. in der heiligen Stadt Moulay Idriss statt. Berühmt ist auch die spektakuläre Prozession der Aissaoua-Bruderschaft in Meknes am *mouloud*-Tag (wo unter anderem Skorpione und Schlangen verspeist werden). In Tiznit: am dritten Donnerstag im August *moussem* des Sidi Ahmed ou Moussa. In Fes: im September Kerzenprozession zu Ehren des Stadtbegründers Idriss II.

Folklorefeste: **Mandelblüten-Fest** in Tafraoute (Februar). **Pferdefest** in Tissa mit *fantasia* (Oktober). **Rosenfest** in El Kelaa M'Gouna (Mai). **Kirschenfest** in Sefrou (Juni). **Folklore-Festival** in Marrakesch (veränderl. Termin). **Gnaoua-Festival** in Essaouira (Mitte Juni). **Dattel-Fest** in Erfoud (Oktober).

Viele Festtermine werden jährlich neu festgesetzt; Auskunft erteilen die Fremdenverkehrsämter. Zudem gibt es diverse Rallyes, Marathons, Musik-, Jazz- und Filmfestivals; eine gute Übersicht hierzu: www.marokko-aktiv-reisen.com/marokkokalender-de-2444.html

Fotografieren

Land und Leute sind in Marokko sehr fotogen. Bevor man aber Menschen – insbesondere Frauen oder bärtige, strenggläubige Muslime – fotografiert, muss man deren **Erlaubnis** einholen! Eventuell kann man nach einem Kauf im Basar oder auf dem Markt den Händler um ein gemeinsames Foto bitten. Vor allem auf der Jemaa el Fna in Marrakesch wird als Gegenleistung für ein Foto sehr nachdrücklich Geld eingefordert! Selbst Ziegen- oder Kamelhirten verlangen oft Geld für das Ablichten ihrer Tiere. Untersagt sind Fotos von Polizisten, Militärgeländen und Staudämmen. In Museen herrscht meist Blitzlichtverbot. Ist der Speicher voll, kann man in allen Städten SD-Karten nachkaufen.

Führer

In den Königsstädten sollten Kulturinteressierte einen der lizenzierten Lokalführer engagierten, die das *Syndicat d'Initiative et du Tourisme* oder das *Office National Marocain du Tourisme* (ONMT) vor Ort zu festen Tarifen vermittelt (ca. 250-500 DH/Tag). Vorher klarstellen, dass es keine Shoppingtour werden soll.

Nachtleben

In Großstädten und in Agadir, v. a. in großen Hotels, gibt es Nachtclubs und Diskos. Der größte Club ist das Pacha in Marrakesch.

Notfälle

Notrufnummern:
Polizei (*Police Secours*): 19
Gendarmerie: 177
Feuerwehr (*Pompiers*): 15
Krankenwagen (*Ambulance*): 15
Autobahn-Pannendienst: 0537-373737

Jede **Hotelrezeption** kann einen **Arzt** herbeitelefonieren (Kurzbesuch: ca. 700 DH). Eine **Nacht-Apotheke** *(Pharmacie de nuit)* hat jede größere Stadt. **Krankenhäuser** gibt es in allen Provinzhauptstädten. Empfehlenswert sind Privatkliniken wie Clinique Atfal, Clinique Zerktouni und Clinique Badr in Casablanca sowie solche in Rabat.

In abgelegenen Gegenden benachrichtigt man im Notfall den nächsten Gendarmerie-Posten; Rettungshubschrauber gibt es nicht. Für schwere Operationen, etwa nach einem Verkehrsunfall, sollte man (wie die wohlhabenden Marokkaner) nach Europa fliegen. Deshalb: Sicherheitshalber eine **Auslandskrankenversicherung** mit **Rücktransportversicherung** abschließen!

Öffnungszeiten/ Porto

Bank: Mo-Fr 8.30-12.00 und 14.00-16.30 Uhr. An Wochenenden ist Geldwechsel an Flughäfen und in großen Hotels möglich. **Post:** Mo-Fr 8.30-12.30 und 14.30-18.30; Sa 8.30-12.00 Uhr. **Telegrafenamt:** Mo-Sa 8.00-21.00 Uhr. **Behörden:** Mo-Fr 8.30-12.00 und 14.30-16.30 Uhr. **Geschäfte:** nach Belieben des Inhabers; meist lange Mittagspause. Viele Basarläden in der Medina sind freitags ganz geschlossen. **Museen und Monumente:** Täglich ca. 8.30-17 Uhr. Im **Ramadan** Museen und Monumente meist 9.00-15 Uhr, Behörden meist nur vormittags.

Der wöchentliche Ruhetag ist der **Sonntag**. Der Samstag ist für einige Berufsgruppen arbeitsfrei. Behörden und öffentliche Unternehmen arbeiten in der Regel am Samstagvormittag, jedoch nicht am Freitagnachmittag. Viele Betriebe gewähren am **Freitag** eine längere Mittagspause, um den Besuch der Moschee zu ermöglichen, einige Geschäfte sind Freitagnachmittag ganz geschlossen.

Das **Porto** für eine Postkarte in die EU beträgt 9 DH (2017).

Sicherheit

Es existiert zwar eine „harte" Islamistenszene im Untergrund, wie **Terroranschläge** in Casablanca (2003 u. 2007) und Marrakesch (2011) gezeigt haben. Abgesehen davon ist Marokko jedoch ein relativ sicheres Reiseland. Falls Sie überfallen werden, verhalten Sie sich möglichst ruhig und leisten Sie keinen Widerstand; nicht selten stehen Angreifer unter Drogeneinfluss.

Im Straßenverkehr sind die Hauptgefahren todesverachtend überholende **Sammeltaxifahrer** und bei Nachtfahrten unbeleuchtete Gefährte sowie Personen und Tiere auf der Fahrbahn – auch auf Schnellstraßen. In Städten sollte man seinen Wagen dort parken, wo ein **Parkwächter** bereit steht.

Im Hanfanbaugebiet des Rif-Gebirges, v. a. auf den Strecken Chefchaouen - Ketama, Ketam - Al-Hoceima und Ketama - Fes, haben Rauschgifthändler schon versucht, durch Straßensperren oder Steinwürfe Touristenautos zu stoppen, um den Insassen Drogen zu verkaufen. Warnung: Drogenbesitz ist selbst mitten im Cannabis- und Haschischproduktionsgebiet strafbar!

Telefonieren/Internet

Die Ortsvorwahl ist fester Bestandteil einer Telefonnummer; sie muss auch innerorts stets mitgewählt werden. Am billigsten telefoniert man vom Postamt, Telefonzellen oder Telefonshops (*teleboutique/ telekiosque*). Es gibt auch Kartentelefone (Telefonkarten in der Post und an Kiosken erhältlich; für ein 3 Minuten-Gespräch nach Deutschland reichen 50 *unités*). Im Hotel bezahlt man viel mehr: oft pauschal für die ersten 3 Min. ca. 120 DH. **Handys** sind weit verbreitet. Europäische Mobiltelefone sind kompatibel, aber Roaming ist sehr teuer: Besser eine marokkanische **Prepaidkarte**, z.B. von *Meditel* oder *Maroc Telecom (Carte Jawal*) am Flughafen oder in der nächsten Stadt kaufen. Vorwahl für Marokko: 00212.

Vorwahl nach Deutschland: 0049, nach Österreich: 0043, in die Schweiz: 0041. Billigtarife: Sa 12.30 bis Mo 7 Uhr und werktags 0-7 Uhr um 40% günstiger, von 22-24 Uhr um 20%.

Am Flughafen Casablanca Mohammed V. gibt es eine offene **WiFi-Verbindung** für Reisende. Noch nicht alle Hotels und Restaurants bieten ihren Gästen guten Gratis-Internetzugang.

Trinken

Das Nationalgetränk **Pfefferminztee** (*thé à la menthe* bzw. *latai b'nana*) wird aus grünem Tee und frischen Minzblättern zubereitet. Der **Kaffee** zum Frühstück in großen Hotels ist oft enttäuschend; dagegen gibt es an den Hotel-Bars und in Straßencafés sehr guten Espresso und *café au lait*. **Softdrinks** sind weit verbreitet. Stilles **Wasser** heißt u.a. *Sidi Ali* oder *Sidi Harazem,* Mineralwasser mit Kohlensäure *Oulmès*. Gängige marokkanische **Biere** sind *Stork*, *Flag* und *Casablanca*.

Nur im Restaurant, nicht an der Bar wird **Wein** serviert. Akzeptable Rotweine, überwiegend aus der Region Meknes, die sich mit französischen Tafelweinen messen können: *Cabernet Président*, *Ksar*, *Guerrouane*; ein Spitzenwein aus dem Barriquefass ist *Les Côteaux de l'Atlas* (rot u. weiß). Zudem gibt es passable Rosé- und Weißweine (u.a. *Cap Blanc*). Milchmixgetränke wie Apfel-, Bananen- und Mandelmilch bekommt man in der *glacerie* (Eisdiele).

Sehr gut und preiswert (ab ca. 5 DH) ist unverdünnter *jus d'orange pressé*, frischgepresster **Orangensaft**. Sicherheitshalber auf Eiswürfel verzichten!

Trinkgeld

Wofür in Marokko manchmal Trinkgeld verlangt wird, übersteigt jedes Vorstellungsvermögen – so etwa für das Fotografieren einer Ziege. Ein seriöser Parkwächter jedoch verdient eine Anerkennung seiner Dienste. Für viele Berufstätige im Tourismus ist **Trinkgeld** ein unverzichtbarer Zusatz zum knapp bemessenen Gehalt. Zimmermädchen sollte man direkt entlohnen – lässt man ihr Trinkgeld nur im Zimmer liegen, nimmt es sich nach dem Auschecken womöglich der Kofferträger.

Ein *bakschisch* – von 10 DH aufwärts – kann auch mal ein verschlossenes Kasbah-Tor öffnen.

Verhaltensregeln

Nicht-Muslime dürfen Moscheen (außer Hassan-Moschee in Casablanca und Grabmosche Moulay Ismails in Meknes), Mausoleen (*marabouts*), Bruderschafts-Gebäude (*zawiyas*) und manche Friedhöfe nicht betreten.

Marokkaner sind normalerweise höflich und gastfreundlich und lieben ausgiebige Begrüßungen. Bei Einladungen in Privathäuser erscheint man gut gekleidet und zieht beim Eintreten die Schuhe aus. Falls auf traditionelle Weise ohne Besteck gegessen wird: nur mit der rechten Hand; die Linke gilt als unrein. Ein Gastgeschenk ist angebracht (jedoch kein Geld).

Bei Belästigungen durch Schlepper, Nepper, bettelnde oder gar Steine werfende Kinder sollte man selbstbewusst (aber gewaltlos) auftreten; Zurückhaltung wird als Schwäche ausgelegt. Aggressives Bedrängen, die Gier nach dem schnellen Dirham und das Einforden völlig überzogener Preise an schon lange vom Tourismus berührten Orten kann bei ehrlichen, orientunerfahrenen Touristen einen „Kulturschock“ auslösen. Die Regierung bemüht sich, mit Kampagnen gegen dieses imageschädigende Verhalten vorzugehen.

Im Umgang mit Behördenvertretern sollte man höflich und geduldig, aber bestimmt auftreten. Über das Königshaus wird ungern öffentlich diskutiert.

Ehebruch und **Homosexualität** sind strafbar, auch in Tourismuszentren.

Zeit

Bei der Ankunft in Marokko aus Mitteleuropa wird die Uhr um eine Stunde zurückgestellt. Ende März wird auf Sommerzeit umgestellt, die allerdings während des Ramadans vorübergehend aufgehoben wird.

Zoll

Bei der **Einreise**: Reisende über 21 Jahre dürfen zollfrei mitführen: 200 Zigaretten oder Zigarillos oder 50 Zigarren oder 250 g Tabak, 1 Liter Wein und 1 Liter Spirituosen, 5 g Parfüm, Souvenirs und Geschenke im Wert von bis zu 2000 MAD sowie Reiseproviant.

Die Einfuhr von Flugdrohnen aller Art ist verboten.

Kritische Publikationen über den Westsahara-Konflikt oder das Königshaus werden konfisziert.

Ausreise: Souvenirs dürfen zollfrei ausgeführt werden. EU-Länder belegen Mitbringsel, deren Wert 430 € überschreitet, mit 15 % Zoll.

ADRESSEN

Diplomatische Vertretungen in Marokko

Deutschland: *Botschaft* der Bundesrepublik Deutschland, Zankat Madnine 7, Rabat, 0537-21 86 00 (theoretisch in Notfällen abends u. am Wochenende: 0661 14 70 59. Viel Glück! Meist ist nur die Mailbox dran); Rechts- und Konsularabteilung (für Visa- und konsularische Angelegenheiten), 12, Avenue Mehdi Ben Barka, Rabat, Stadtteil Souissi, Tel. 0537-63 54 00, Fax 0537-65 36 49, info@rabat.diplo.de

Honorarkonsulat, 6, rue de Paris, Quartier résidentiel, Agadir, Tel. 0528 841025, Fax 0528 840926.

Österreich: *Botschaft:* Rue Tiddas 2, Rabat, Tel. 0537 764003; *Konsulat:* Av. Hassan II 45, Casablanca, Tel. 0522 266904.

Schweiz: *Botschaft*: Square de Berkane, 169, Rabat, Tel. 0537 26 80 30. *Visa:* Rue Ouezzane 12.

Mauretanien: Rue Thami Lamdouar 6, Rabat, Tel. 0537 756817.

Fluggesellschaften in Casablanca

Air France: Av. des F.A.R. 11, Tel. 0522 294040. **Lufthansa**: Av. des F.A.R./ Tour des Habbous, 9. Stock, Tel. 0522 312402. **Swiss**: Av. des F.A.R. 28, Tel. 0522 313280.

Büros des Fremdenverkehrsamtes

In Deutschland: Graf-Adolf-Str. 59, 40210 Düsseldorf, Tel. 0211-370551.

In der Schweiz: Schiffslände 5, 8001 Zürich, Tel. 01-2527752.

Büros des *Office National Marocaine du Tourisme (ONMT)* in Marokko: **Agadir**: Place Mohammed VI., Tel. 0528 846377.

Casablanca: Rue Omar Slaoui 55, Tel. 0522 271177.

Fes: Place Mohammed V, Tel. 0535 624769. **Marrakesch**: Place Abdelmumen Ben Ali, Tel. 0524 436131. **Meknes**: Place Batha l'Istiqual, Tel. 0535 524426.

Rabat: *Zentrale des ONMT*, Av. Al Abtal, Tel. 0537 681531. *Zweigstelle*, Patrice Lumumba, Tel. 0535 723272. **Tanger**: Bd. Pasteur 29, Tel. 0539 948661.

Tetouan: Av. Moh. V. 30, Tel. 0539 961915.

SPRACHFÜHRER

Guten Tag, Willkommen ...... *merhaba*
Friede sei mit Dir .... *salam alaikum*
Guten Morgen .... *sabach alchär*
Guten Abend .... *msa alchär*
Wie geht's? .... *le bäs*
Auf Wiedersehen.......... *bisslammah*
Gesegnete Mahlzeit.......... *bismillah*
Mit Gottes Hilfe .... *inschallah*
Gott sei Dank .... *alhamdulillah*
danke (Dialekt)............... *schukran*
Verzeihung .... *smali*
bitte .... *afak*
Herr / Frau .... *sidi / lalla*
ja .... *na'am*
nein .... *la*
kein, nichts .... *makasch*
Geld .... *flus*
Wieviel? .... *aschhal*
zuviel .... *beseff*
okay .... *wacha*
schön .... *sienn*
komm her .... *aschi*
geh weg (grob) .... *sir, barra*
bring, gib .... *schib*
Vorsicht! .... *balek*
schau her .... *schuf*
Wo ist? .... *fain?*
Ist das der Weg nach...?..... *hadi trik...?*
rechts .... *yamin*
links .... *schimal*
groß .... *kebir*
klein .... *serir*
Geschäft .... *hanut*
Markt .... *suq*
Tankstelle............. *mhatta dlessans*
Werkstatt .... *mechanik*
Auto .... *arabiya*
Wasser .... *ma*
Brot .... *chubs*
Datteln .... *tmar*
Ei .... *bida*
Fisch .... *chut*
Fleisch .... *leham*
Gemüse .... *chudra*

Gemüse / Fleisch-Eintopf .... *taschin*
Hammel .... *kebch*
Huhn .... *dschasch*
Kaffee .... *kahwa*
Milch .... *chlib*
Öl .... *sit*
Orange .... *limoun*
Salz.......................... *melha*
Tee .... *atai*
Zitrone .... *hamda*
Zucker......................... *sukar*
Sonntag .... *yaum elhad*
Montag................. *yaum ettnin*
Dienstag................ *yaum ettleta*
Mittwoch .... *yaum elarbaa*
Donnerstag............ *yaum elkhemis*
Freitag............ *yaum eddschum'a*
Samstag .... *yaum essebt*
1 .... *wahed*
2 .... *schusch/tnin*
3 .... *tleta*
4 .... *arbaa*
5 .... *chamsa*
6 .... *setta*
7 .... *seba*
8 .... *tmenia*
9 .... *tse'ud*
10 .... *aschra*
11 .... *hadasch*
12 .... *tnasch*
13 .... *tletasch*
14 .... *arbatasch*
15 .... *chamstasch*
16 .... *settasch*
17 .... *sb'atasch*
18 .... *tmentasch*
19 .... *tsatasch*
20 .... *ischrin*
21 .... *wahed u aschrin*
30 .... *tletin*
40 .... *arbain*
50 .... *chamsin*
60 .... *settin*
70 .... *sbain*
80 .... *tmanin*
90 .... *tsa'in*
100............................... *mia*
1000................................ *alf*

AUTOREN

Berthold Schwarz, Chefredakteur, studierte Geografie und Völkerkunde. Er leitet in Marokko Studienreisen und verfasste die Kapitel Geschichte, Geografie, Völkerkunde und Landwirtschaft, Tanger, Rabat, Volubilis, Moulay Idriss, Rund um den Jebel M'Goun, Hoher Atlas, Marokkanische Literatur und die Reiseinformationen. Außerdem ist er Koautor der Kapitel Atlantikküste, Meknes, Marrakesch, Rif-Gebirge, Lebensadern des Südens, Anti-Atlas und Westsahara.

Prof. Dr. Anton Escher ist Geograf und erforschte für seine Doktorarbeit das traditionelle Handwerk in marokkanischen Städten. Sein Insider-Wissen spiegelt das Kapitel über Fes wider.

Walter Knappe studierte Biologie und führte Studienreisen im islamischen Kulturkreis. Er ist Koautor der Kapitel Rif-Gebirge, Atlantikküste, Mittlerer Atlas, Anti-Atlas, Lebensadern des Südens, Westsahara, Kinder, Küche und Teppiche.

Rainer Leyendecker ist Geologe und leitete Trekking-Reisen in Marokko und Nepal. Von ihm stammt der Beitrag „Trekking im Anti-Atlas".

Dr. Ingolf Vereno arbeitete als Entwicklungshilfe-Experte für die F.A.O. mehrere Jahre in Casablanca. Das Kapitel über „Casa" stammt von ihm.

Bernadette Vereno, ist geboren und aufgewachsen in Casablanca und arbeitete dort als Lehrerin für Italienisch und Französisch. Sie hat das Feature „Frauen in Marokko" verfasst.

Dr. Frank Welte ist Orientalist und verbrachte ein Jahr in Meknes für seine Doktorarbeit über ekstatische Bruderschaften. Er ist Koautor der Kapitel „Meknes" und „Marrakesch".

AKTUALISIERUNG

Lutz Redecker; Journalist, Autor und Marokko-Reiseleiter, hat bei der Aktualisierung dieser Ausgabe mitgewirkt.

A

B

C